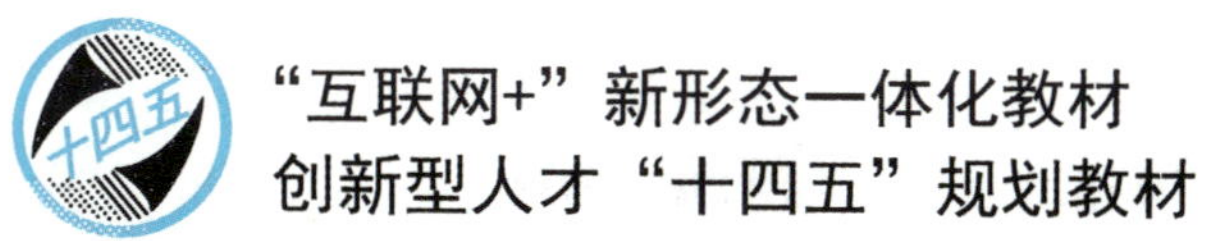

大学生创新创业导论

主　编　陈偶娣　闫　琴　马昕晨

副主编　曹金霞　曲艳静　梁　叶
陈旭峰

参　编　杨　静　吴晓燕　周　萍
包守娟　王　凡　刘阳河
邢应利　王晓利　陈　静
徐　杰　陈奕帆　戴国梅
郑　君　许　彦　王小姣
杜玉芬　葛常梦頔

中国商业出版社

图书在版编目（CIP）数据

大学生创新创业导论 / 陈偶娣，闫琴，马昕晨主编
. -- 北京：中国商业出版社，2023.8
ISBN 978-7-5208-2637-2

Ⅰ. ①大… Ⅱ. ①陈… ②闫… ③马… Ⅲ. ①大学生
-创业-高等学校-教材 Ⅳ. ①G647.38

中国国家版本馆 CIP 数据核字（2023）第 179239 号

责任编辑：黄世嘉

中国商业出版社出版发行
（www.zgsycb.com　100053　北京广安门内报国寺 1 号）
总编室：010-63180647　编辑室：010-63033100
发行部：010-83120835/8286
新华书店经销
北京宝莲鸿图科技有限公司印刷
*
787 毫米×1092 毫米 16 开 13.5 印张 250 千字
2023 年 8 月第 1 版　2023 年 8 月第 1 次印刷
定价 49.80 元
* * * *
（如有印装质量问题可更换）

前言 Preface

创新是一个民族进步的灵魂，是一个国家兴旺发达的不竭动力，高校作为人才培养的摇篮、科技创新的重镇、人文精神的高地，是落实科教兴国战略和人才强国战略的重要力量，是推动创新创业教育、培养创新创业人才的重要基地。近年来，“大众创业、万众创新”持续向更大范围、更高层次和更深程度推进。2015 年 5 月 4 日，国务院办公厅印发《关于深化高等学校创新创业教育改革的实施意见》；2018 年 9 月 18 日，国务院印发《关于推动创新创业高质量发展 打造“双创”升级版的意见》，对高校创新创业教育改革工作进行了全面部署。2021 年 10 月 12 日，国务院办公厅印发《关于进一步支持大学生创新创业的指导意见》。标志着大学生创新创业进入了新阶段。

大学生作为创新创业的生力军，正处于最具创新意识和创业激情的年龄阶段，是创新创业大潮中最具活力和潜力的群体。2015 年 5 月，教育部启动首届中国“互联网+”大学生创新创业大赛，在中国高校全面吹响“大众创业、万众创新”的号角。创新创业教育是培养能够适应新时代的价值创造者，其本质在于提升学生在不确定环境中的适应力与创造力，着重培养学生的独立人格、创新意识、创业思维和创业精神，提升学生的核心竞争力。

创新创业教育不仅仅是提升大学生创业意识，培养创新精神，树立创业思维，同时也是对传统教学方法和教学内容的一次重大改进与变革。在对创业教育课堂教学进行改革时，倡导模块化、项目化和参与式教学，强化案例分析、小组讨论、角色扮演、头脑风暴等环节，实现从以知识传授为主向以能力培养为主的转变、从以教师为主向以学生为主的转变，从以讲授灌输为主向以体验参与为主的转变，从而调动学生学习的积极性、主动性和创造性。因此，要想开好创业课程，首先就要改变教学模式与教学方法，从知识学习为主转变到能力训练为核心，从课堂式讲授转变到体验式训练。

本书围绕创新创业型人才培养要求，以培养具备创业精神和能力的高端技术技能型人才为目标，基于产教一体与立德树人，从高效深化教育改革、加强创新创业全方位教育的角度，培养大学生的创新思维、创新能力和创业素质。

本教材从创业机会识别、团队建设、创业融资、商业策划、企业的设立与发展等创业基本知识出发，引导学生进一步学习充实创业理论与实务技能，培育学生的积极进取和创新创业意识，激发其创业精神，为学生树立创业思维，提高创造性地分析和解决问题的能力奠定基础，解决创业人才如何培养、创业项目如何落地、课程思政如何实践、全德之人如何培养等问题，使大学生在创新创业道路上走得更好、更远。

产教一体

（1）创业人才如何培养？——产教一体指导

首先，从校企合作出发，通过与企业的深度合作，了解企业的人才需求以及创业人才特点，探索人才培养模式的创新，并推动学生深入企业，在创业前先深入了解行业，为其后期的创业奠定基础。

其次，授课形式从师生互动，课堂实践，来加强教师与学生的联系，及时为学生的创业想法答疑解惑，止步于单纯的填鸭式创业教育，充分给予大学生创新创业的自由与空间。

（2）创业项目如何孵化？——人才培养推动

首先，教师对学生的创意激发贯穿全书，帮助学生了解创业，激发创业热情与新颖创意，为未来的项目孵化提供种子。

其次，本书还获得贝腾授权，全面模拟创业环境与创业竞争，不断提高学生创业实践能力，为其创业项目的孵化落地添砖加瓦。

立德树人

（1）如何践行课程思政？——立德树人引导

本书充分响应国家号召，将助农扶农、全面推进振兴乡村等思想融入教材编写，帮助学生更好地发现身边的创业项目，进一步接受课程思政的培养与相关政策的学习。

（2）如何培养全德之人？——课程思政带动

本书贯彻三全育人教育方针，配合学校的辅导员与学业导师制度，进一步达到全员育人要求；同时，在贝腾实践中，从项目的构思到孵化落地，全程对学生进行思政与项目引导；此外，与大创赛事结合，实现大学生课程思政的全方位引导，培养德才兼备的优秀创业人才。

本书由陈偶娣、闫琴、马昕晨担任主编；曹金霞、曲艳静、梁叶、陈旭峰担任副主编；杨静、吴晓燕、周萍、包守娟、王凡、刘阳河、邢应利、王晓利、陈静、徐杰、陈奕帆、戴国梅、郑君、许彦、王小姣、杜玉芬、葛常梦頔也参与了编写过程。

本书在编写过程中，结合贝腾创业总动员实训平台进行设计编辑，关于实训平台相关内容，详情可参考贝腾创业研究院 http：//www. monilab. com。此外还广泛查阅了近年国内外创业领城的研究成果，并参考借鉴了大量同人的研究成果，在此一并向这些资料的作者表示深深的感谢。由于编写时间仓促，加之编者水平有限，书中不足之处难以避免，敬请广大读者批评指正，并提出宝贵意见，以便我们更好地修订和完善。

编　者

2023 年 4 月

目录 Contents

项目一 创新创业与创业精神

学习目标

①了解创新创业的基础知识。

②了解创业对经济发展的影响。

③掌握培养创业精神的方法。

素质目标

①引导学生树立正确的创新创业观和价值观。

②培养学生的创新意识和独立思考能力。

引导案例

拼多多创使人黄峥的创业故事

黄峥带领拼多多一路披荆斩棘，打破了两强相争的电商格局，以火箭般的发展速度创造了电商新物种神话。段永平曾说，投资拼多多相当于押注他的进化，他就像是一个精密算法，正与拼多多一起不断蜕变。他早就不以追求财富为唯一目标，而是沉浸在打造企业、创造价值的乐趣之中。

（《中国企业家》评）

黄峥出生于1980年，毕业于浙江大学计算机科学与技术专业。他曾经在微软亚洲研究院工作过一段时间，后来辞职去了美国留学。在美国期间，他接触到了互联网创业的浪潮，也结识了一些志同道合的朋友。他回国后，和几个合伙人一起创办了欧朋软件，开发了欧朋浏览器，这是中国第一款支持多标签页的浏览器。欧朋软件后来被挪威欧朋公司收购，黄峥也成为一名富有的投资人。

黄峥并没有满足于投资的角色，他对互联网行业有着强烈的好奇心和探索欲。他发现了电商领域存在的巨大潜力和机会，也看到了传统电商模式存在的问题和局限。他认为，电商不应该只是一个简单的买卖平台，而应该是一个能够满足用户多样化需求和社交需求的生态系统。他想要打造一个能够让用户享受购物乐趣，同时又能够节省成本和提高效率的电商平台。

于是，在2015年，黄峥创办了拼多多，一个基于社交网络和团购模式的电商平台。拼多多的核心理念是“多多”，即让用户可以通过邀请好友一起拼团购买商品，从而获得更低的价格和更高的折扣。拼多多还利用大数据和人工智能技术，为用户提供个性化的推荐和优惠信息。拼多多迅速吸引了大量的用户，尤其是在三、四线城市和农村地区，拼多多成为他们购物和社交的主要方式。

拼多多的成功也引起了其他电商巨头的注意和竞争。黄峥并没有畏惧压力，而是坚持自己的创新理念和战略方向。他不断地扩大拼多多的品类和服务范围，涉及农产品、生鲜、服饰、家居、数码等各个领域。他还推出了“新品牌计划”，帮助中小企业和农民提升产品质量和品牌形象，实现供需对接和价值共享。他更提出了“消费扶贫”的理念，通过拼多多平台让贫困地区的产品走向全国乃至全球市场，让更多的人受益于电商的发展。

黄峥的创业之路并不平坦，他也遇到了很多的挑战和困难，比如用户的质疑、竞争对手的打压、市场的变化等。但是，他始终保持着对用户的关注、对市场的敏感、对创新的热情、对社会的责任。他用自己的行动证明了，电商不仅是一种商业模式，更是一种社会变革的力量。他用自己的故事启发了无数的创业者，也为中国的互联网行业树立了一个新的典范。

（资料来源：https：//baijiahao. baidu. com/s？id=1767469447018460965&wfr=spider&for=pc）

任务一　初识创新创业

一、创新的定义

创新的内涵

课程案例 1-1

大胆创新：华为的成功之路

任正非说："创新虽然很难，但它是唯一的生存之路，是成功的必经之路。"

华为技术有限公司（以下简称"华为"）成立于1987年。得益于改革开放，经过30多年的拼搏努力，华为这艘大船划到了"与世界同步的起跑线"上。华为从小到大、从大到强、从国际化到全球化，就是基于成功的创新。华为将过去的成功总结为"基于客户需求的工程、技术、产品和解决方案创新的成功"。

"志存高远，从为中华崛起有所作为，到科技前沿创新奋发有为，用实力劈开全球市场。从跟踪创新到平行竞争到领跑技术，硬核科技把人们带入数字世界，用品质赢得喝彩。从通信基站到数字终端到5G时代，让品牌实现完美超越。生生不息的精神，品牌与发展信心同在，不断创新的使命，万物互联惠及大众百姓。"数据显示，华为坚持每年将10%以上的销售收入投入研究与开发，研发员工超过8万名，过去10年累计研发投入约730亿美元。仅在2018年，华为的研发投资就高达150亿美元。

2019年4月，华为提出将从创新1.0向创新2.0迈进，即以开放式创新、包容式发展为思想理念，以"大学合作、技术投资"为战略举措。华为提出将采取"支持大学研究自建实验室、多路径技术投资"等多种方式实现创新2.0，把工业界的问题、学术界的思想、风险资本的信念整合起来，实现共同创新。

（资料来源：刘霞，宋卫等，《大学生创新创业基础与实践》，人民邮电出版社，2021年9月）

创新是企业的核心，企业创新是企业管理的一项重要内容，是决定公司发展方向、发展规模、发展速度的关键要素。从整个公司管理，到具体业务运行，企业的创新贯穿在每一个部门、每一个细节中。企业创新涉及组织创新、技术创新、管理创新、战略创新等方面的问题，而且各方面的问题并不是孤立地考虑某一方面的创新，而是要全盘考虑整个企业的发展，因为各方面创新是有较强的关联度的。一切决策都是从问题开始，而创新决策的开始就是发现创新萌芽。所谓创新萌芽，就是提出现在企业的经营或管理的应有状况与实际状况的差距或者找到企业可发展的新机会。决策者要在全面调查研究的基础上发现创新的萌芽，并予以确认。抓住创新的特征，对创新萌芽的准确把握，有助于提高决策的工作效率，并确保决策方案的质量。

（一）什么是创新

创新是指以现有的思维模式提出有别于常规或常人思路的见解为导向，利用现有的知识和物质，在特定的环境中，本着理想化需要或为满足社会需求而改进或创造新的事物、方法、元素、路径、环境，并能获得一定有益效果的行为。

美国经济学家熊彼特在1912年出版的《经济发展理论》最早提出创新的概念。熊彼特在其著作中提出，创新是指把一种新的生产要素和生产条件的“新结合”引入生产体系。它包括五种情况：一是引入一种新产品；二是引入一种新的生产方法；三是开辟一个新的市场；四是获得原材料或半成品的一种新的供应来源；五是寻求一种新的组织形式。熊彼特的创新概念包含的范围很广，涉及技术性变化的创新及非技术性变化的组织创新。

（二）创新的特征

创新是一种特殊的实践活动，它包括超前性、普遍性、目的性、新颖性、价值性和风险性六个特征。

1. 超前性

超前性是指创新往往超越当前的思维和认识，是在对事物变化具有前瞻性的理解下实施的行为。这种超前性并非空想，而是在把握当下情况后预料未来的可能，如人工智能的逐步实现、海王星轨道被预测等。

2. 普遍性

普遍性是指创新存在于人类活动的所有领域并且贯穿于人类活动的各个阶段。同时，创新能力是人人都具备的，如果只有少数人才具有创新能力，那么许多创新理论就失去了存在的意义。

3. 目的性

任何创新活动总是围绕需要解决的问题、需要完成的任务而进行的，这就是创新的目的性，这一特性贯穿于整个创新过程。创新的目的既可能是满足社会需要，如电话的发明是为了满足人类沟通的需要，也可能是实现自我的愿景，如魔方的发明。

4. 新颖性

新颖性是指创新的本质是求异、求新，即创新将摒弃现有不合理的事物，革除过时的内容，然后再确立新事物。用新颖性来判断创新成果时，要注意区分绝对新颖性和相对新颖性。创新得到全新事物即拥有绝对新颖性，如计算机的诞生；而对已有事物进行部分改造则具有相对新颖性，如美颜相机比之普通相机，也是创新。

5. 价值性

价值性是指创新得到的成果一定要具有价值，能够对人类生活和社会产生影响。一般来说，创新成果满足人类社会需要的程度越大，其价值就越大。一些创新能够即时生效，而另一些创新，如理论创新，则会对人类生活产生深远的影响。

6. 风险性

风险性是指创新自身具有不确定性。这种不确定性一般包括市场的不确定性、技术的不确定性和经济的不确定性等。一般而言，不确定性越大，风险就越高。

阅读材料 1-1

人类的创新本能

美国作者约翰·波拉克在探讨人类的创新本能时是这样说的：“类比思维就如人类物种一样古老。实际上，没有类比思维，人类就不可能存在。想象几百万年前东非一个炎热的中午，我们的祖先停下来到小溪边喝水的情景，可以推测出，有些人能够更快、更准确地区分潜在水下的多节棕色鼻子的鳄鱼与多节棕色突出的木头之间模糊又不完整的图案，便能更好地探测到危险，从而享有明显的优势并获得更多生存机会。有些人看不出木头和鳄鱼之间的差异，陷入缺失的视觉间隙中，意味着这些潜在的危险会使他们成为鳄鱼的午餐。”

“人类不是唯一能辨认图案或能对随之发生的事情作出快速反应的动物。能辨认图案是因为伪装普遍存在于自然界中，一些动物已经适应与周边环境融为一体，其他的动物则采取相反的战略，模仿那些没有吸引力或有可能吃掉它们的具有威胁的动物的外

表。但是，尽管许多动物都擅长这样的比较，证据表明只有人类才能使用深层次的类比思维，鉴别或发现超越表面概念的相似性。”

“研究者探索类比在人类思维中的作用时发现，类比可能是所有决策的核心。《表现和本质》的作者、心理学家道格拉斯·霍夫斯塔特和埃马纽埃尔·桑德是研究类比的专家。他们认为，不管我们是在一家新餐馆点菜，过马路前看两边，还是认为一条靠近的黄金猎犬没有以前看到的罗特韦尔犬有威胁性，我们都是在与过去已经分类且易于参考的经验进行一系列的类比。”

“这样的类比太普遍，以至于我们意识不到自己在进行类比，甚至当输入的数据要求我们作出较高层次的决策或在执行传递到的有意识的评估前，无意识状态会做许多筛选和组织。为了更好地了解这种情况，你可以想象一下美国白宫是如何加工、评价、过滤那些想引起总统注意而不断抗议的人群拨打的成千上万的电话和发送的信件、电子邮件的。只有小部分信息可以被传递到美国总统办公室，得到总统的查看、考虑并采取可能的执行行动。那些涉及关键立法或国家安全的紧急事务会在议事日程中优先处理。”

“事实上，这就是大脑运作的过程。每天，我们所有人都在不断评估大量来自视觉、听觉、触觉、嗅觉的数据，找到广泛存在的因果事件之间的相关性和实用性，从而指导我们的决策。”

波拉克对人类创新思维进行了观察与思考，但是这种思考并没有涉及创业。当创业的想法开始在创业者头脑中萌芽时，他们会进一步思考创新与创业之间的关系。他们会问“创新与创业到底是什么关系?”“什么样的人适合创业，我适不适合创业?”“在大学阶段该不该创业?”“创业成功的最重要的因素是什么?”等诸多问题。

（资料来源：https：//www. xiaohongshu. com/explore? target_ note_ id=6340ec88000000001d014317）

二、创业的定义

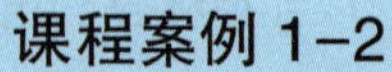

课程案例 1-2

释放青年创新创业的无穷力量——中国“互联网+”大学生创新创业大赛五年综述

“947 万名大学生、230 万个团队参赛”，这是中国“互联网+”大学生创新创业大赛（以下简称“双创大赛”）创办五年来的成绩。作为覆盖全国所有高校、面向全体

大学生、影响最大的高校双创盛会，第五届中国“互联网+”大学生创新创业大赛总决赛即将在浙江杭州拉开序幕。五年来，它究竟带来了什么变化？产生了哪些影响？

锻造一支敢闯会创的双创生力军

作为浙江大学在读博士生，2017 年，白云峰带领的“杭州光珀智能科技”团队获得了第三届“双创大赛”的全国总冠军。他们的参赛项目“新一代固态面阵激光雷达”基于飞行时间测量法，结合光珀独有的创新性技术，可以十分经济的价格获得稠密的点云数据，同时解决了传统线扫激光雷达体积大、分辨率低、成本高等问题。如今，光珀科技已经成长为一家准独角兽企业。

像白云峰这样从一名普通学生到双创生力军的例子，在“双创大赛”的舞台上，比比皆是。从无人直升机系统、微小卫星，到 Niceky 自抗凝性高通量血液透析器、终极发动机……注重学科交叉和跨行业创新，体现大数据、云计算、人工智能等新一轮工业革命重点领域的前沿趋势和最新成果，一大批高精尖项目竞相涌现，青年学子创新创业的热情被激发点燃。

推动一场双创教育的深化改革

即便已经过去两年多，但大连理工大学的“终极发动机项目”团队创始人田华依然清晰记得，夺得第三届中国“互联网+”大学生创新创业大赛总决赛金奖时的点点滴滴。

“除了本身的兴趣外，关键是学校提供的创新创业学院这个平台，把我们聚在了一起。”田华说，学校教育功不可没，为了帮助更多年轻创客解决盲点，大连理工大学搭建创新创业实践平台，组织学生深入企业了解运营模式，“课堂教育+体验实习+创业实战，让我们的创意创新创业真正融合了起来”。

开出一堂最大最有温度的思政大课

创新创业不是做虚无缥缈的妄想，而是要与乡村振兴战略、精准扶贫脱贫相结合，以青春之奋斗领航民族之振兴。从第三届大赛开始，组委会从参赛学生中公开招募了百余支大学生创业团队走进延安，组织实施“青年红色筑梦之旅”活动，了解国情民情，帮助革命老区人民脱贫致富。

江西科技师范大学学生陈文彬便是其中一员。他们团队获得第四届中国“互联网+”大学生创新创业大赛银奖、公益中国“最具网络影响力”单项奖。“四年来，我们团队助力茅坪乡新增黄桃基地 3000 余亩，解决百人就业问题，为农户增收万元，茅坪乡于 2017 年 2 月顺利实现脱贫。精心打造‘桃醉井冈’品牌，创造品牌代言人‘桃喜’，打造‘桃醉井冈’超强 IP 效应。成功搭建淘宝等线上预售平台，通过微信公众号以及黄桃文化节等多种方式对神山黄桃进行推广，平台仅上线一个月，线上销量突破

12000 笔，成交额达 50 余万元。”

三年来，教育部组织 31 个省份的 170 万名大学生、38 万个团队参加“青年红色筑梦之旅”活动，走进革命老区、农村地区、城乡社区，传承红色基因、了解国情民情、接受思想洗礼，助力乡村振兴和精准扶贫。对接农户近 100 万户、企业 3 万余家，签订合作协议 21000 余项，产生直接经济效益百亿元，设立公益基金 480 余项、基金规模达 3.6 亿元，探索并实践了“滴灌式”“浸润式”“体验式”的思政教育模式，开出了一堂最大、最有温度的思政大课。教育部高教司司长吴岩表示，大赛构建了高教、职教、国际、萌芽四大板块，实现了“五个更”的办赛目标：更全面，纵向上实现了基础教育、职业教育、高等教育的全链条参赛，横向上实现了国内到国外五大洲高校全覆盖。更国际，120 个国家和地区的 1153 所国外高校大学生参赛，堪称一场“百国千校”参与的世界大学生双创奥运会。更中国，以赛促教、以赛促学、以赛促创，开始形成了创新创业教育中国模式。更教育，一百万大学生踏上“青年红色筑梦之旅”，一堂最有温度的思政课、一堂最有深度的国情课开讲。更创新，实现了形式和内容创新，推动人才培养从就业从业模式向创新创业模式转变，服务国家创新发展。

（资料来源：http://wap.moe.gov.cn/jyb_xwfb/s5147/201910/t20191012_402904.html）

（一）什么是创业

广义的创业将创业提升到国家和民族的高度，泛指在各个领域开创事业并且在特定领域产生重大影响的事业，一般强调关系到国计民生或者民族命运的事业。战国七雄为了实现霸业而东征西战，历代统治者为建设新的国家而运筹帷幄，斗智斗勇，都可以看成广义的创业行为。

狭义的创业是指经济学意义上的创业，即通过利用各种资源创造价值，以产品或服务的形式共享给消费者，同时自身获取利润并取得发展的过程。

专家认为，创业就是一个发现和抓住机会并由此创造出新颖的产品和服务，实现其潜在价值的复杂过程。创业必须投入时间和付出努力，承担相应的财务、精神和社会风险，并能够获得金钱的回报和个人的满足。

（二）创业的内涵

要理解创业的概念，我们应该掌握以下几点。

（1）创业创造出的某种新事物必须是有价值的，对创业者和社会都有价值。

（2）创业必须贡献必要的时间和大量的精力。

（3）创业必须要承担必然的风险，如人力资源风险、市场风险、财务风险、技术风险、外部环境风险、合同风险、精神风险。

（4）创业将给创业者带来回报，如精神上的独立自主、物质财富的回报。

（5）创业并不局限于创建新企业。

（6）创业是一个过程，同时是一种边行动边思考的行动方式。

阅读材料 1-2

褚时健的创业历程

褚时健是一位具有争议性的人物。他曾经是中国有名的“烟草大王”。1979 年，52 岁的褚时健成为玉溪卷烟厂厂长，当时的玉溪卷烟只不过是一个地区性的小企业，默默无名。20 世纪 80 年代中期，玉溪卷烟厂在褚时健的领导下崛起，玉溪卷烟厂生产的红塔山、玉溪、红梅牌香烟在全国供不应求。到 90 年代中期，他已经“把一个地方小烟厂做成了亚洲第一，世界第五的烟草厂”。

1995 年，褚时健被举报贪污，最终被判无期徒刑。2002 年，褚时健因为严重糖尿病，被批准保外就医。此时，褚时健已经是位 75 岁的老人。然而，褚时健承包了哀牢山中的 2400 亩荒山。这些荒山刚经历过泥石流的洗礼，一片狼藉，当地的村民都说那是个“鸟不拉屎”的地方。这一年，爱好爬山的王石来到了云南，特意抽时间专程去看望褚时健。王石当时感慨地说：“我非常受启发。褚时健居然承包了 2000 多亩地种橙子。橙子挂果要 6 年，他那时已经 75 岁了。想象一下，一个 75 岁的老人，戴一个大墨镜，穿着圆领衫，兴致勃勃地跟我谈论橙子挂果是什么情景”。

2010 年，褚时健 83 岁，“褚橙”终于上市。很快就风靡昆明大街小巷。当时有媒体报道称，“褚橙”12、13 元一千克的出厂价，比昆明市面上 10 元四千克的普通橙子高出数倍，可是不出云南省就卖完了。2012 年，褚时健的 3000 亩“褚橙”成为当地最大的农场，2/3 盛果，年产橙子 9050 吨，产值 7800 万元，实现利润近 4000 万元。2013 年“褚橙”产量 1 万吨（年初已全部订购完），产值 8000 万元，可实现利润 4000 多万元。

“我吃过他（褚时健）的橙子，大家都赞不绝口，这么大年龄才开始创业又做得这么好，确实给我们这些人非常大的激励。”大连万达集团董事长王健林坦言，如果自己到了 75 岁，不会有褚时健那样的精神。

王石引用巴顿将军的话说："衡量一个人的成功标志，不是看他登到顶峰的高度，而是看他跌到谷底后的反弹力。"

（资料来源：https：//baijiahao. baidu. com/s？ id=1672138787300453225&wfr=spidecr&for=pc）

任务二　创业精神与创业规划

一、创业精神的本质与要素

创业精神

（一）创业精神的本质

1. 创业精神的概念

创业精神是指在创业者的主观世界中，那些具有开创性的思想、观念、个性、意志、作风和品质等。创业精神是创业的心理基础，是促成新企业形成、发展和成长的原动力。

创业精神的本质是创新意识和主动精神。

创业案例 1-1

张松江的"小管家"

一个年轻人开拓出了一种叫作"小管家"的新家政模式。凭借新模式，这位创业者在北京仅一个社区就年收入 170 万元。面对我国快速发展的社区经济，"小管家"铺就的是一条"沃尔玛"式的道路，一扇虚掩的财富大门正在徐徐打开……

张松江，出生于 1978 年，土生土长的北京人，如今是新理念保洁服务有限公司的总经理，公司注册商标为"小管家"。

尽管人们还都把他的公司称为"家政公司"，但在张松江看来，他的"小管家"从开始就已经背离了传统家政。对于传统的家政行业来说，"小管家"的成功模式所产生的影响很可能是颠覆式的。

1999 年，张松江在北京联合大学毕业，他在报纸上看到一个美国品牌保洁公司招加盟商的广告，就跑到那家公司去看，在听了对方“专业”的讲解后，他相信了“保洁市场利润空间无与伦比”。

他本来以为，像什么饭馆的招牌清洗、灯箱清洗、建筑物外墙清洗、大型油烟机清洗、中央空调清洗……商机无处不在。然而，当他跑去谈生意时，却到处吃闭门羹，根本没人用他们。两个月过去了，他没有找到一个客户。

直到第四个月，终于等到了一位“大”客户。张松江领着员工大干了一场，可等他们干完了，那位经理只给了 1500 元钱，随后丢下一句：“就这么多，没钱了。”碰壁次数多了，张松江渐渐明白了保洁行业到底是怎么一回事。在原来做培训的时候，那家公司告诉他们，做保洁清洗，市场的价格绝不低于每平方米 10 元钱。但在现实中，市场行情是每平方米 1 元钱。不仅如此，如果没有人脉关系，就算 1 元钱的价钱你也休想拿下一个保洁工程。

张松江郁闷到了极点，从不对家人诉苦的他，最后还是将创业的烦恼告诉了父亲。望着创业遇到挫折的孩子，父亲给了张松江莫大的安慰。

当晚，张松江躺在床上，翻来覆去睡不着觉。他打开灯，随手翻开一张报纸。翻着翻着，报纸上一则广告吸引了他。那则广告说，北京的 SOHO 现代城推出了可移动墙壁的房屋。

所有开发商都把墙壁做成死的，他们却做成活的。这墙活了，他们的生意不就活了吗？别人能这样做生意，我呢？要想有利润就得有别人没有的东西，就得把大家都认为不能改变的固定思维模式打破。思维的闸门一旦打开，张松江再也抑制不住自己。他想到了由户外转向户内。

虽然户内保洁也有人做，但是现在的户内保洁太没有特点了。像 SOHO 现代城这样的高档社区，肯定需要一种更高档次的服务。麦当劳、肯德基走遍全球，凭的不就是一个严格的操作规程与标准嘛！对于保洁来说，这个标准应该是对卧室、卫生间、厨房等不同性质的房屋进行分类，然后确定不同的服务标准。

越想越兴奋，他把自己的想法、计划都写在了纸上。在之后十几天时间里，他进一步完善方案，然后鼓起勇气去找 SOHO 现代城中海物业公司的经理。那位将近 50 岁、有着丰富经验的物业经理被眼前的年轻人打动了。于是他在 SOHO 现代城的地下室里开始了新的旅程。

没过多久，就有一位客户提出要他们去家里做地板打蜡，没有做过地板打蜡的张松江竟然大着胆子答应了。

虽然张松江有着种种超前设计，但是对户内具体的工作流程完全不懂。最终他来了个现学现卖。第二天一早，张松江立即带着员工来到客户家，认认真真地给客户把地板重新打蜡。等客户回来看到光亮的地板时，非常满意，付给了他们 800 元钱。

钱赚到了，但张松江却非常难过。这样的服务离自己的要求差得太远了。别说特色，连最基础的东西都做不好，这怎么能有前途呢？

张松江找到 SOHO 现代城的经理，提出了一个要求，那就是给现代城一些已经装修好但是还没有出租的房间免费保洁打蜡。这是任何一位经理都乐于接受的好事情。但是，对于张松江来说，这太重要了。他要通过为这些房间保洁磨炼自己员工的技术，研究一套有自己特点的操作规程与操作技巧。

功夫不负有心人，通过与员工对一间间房屋、一个个细节部分的实践、记录与推敲，张松江总结出了自己的一套针对不同房间的工作程序和工作标准，在技术上也取得了飞跃。

以地板打蜡来说，他将擦玻璃的方法移植到了地板上，而且在工具、使用方法上都做了重大改进。因此，他们擦地板比传统打蜡法多花一倍的时间，但是擦出来的效果却让人感觉比传统打蜡服务高出几个档次。

就这样，张松江开始打开局面。靠着自己的坚毅和勤奋，他一步步地接近了自己的目标，实现了飞跃，完成了很多人梦寐以求的事。

张松江的创业案例就是在家政服务领域通过将保洁服务从户外引进户内，严格制定的工作程序和标准等创新满足了用户需求，从而实现了自己的创业梦想。由此可以看出，只要迎合了市场的需要，创业者在服务内容、技术、标准、流程等方面的一些小创新也可能是很好的创业项目。

（资料来源：http：//zhuanti. hebnews. cn/2010/news/2010-10/19/content_ 1117632. htm）

2. 创业精神的基本特征

创业精神具有以下几方面特征。

（1）高度的综合性

创业精神是由多种精神特质综合作用而成的。诸如创新精神、拼搏精神、进取精神、合作精神等都是形成创业精神的特质精神。

（2）三维整体性

无论是创业精神的产生、形成和内化，还是创业精神的外显、展现和外化，都是由哲学层次的创业思想和创业观念，心理学层次的创业个性和创业意志，行为学层次的创业作风和创业品质三个层面所构成的整体。缺少其中任何一个层面，都无法构成创业精神。

（3）超越历史的先进性

创业精神的最终体现就是开创前无古人的事业，创业精神本身必然具有超越历史的先进性，想前人之不敢想、做前人之不敢做。

（4）鲜明的时代特征

不同时代的人们面对着不同的物质生活和精神生活条件，创业精神的物质基础和精神营养也就各不相同，创业精神的具体内涵也就不同。创业精神对创业实践有重要意义，它是创业理想产生的原动力，是创业成功的重要保证。

创业案例 1-2

大学生白凯明的口罩

白凯明在大学学的专业是电子商务，他 2009 年毕业时，准备自己创业。考虑到农村老家口罩制造小有规模，从事者也都实现了发家致富，白凯明决定加入其中。白凯明用 8 万元启动资金，开始了“如雪”牌口罩的生产经营。他购置了 4 台机器，花费 1.2 万元；生产的场地就是自家的厢房；雇用的 6 名工人就是当地的农村妇女。经过 4 个月的摸索，白凯明渐渐摸出了门路，再加之甲型流行性感冒的蔓延，市场对口罩的需求激增，白凯明接到的订单越来越多，工人们开始加班加点。到 2009 年年底，白凯明获得 7 万元的净利润。经过一年的历练，他发现利润最高的是最新流行款式，而跟不上潮流的款式则是低价难销。于是，2010 年，白凯明将生产的重心放在新款式口罩上，聘请了一名学习服装设计的在校大学生设计口罩的款式。2010 年，白凯明不仅保持了上一年度的高销售额，并且由于款式新颖的口罩利润丰厚，净收入 15 万元。2011 年年初，白凯明将口罩事业发展到电子商务领域，让所学专业知识发挥作用。利用网络的便捷优势，白凯明已经成为西北和东北地区多家大型口罩批发商的供货商。考虑到生产扩张，白凯明打算租一处厂房，成立凯明口罩制造有限公司，让自己的口罩事业再上一个台阶。

（资料来源：https：//www. xing528. com/lilun/1169398. html）

白凯明的自主创业是成功的，其原因主要有三点：一是行业选择明智。成熟、热门行业的经营风险大大低于冷僻行业，即应选择市场消耗频繁或购买频率较高的产品行业，但应注意避免盲目跟风。二是进行产业升级。白凯明率先开展款式设计，向产业上游发展，获取高附加值；利用电子商务开辟第二条销售渠道。三是对行业前景的准确预测。甲流蔓延时，白凯明看到商机，迅速调整销售策略。

（二）创业精神的要素

1. 五大要素

我们经常听那些有名的企业家说起自己的创业过程：在他们运作百万美元规模的公司之前，借着在街边售卖饮料、在车库里生产些小玩意，他们逐步培养起自己的经商技能。看起来好像每一位成功的大人物都是为了商业而生的。

不过企业家到底有哪些与众不同之处呢？是什么令某些人能够充满自信地积极面对失败挫折，先人一步达成自己的目标？

（1）充沛的激情

创业的过程总是困难重重、艰辛曲折，创业者需要具备极大而持久的创业激情，将创业团队凝聚在一起，克服困难，走向成功。很多企业家在讲述自己的创业经历时，特别讲道，“创业需要激情，而且只是有短暂的激情还远远不够，它需要持久地支持着创业者的灵魂”。

（2）高度的适应性

在创业过程中，会遇到各种局面、各种环境，要适应不断变化的市场及消费者的不同需求，就需要创业者有高度的适应性。例如，雅马哈集团不断推出新产品，从原本的乐器生产商发展成为横跨发动机、音响、家居等领域的综合工业生产集团。

（3）卓越的感召力

出色的创业者一般具有很强的个人魅力和感召力，能够很好地凝聚创业团队，成为创业团队的精神力量和榜样。就像乔布斯曾经说服时任百事可乐公司高管的斯卡利跳槽：“你是想卖一辈子糖水还是说你想改变整个世界？”斯卡利被决心“改变世界”的乔布斯所感召，加入了苹果公司。

（4）出色的合作精神

个人的力量是有限的，单打独斗难以成功创业，只有具备合作精神才能够充分发挥团队力量，同时积极进行外部合作可以获得更多的商业机会和创业资源。例如，知名汽车品牌奥迪就是由四家汽车制造商合并成的汽车联盟公司，可以说奥迪的成功是建立在合作基础上的。

（5）远大的目标

目标能够帮助创业者在困境中坚持下来，帮助创业者在初有成绩时保持本色，帮助创业者以长远的、较高的眼光来谋划公司发展。例如，稻盛和夫在京都陶瓷株式会社还不到百人规模时，就不断讲述："京瓷要放眼全球，向着全世界的京瓷前进。"

2. 创业精神的培养

或许有的企业家是天生的商人，他们的创业精神与生俱来，但是创业精神是可以通过后天培养而形成的。大学生创业者可通过模仿、历练、实践和培训这四种途径来培养自己的创业精神。

（1）模仿

模仿是培养创业精神较便捷的方法，选择一个学习榜样，揣摩他的行为，分析他的言论，从而向他靠拢。很多成功创业者都有这样一个感受：他们在创业过程中会有一个"偶像"，自己会不自觉地按这个偶像的言行来要求自己、鞭策自己。乔布斯就非常崇拜英特尔的创始人安迪·格鲁夫，甚至打电话向其寻求建议。大学生应该从创业成功者身上吸取经验，学习模仿他们的创业精神，从而让自己更快成熟起来。

（2）历练

创业是艰辛的，创业环境中处处充满竞争和困难，培养创业精神的高效方法之一就是让创业者在真正的创业环境中磨炼意志，培养创业精神。

优秀的创业者是绝不会被压力压垮的，反而会在压力之下创造惊人的事业。比如，李嘉诚在年少时挣扎在社会底层，在这个过程中他养成了坚忍不拔、勇于冒险、关注前沿资讯的特质，这让他收获了长久的成长。

（3）实践

实践是培养创业精神的直接方法，积极的实践能带来及时的反馈，实践经验的积累能够让创业者对创业形成逐渐深入、清醒的认识。实践产生的作用是其他途径不可替代的。

当然，大学生由于时间和资金等条件的限制，大多是从一些零碎的小生意开始，但这些小生意也能锻炼培养大学生的创业精神。总之，只有通过创业实践，大学生创业者才能在以后更加清晰地确立创业目标、制订创业计划，才会更加坚定创业信念，创业精神也才能更加强大。

（4）培训

创业精神培训活动往往请成功的企业家或者经验丰富的职业经理人来担任讲师，大学生参加创业精神培训可以得到专业化和科学化的指导，这是其他方式所难以达到的。通常由高校和地方各级政府举办创业精神培训活动，一些社会机构也会提供相关服务，大学生可以选择这些渠道来参加创业精神培训。

二、认识创业，规划美好职业生涯

（一）大学生创业的时机

1. 在校创业

在校创业是指边读书边创业的活动。有的学生想出了好的创业点子，有的学生申请了专利，想把专利技术转化成实实在在的产品，但他们又都不愿意放弃学业，于是出现了在校创业的现象。这种做法的优点是能够在创业的同时继续完成学业，但不足之处是可能难以处理好创业和学习的矛盾，有时会顾此失彼。

2. 毕业即创业

毕业即创业是当前大学生在就业过程中积极倡导的一种就业选择。它可以减轻国家、社会的负担，及早为社会、个人创造财富，并能在大学毕业生中形成一种激励。只要条件具备，大学毕业生完全可以成为创业者。

3. 就业后创业

有着创业理想的大学生，在条件还不成熟时，如没有合适的项目，没有足够的资金，没有一定的社会阅历和社会经验，难以应对社会复杂的人际关系，没有必要急着创业，可以先到一些公司去工作，获得实践经验，积累一定资金，并策划一些好的创业项目之后，再图发展。

（二）大学生创业的途径

1. 利用专利技术入股，寻找投资人

大学生在大学期间拥有发明专利，即可利用专利技术去寻找投资人，如果能获得风险投资家的青睐，则更容易成功。如果公司的经营管理科学合理，则可较快获得成功。例如，丁磊在创办网易公司、张朝阳在创办搜狐公司的过程中，都获得了风险投资的支持。

2. 先学习技术，然后再创业

有的大学生希望在技术领域创业，但又缺乏实践经验，技术不够精湛。在这种情况下，大学生可先进入希望进行创业的行业，学习技术，了解现状，等到条件成熟时，再开始创业。例如，学机电维修的大学生，可先进机械制造厂打工，学习机械设计、制造技术，再到机械设备应用企业实习一段时间，等到技术成熟后，再自己开办机械配件加

工厂或机电维修中心。

3. 积累原始资本，再创办公司

推销是一个充满挑战与机遇的职业，有的大学生毕业之后先从事仪器、药品、机械、电子设备等推销工作，当推销的商品数量大时，可获得高额的业务提成。有了一定的资本和经验之后，他们就注册成立贸易公司，为一些企业做产品销售代理，因为做销售代理可采用先销售产品后付款的形式，所以对新创办公司的资金周转非常有帮助。

4. 看准市场，创办实体

有的大学生有灵活的经济头脑，能洞悉市场的需求，则可采用贷款、集资的方式进行创业。

四川省的欧阳晓玲在中专毕业后，辞职筹资创办了四川省第一家民营林业园艺科技企业——永川市园艺植物研究所，她带领全所员工从事果树良种的引种、繁育和配套栽培等技术研究、技术服务，承包经营荒地，将荒山秃岭变成生“金”长“银”的示范园林，带领 5 万多名农民致富，取得了较好的经济效益和社会效益。

5. 从小事做起，由小利起步

历史上，有不少企业家开始做的都是很不起眼的小本生意，很快就完成了资本积累。

1928 年，有一对叫麦当劳的年轻兄弟，他们在加利福尼亚开了一个小电影院，同时兼营一个小食品店专卖汉堡包。说来也怪，汉堡包的生意比电影院的生意好得多。这种 15 美分一个的汉堡包看来不起眼，可由其创造的年营业额竟高达 25 万美元，于是麦当劳兄弟便干脆专营汉堡包，并成立了麦当劳公司。

大学生创业普遍面临缺乏资金的困难，从小事做起，从求小利做起，不失为一条稳妥的途径。投入小，风险就小，但积小利成大利，聚沙成塔。

6. “借鸡生蛋”，借钱赚钱

大学生开始创业时，资金都比较少，有时看准了机会，自己也没有力量去干，或者自己有一定的资金，但缺乏经验，难以把事情办好。在这种情况下，最好能“借鸡生蛋”，即利用别人的资金、关系、组织机构和人员去干事，事成之后参加利润分成。

例如，有一个学模具设计与制造的大学生掌握了制造先进模具的技术，便联系了一个学经营管理的大学同学，他们与某乡政府合作，由该乡政府出资 60 万元，创办了一个模具厂，由两位大学生承包经营，模具厂的业务很快扩大，获得了良好的经济效益。

阅读材料 1-3

大学生屡被骗源自"创业认知不足"

因为对市场理解较浅，大学生创业者普遍对作为市场规则的商业法律缺乏清楚认识，对创业中可能遭遇的合同诈骗、供应商跑路等情况更是不甚了解。调查发现，近五成（49.74%）的受访大学生创业者对合同诈骗及形式不清楚，还有近三成受访者表示会一次性与"好朋友或信得过"的合作伙伴签订大额合同。

创业作为时下最流行的词语之一，折射出的是人们勇于创新、创业的激情和活力。调查显示，77.2%的大学生表示对创新创业有兴趣，很有兴趣的占31.0%；有创业实践的占13.4%，有创业计划的占60.2%。大学生热衷创业是好事，但近五成大学生受访者不清楚合同诈骗和形式，并屡屡被骗，梳理其中原因就显得十分重要。

从宏观方面来看，大学生屡屡被骗的原因有三方面：一是高校对大学生创业的帮助力度还不够。教育部门提倡大学生自主创业以来，各高校在休学创业、学分转化等方面都给予了创业学生很大的帮助，但缺乏整体理论和实践框架上的课程辅导。二是一些地方政府"服务员"的角色没有做到位。在功利因素的影响下，往往把更多的精力和时间放在了已经创业成功的项目上，对大学生初创业的项目不够重视，乃至于不清楚个别大学生的失败和风险所在。三是社会宣传方面。在创新创业的宣传中，讲述成功的案例较多，讲述失败的项目和故事较少，这让大学生将创业想得过于简单，忽视了背后的风险。

而从微观的个体层面来看，大学生自身对创新创业认识不足，甚至存在错误认识。调查显示，86.15%的受访者选择合作伙伴最看中对方的经营绩效，而很少注意合作伙伴及企业的品格；77.95%的受访者在"与合作伙伴关系好"的情况下，对开展跨行业经营没有明确的选择。这一数据说明大学生自身对创业风险和权益保护缺乏全面的认识，过于看重金钱上的收益，而对自身创业的路径缺乏全景式和长远的考虑。

大众创业之下，大学生无疑要敢于冒险与创新，但必须有着充分的创业认识，那就是创业存在很大风险，需要有充足的准备。另一点就是创业要防止过于急躁，大学生创业并不是每个人都要成为比尔·盖茨，更多的是一种创业理念和实践的前期锻炼和学习。正确认识创业的价值往往比创业本身更重要。

资料来源：搜狐教育 https://www.sohu.com/a/57494217_120912

技能训练 1-1

测测你的创业潜力

完成下面的小测试，评价一下你的创业潜力。

A 栏和 B 栏里各有一些陈述，其中有一个符合你的情况。

- 如果 A 栏里的陈述符合你的情况，请在 A 栏左边的空格里填写 2。
- 如果 B 栏里的陈述符合你的情况，请在 B 栏右边的空格里填写 2。

在自我评价时要求实事求是。这个测试只针对你个人，将帮助你评价自己是否具有成功经营企业的技能、经验和素质。

（1）创办企业的动机

A	B
我有一份工作	我没有工作
我从自己干过的每一份工作中都学到了一些东西，我发现工作很有意思	我认为工作只是为了挣钱，工作没有什么乐趣，我对工作兴趣不大
我想让我的企业成为我的终身事业	我想创业，是因为没有其他选择
我想拥有一家企业，这样能为我的未来提供更好的生活方式	我想创办企业是因为我想取得成功，富人都有自己的企业
我坚信，我能否成功更多地取决于我自己的努力	一个人不论做什么，要想成功，都需要其他人的大量帮助
总　计	总　计

（2）主动性

A	B
我不惧怕问题，因为问题是生活的组成部分。我会想办法解决每个问题	我发现处理问题很难。我担心这些问题，或者干脆不想这些问题
当我遇到困难时，我会尽全力去克服。困难是对我的挑战，我喜欢挑战	如果我有困难，我试图忘掉这些困难，或者等待困难自行消失
我不是等待事情的发生，而是努力促成事情的发生	我喜欢顺其自然并等待好事降临
我总是尝试做一些与众不同的事情	我只喜欢做我擅长的事情

续表

A	B
我认为所有的想法都会有所帮助，我寻求尽可能多的想法，看看这些想法是否行得通	人都有很多想法，但是你不可能做所有的事情，我愿意坚持自己的想法
总　计	总　计

（3）对企业的承诺

A	B
我在压力之下工作得很好，我喜欢挑战	我在压力之下工作得不好，我喜欢平静和轻松
我喜欢很长的工作时间，不介意利用业余的时间工作	我认为工作以外的时间很重要，一个人不应该工作太久
一旦需要作出决定，我常常能够尽快地决定做什么	我不愿意为了企业减少与家人及朋友在一起的时间
如果必要的话，我也可以把社会义务、休闲娱乐和业余爱好放在一边	我认为在社交活动、业余爱好及休息上多花时间很重要
我愿意非常努力地工作	我愿意工作并做必要做的事情
总　计	总　计

（4）坚韧不拔和应对危机的能力

A	B
即使面对极大的困难，我也不会轻易放弃	如果存在很多困难，真的不值得为某些事情去奋斗
我不会为挫折和失败沮丧太久	挫折和失败对我的影响很大
我相信自己有能力扭转局势	一个人能够独立做的事情只有那么多，命运和运气起很大作用
如果有人对我说不，我会泰然处之，我会尽最大的努力改变他们的看法	如果有人对我说不，我通常会感觉很糟并放弃这件事
遇到危机时，能保持冷静并找出最佳应对方法	遇到危机时，我会感到慌乱和紧张
总　计	总　计

（5）风险承担能力

A	B
我坚信，要在生活中前进我必须冒风险	我不喜欢冒风险，即便是有机会得到很大的回报也是这样
我认为风险中蕴含机会	如果可以选择，我会以最稳妥的方式做事
我只有在权衡了利弊之后才会冒风险	如果我喜欢一个想法，我会不计利弊就去冒风险

续表

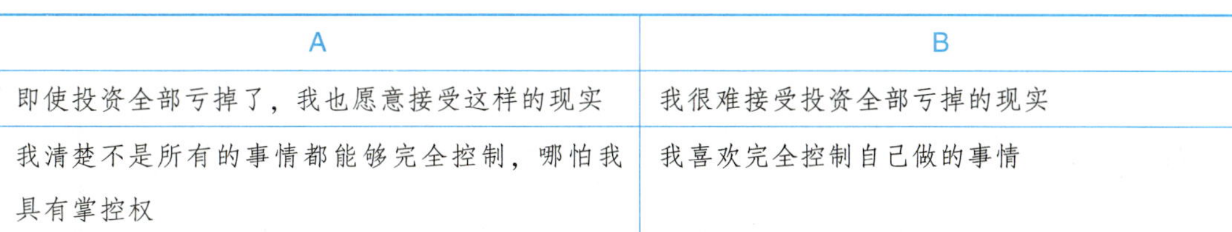

A	B
即使投资全部亏掉了，我也愿意接受这样的现实	我很难接受投资全部亏掉的现实
我清楚不是所有的事情都能够完全控制，哪怕我具有掌控权	我喜欢完全控制自己做的事情

（6）决策能力

A	B
我喜欢作出决定，而且能够轻松地作出决定	我发现作决定很难
我能自己作出艰难的决定	在我作出艰难的决定之前，我会征求很多人的意见
一旦需要作出决定，我常常能够尽快地决定做什么	我尽可能地推迟作决定的时间
在作出决定之前，我会认真思考所有可能的选择	我凭感觉和直觉作出决定，我只知道眼下要做什么
我不怕犯错误，因为我可以从错误中吸取教训	我经常担心会犯错误
总　计	总　计

（7）适应企业需要的能力

A	B
我只提供顾客需要的产品或服务	我只提供我喜欢的产品或服务
如果我的顾客想要更便宜的产品或服务，我将想办法满足他们的需求	如果我的顾客想要更便宜的产品或服务，他们就得找其他企业
如果我的顾客想赊购，我要想办法用最低的风险为他们提供赊购服务	我不会向任何人赊销我的产品或服务
如果企业迁到其他地方能够获得更多的生意，我准备这样做	我不愿意重新选择企业地点
我将研究市场趋势，力图改变我的工作态度和方法，以便跟上时代的发展	最好按照我已经知道的方法去工作，跟上世界的变化太难了
总　计	总　计

（8）沟通和谈判能力

A	B
我喜欢谈判，并且经常在谈判中达到目的	我不喜欢谈判，按照其他人的建议去做更容易
我与其他人沟通得很好	我与其他人的沟通有一些困难
我喜欢倾听其他人的观点和建议	我对其他人的观点和建议一般不感兴趣
在谈判过程中我常常愿意表达自己的观点	如果我参加谈判，我更愿意做一个听众，旁观事态的发展

续表

A	B
我将研究市场趋势，力图改变我的工作态度和方法，以便跟上时代的发展	这是我的企业，因此我的意见最重要。谈判中总有人会输
总　计	总　计

（9）协调家庭、文化和企业的能力

A	B
在企业能够负担的范围之内，我从企业拿出钱来供我和家人使用	我的家人需要多少钱，我就从企业拿多少钱
如果我的朋友和家人有经济困难，我会预留我个人的钱来帮助他们，不会从企业拿钱	如果我的朋友和家人有经济困难，我将帮助他们，即便这样可能会损害我的企业
我不能把大量时间花在家人和社会义务上而忽略我的企业	家人和社会义务高于企业
我的家人和朋友一样为购买我的产品、服务或使用企业的资产付钱	我的家人和朋友将在我的企业得到特殊的待遇
我不会因为他们是我的朋友和家人就允许他们赊账	我会常常允许我的家人和朋友赊账
总　计	总　计

（10）获得家人支持的能力

A	B
如果企业的决定将对家人产生影响，我会让家人参与决定	我不会让家人参与对他们有影响的企业决定
因为对企业全新的投入使我没有很多时间和家人在一起，我的家人会理解	因为对企业全新的投入使我没有很多时间和家人在一起，他们会感到不快
如果我的企业在开始时不是很成功，并且给家里人带来经济上的困难，我的家人愿意忍受	在创业之初，如果我的企业不是很成功，并且给家里人带来困难，我的家人会十分生气
我的家人愿意帮助我克服企业遇到的困难	我的家人可能不愿意或没有能力帮助我克服企业遇到的困难
我的家人认为，我创办企业是个好主意	我的家人对我创办企业感到担心
总　计	总　计

你的得分：

通过上面的测试能够评估你在企业经营方面的强项和弱项。根据自己的情况完成测试后，分别将 A 栏和 B 栏里的得分相加，然后把这些分数填入下一页的表格中。

● 如果你在 A 栏里的分数是 6~10 分，说明你在这方面的能力和素质是你的强项。在“强”下面画“√”。

● 如果你在 A 栏里的分数是 0~4 分，说明你在这方面的能力不太强。在“不太强”下面画“√”。

● 如果你在 B 栏里的分数是 0~4 分，说明你在这方面的素质或能力有点弱。在“有弱点”下面画“×”。

● 如果你在 B 栏里的分数是 6~10 分，说明你在这方面的素质或能力是弱项。在“弱”下面画“×”。

A 栏得分高，说明你在组织和经营企业方面有可能取得成功。

个人素质/能力	A	6~10 分 强	0~4 分 不太强	B	0~4 分 有点弱	6~10 分 弱
1. 创办企业的动机						
2. 主动性						
3. 对企业的承诺						
4. 坚忍不拔和应对危机的能力						
5. 风险承担能力						
6. 决策能力						
7. 适应企业需要的能力						
8. 沟通和谈判能力						
9. 协调家庭、文化和企业的能力						
10. 获得家庭支持的能力						
总分						

● 如果你在 A 栏里的总分达到 50 分或更高，说明你具有一个创业者所应具备的各项素质。

● 如果你在 B 栏里的总分达到 50 分或更高，说明你需要对你的弱项加以改进，将弱项转变为强项。

本项目小结

创业是一种理念，一种精神，一种不满于现状、敢于创新并承担风险的精神，一种在考虑资源约束的情况下把握机会创造价值的认识。从广义的角度理解，创业是一个人根据自己的性格、兴趣、所学专业、能力等选择适合自己的事业（可以是创办企业，也可以是创办非营利性的事业或者就业），并把握机会，为这个事业的成功整合资源、付诸努力，最终实现人生目标的过程。不管我们是否创业，在我们的生活和学习中时刻保持着创业精神，无论做什么事情，我们的人生必定会是一道亮丽的风景。

思考题

1. 创新创业的内涵是什么？
2. 大学生为什么要创业？
3. 你自己的“创业短板”是什么？

项目二
创业者与创业团队

学习目标

①了解创业者的素质与能力要求。

②掌握创业团队组建的原则。

③掌握创业团队组建的流程。

④能使用科学手段对创业团队进行有效管理。

素质目标

①从“互联网+”大学生创新创业大赛“青年红色筑梦之旅”活动入手，激发创新思维、社会责任感和担当精神。

②以社会主义核心价值观为引领、培养学生的团队精神。

引导案例

西游取经团队

为了完成西天取经任务，取经团队成员有唐僧、孙悟空、猪八戒、沙和尚、白龙马。其中，唐僧是项目经理，孙悟空是技术核心，猪八戒和沙和尚是普通组员，白龙马是座驾。这个团队的高层领导是观音。

团队的组成很有意思：唐僧作为项目经理，有很坚忍的品性和极高的原则性，不达目的不罢休，又很得上司支持和赏识，直接得到唐太宗的任命，既给袈裟，又给金碗，又得到以观音为首的各路神仙的广泛支持和帮助。沙和尚言语不多，任劳任怨，承担了项目中挑担这种粗笨无聊的工作。猪八戒这个成员，看起来好吃懒做，贪财好色，又不肯干活，最多牵下马，留在团队里，好像没有什么用处，但他性格开朗，能够接受任何批评而无压力，在项目组中，承担了润滑油的作用。最关键的还是孙悟空，由于孙悟空是这个取经团队里的核心，但是回想他那大闹天宫的历史，可以知道他的性格极端。白龙马是唐僧办公、出差用的座驾，身份地位的象征。

原本是缺一不可的“完美取经团队”，但是要节约成本，唐太宗必须裁掉一个人。

你觉得，该裁掉谁呢？

（资料来源：会计头条 App，作者：每日学财税，由搜狐 CFO 视界观整理发布，有改动，2020-08-05，https：//m. sohu. com/a/411562170_ 120377562）

任务一　创业者的基本素质

“创业者”的含义可以理解为：创业者是一种具有完全权利能力和行为能力的，具有创办一个新企业，并能时刻抓住市场潜在的盈利机会，维系这个企业的运营与管理，从而使企业获取收益的领导者。

一、创业者的素质

课程案例 2-1

以青春和理想谱写信仰和奋斗之歌

“希望你们扎根中国大地了解国情民情，在创新创业中增长智慧才干，在艰苦奋斗中锤炼意志品质，在亿万人民为实现中国梦而进行的伟大奋斗中实现人生价值，用青春书写无愧于时代、无愧于历史的华彩篇章。”2017 年 8 月，习近平总书记给第三届中国“互联网+”大学生创新创业大赛“青年红色筑梦之旅”的大学生回信，勉励他们把激昂的青春梦融入伟大的中国梦。

5 年来，全国大学生牢记总书记的嘱托，坚定理想信念，锤炼意志品质，展现出当

代中国青年奋发有为的精神风貌：西安电子科技大学“小满良仓”项目，利用“互联网+电商”服务老区人民，提升农产品经济效益；河南科技大学“小康农民讲习所”项目，通过各种形式的培训，破解农民“不会种、不会管、不会卖”的难题；贵州大学“博士村主任”项目，组建茶叶、食用菌等产业技术服务团队，深入乡镇一线，致力乡村振兴……

5 年来，全国共有 483 万名大学生参与“青年红色筑梦之旅”活动，累计有 98 万个创新创业项目精准对接农户 255 万余户、企业 6.1 万余家，签订合作协议 7 万余项。学生们走进革命老区、贫困地区、城乡社区，用专业知识和创新创业成果，为脱贫攻坚、乡村振兴交出一份沉甸甸的青春答卷。

（资料来源：人民网-人民日报，作者：丁雅诵，2022-06-18，http：//politics. people. com. cn/n1/2022/0618/c1001-32449776. html）

创业要把个人理想与国家社会发展需要紧密结合起来，养成以中华民族伟大复兴为己任的最高社会理想，通过校内外的创新创业实践，不断磨炼自己，从而具备一个创业者应有的创新思维、创业能力、社会责任感和担当精神。

（一）目光长远

搞个小店是创业，办个工厂也是创业，三百六十行，行行都有自己的门道。国际形势在不断地变化，国内政策也在不断地调整，市场的波动可能带来机会，也可能带来毁灭性的灾难。培养宏观意识有利于抓住机会，避开危险。创业者要培养全球化意识，学会从宏观上分析问题，从高处往下看，反过来再寻找向上的阶梯。创业者虽然都是从小做起，但是最终能够发展起来的都是具有宏观意识、能够把握住机会的人。

（二）志向坚定

创业本身就是有计划地创新、冒险，只有敢闯敢干、不怕失败的人，才有可能走出一条属于自己的路。艰苦创业精神，对于开拓者而言，也是非常重要的。创业期间，必会因资金、经验、人事等的阻碍而令事业遇到各种困难，创业者千万不可半途而废，一定要坚持下去，要相信成功就在不远处。

（三）理性思考

创业是一步一步做大的，创业者要克服好高骛远、好大喜功的想法，树立务实的创业精神。作为创业者，应当志存高远，同时也需要有脚踏实地的实干精神，从小处做起，步步为营，按照市场规律办事。秦池酒厂花三亿元争夺广告“标王”，搞一个名牌，极具赌博性；巨人集团刚有几千万资金，就要建亚洲第一高楼。这些都属于典型的急功近利、不切实际的非理性决策。企业要根据现有的条件及外部环境提供的可能性，制订切实可行的方案，进行理性决策。

（四）积极社交

创业要想成功，不能靠单打独斗，不仅需要自己的创业团队，还要拥有很强的社交能力，要能结识尽量多的杰出人物，尤其是本行业中的杰出人物。假如在社交方面能力比较弱，那就要有针对性地予以弥补；假如是因为实力不够，则需要付出坚持不懈的努力，在行业中闯出名堂，靠实力赢得人脉。除此之外，创业者的社交能力很重要的地方还体现在培养和维系客户关系上，要靠稳定的老客户和源源不断的新客户来保持自身的创业活力。

（五）严格自律

创业者的自律，除了生活范畴外，更重要的还要在经营的各个环节做到自律。具体而言，就是要规划好自己的经营目标和内容。比如，提前制定每年、每月、每周、每天的目标，围绕这些目标，严格要求自己做好每一项工作。当然，这里并不是提倡创业者都成为工作狂，让自己的生活被创业完全淹没，而是强调创业者必须知道什么时候做什么工作，并强迫自己完成制定的目标，而且最好是养成提前完成目标的习惯，而不是习惯拖延。

（六）风险意识

创业不是靠运气，而是靠胆识和谋略，但又不是“不入虎穴，焉得虎子”式的赌博，而是一种理性的风险投资。它集融资与投资于一体，因此，必须要有一定的风险意识及防范风险的意识。判断一定要准确、合理，考虑自己的能力及风险承受能力，时刻注意环境的变化，把风险控制在最小的程度。

二、创业者的能力

创业者概述

（一）预算能力

对于很多创业者来说，创业初期都会存在一个错误的观念，很多人觉得只要有一笔巨款，就能够成功创业。然而，对于想要创办公司的人来说，如果不知道每一笔钱都花在哪里，只会肆意将资本进行挥霍的话，就算有再多的钱也无法成功创业，毕竟连收入和支出的明细都不知道，何谈企业的发展？因此，创业者必须拥有强大的预算能力，对于公司每一开销都进行周密的预算，从而估算出企业的发展趋势，最后进行相应的调整。

（二）学习能力

在外界的眼里，创业只论成败，过程并不重要。而在创业者的眼里，创业的过程要比成果重要得多。众所周知，创业是一个不断成长的过程，即便是创业者有着过人的商业头脑，也需要通过后天的学习来深造。毕竟就算企业的发展策略不变，时代也会随着时间的推移而改变，如果企业无法跟上社会步伐的话，那也只能走下坡路，最终让企业彻底失败。因此，一个人想要成功创业，那就需要具备强大的学习能力，学习别人的成功之道来弥补自己事业上的不足之处。

（三）适应能力

适应能力对于任何人来说都很重要，如果一个人没有适应能力，那么在任何企业都无法待下去，毕竟每个企业多多少少都会出现让自己看不惯的事情。而对于创业者来说，适应能力就显得更加重要了，连创业者都没有适应能力的话，何谈事业的发展？很多创业者在创业初期都会绞尽脑汁为事业的定位和发展方向作出规划。由于市场的发展趋势变幻莫测，有时会毫无征兆就将一个行业的发展前景毁掉，这时就考验创业者的适应能力了。所处行业如果没有发展前景的话，创业者必须调整发展方向，而想要在另一个方向上谋求发展，那就需要创业者有超强的适应能力了。

（四）沟通能力

沟通能力

在人们的交往过程中，沟通成了必不可少的交流方式，大家无法做到心有灵犀，很多时候个人意愿都无法从一个眼神或者是肢体动作体现出来，这时必定需要进行沟通。这点很多创业者都深有体会，无论是在团队合作方面，还是在寻求合作伙伴方面，都需要创业者不断进行沟通。当然，并不是沟通就一定能够将事情办成，还得看创业者的沟通能力了，只有将自己的嘴上功夫练好，事业才更容易取得成功。

（五）执行能力

作为一个创业者，如果对于自己的想法不敢去执行的话，那就会直接影响到创业的成败。很多时候，创业者去执行一个错误的决策都会比不敢尝试要好得多，因为只有在失败中成长，创业者才能发现自己存在的不足之处，然后去纠正和完善。不过，如果执行的是一个完美的决策，这时创业者还拖泥带水的话，往往会错过发展时机。

创业案例 2-1

阅读以下案例，思考胖东来的核心竞争力是什么？创始人于东来在创业和管理过程中，体现出了哪些精神特质？

传奇胖东来

在河南许昌有一家传奇的零售企业，它挤倒了实力雄厚的本土品牌、声誉卓著的全国连锁品牌在该城市的商场，它使进军该地的世界零售巨头沃尔玛、家乐福延迟开业；做家电，它所在的城市见不到国美、苏宁的影子；做珠宝，其他珠宝店都开始瑟缩过冬。在零售这个充分竞争的行业，它每到一个城市都成为垄断者。这就是胖东来商贸集团公司。

1995 年，胖东来的前身——望月楼胖子店开业，营业面积 40 多平方米，由下岗职工于东来带领三名同伴创办。20 年后，胖东来已经发展为一家集超市、百货、专卖店、便利店于一体的商业集团公司，产业涉及服饰、珠宝、医药、餐饮等，而作为胖东来的创始人于东来也拥有着超过 50 亿元的财富。

家人般的服务

胖东来是靠什么实现着对其他零售企业的超越？原因有很多，但最重要的一定是其员工对顾客的服务。

自企业创办之初，胖东来的老板于东来就告诉员工“不要把顾客当上帝，把他们当家人”。因为你可能不了解上帝的想法，但你一定了解家人的想法。而胖东来的员工也一直将这句话作为工作和服务的第一要义。

从 1999 年开始，胖东来就推出了免费存车、免费打气、免费饮水、免费电话、衣服免费熨烫、免费裁缝裤边等免费服务。这些许昌人早已习以为常。让他们感动的不仅仅是这些免费服务，更重要的是提供这些免费服务的胖东来员工表现出来的热情、主动和微笑，让享受者心安理得，没有负累感。

而在胖东来的商场中，更是为不同人群考虑周到，对带孩子的父母，孩子想睡觉了，有婴儿床直接就可以睡；孩子想上厕所了，不必和大人挤一起，有儿童卫生间；宝宝饿了，有专门的育婴室供妈妈喂奶……

胖东来在整个商超设计上都是以人为本，比如人们不喜欢在超市里排队结账，它就设置了20几个收银台，并且每个收银台都有人结账。这样一来，顾客无须排队就可以快速结账，大大地节省了顾客的时间。

上海连锁经营研究所所长顾国建，中国连锁协会会长郭戈平参观完胖东来，都说："这绝对是中国最好的店。"

给员工留生活，给同行留活路

为什么胖东来的员工可以做到这些，而其他零售企业则没有呢？

在胖东来，有着相较于别的零售企业高得多的工资。胖东来店长年薪超过100万元；副总、总监级别在50万~80万元；处长，生鲜处、百货处、采购处等在30万~50万元；课长，管5~20个人也是达到了10万~30万元，远远高于当地的行业工资。凭借此点，截至2017年，胖东来拥有8000多名员工，仍保持了1%的超低流失率。这恰恰符合经营大师杰克·韦尔奇的理念——工资最高的时候成本最低。

除了物质上的激励外，更有着管理者的温情。

从2011年10月开始，胖东来所有店面每月闭店休息两天，2012年春节所有门店闭店放假5天，再一次打破了中国零售业"白天永不歇业""节日即黄金时间"的规则。

在于东来看来，目的主要有两个，一个就是能让员工有生活，人活着赚钱不是唯一需求，没有生活赚再多钱也是可怜之人啊！另外一点也是让同行有活路，钱不可能都叫你自己赚嘛，你分出去一些，人家也不会有怨言，路也更宽嘛。

而在服务行业中，难免遇到刁难和委屈。有时候，有员工因为情绪疏导不到位，最后做出了过激行为。

所以，从2018年6月起，胖东来就设置了员工委屈奖，凡是在正常工作中受到顾客、供货商辱骂、侮辱的员工，一经核实属实，就可以拿到至少5000元委屈奖励，员工受的委屈企业来买单。

胖东来的成功不是不可复制，但是行业中却很少有企业家敢于去尝试，所以胖东来成了传奇。

（来源：上海财经大学商学院自媒体，2018年8月22日，链接：https://www.163.com/dy/article/DPR09JER0516SDK1.html）

任务二　创业团队的组建

一、创业团队的含义

创业团队

（一）创业团队基本含义

简单来说，创业团队是为进行创业而形成的集体。它使各成员（包括创业搭档团队成员）联合起来，在行为上形成彼此影响的交互作用、在心理上意识到其他成员的存在及彼此相互归属的感受和工作精神。

创业团队就是由少数具有技能互补的创业者组成的团队，创业者为了实现共同的创业目标和一个能使他们彼此担负责任的程序，共同为达成高品质的结果而努力。共同创业有利于分散创业的失败风险；团队成员之间的技能互补可提高驾驭环境不确定性的能力，从而降低新创企业的经营失败风险；共同创业具有更强的资源整合能力，能同时从多个融资渠道获取创业资金等资源，保证创业的成功。

（二）创业团队基本特征

1. 目标清晰

高效团队对于要达到的目标要有清楚的了解，这样才能凝聚创业团队成员的力量，激励团队成员把个人目标升华到团队目标中去。

2. 技能互补

高效的团队是由一群有能力的人组成的。他们具备实现理想目标所必需的技能，相互之间有良好合作的个性品质，从而能够出色完成创业目标。如果没有互补的能力，创业团队在技术和管理方面很难突破。

3. 沟通良好

成员之间通过畅通的渠道交换信息，互相之间能迅速、准确地了解一致的想法和情感。管理层与团队成员之间通过健康的信息反馈，也有助于管理者指导团队成员行动，消除误解。

4. 恰当领导

高绩效团队领导者担任的往往是教练和后盾的角色，他们对团队提供指导和支持，但并不试图去控制它，他们鼓舞团队成员的自信心，帮助他们更充分地了解自己的潜能。

5. 相互信任

团队成员之间相互作用、直接接触，彼此相互影响，形成一种默契、关心和信赖，不论何时，不论需要怎样的支持，成员之间都相互给予，彼此协作，共同完成团队的目标。

（三）创业团队人力资源

1. 同学资源

在许多成功者的身后都可以看到同学的身影，有少年时代的同学，有大学时代的同学，更有各种成人班级如进修班、研修班上的同学。同学之间因为接触比较密切，彼此比较了解，同时因为少年人不存在利害冲突，因此，友谊一般都较可靠，纯洁度更高。对于创业者来说，同学资源是值得珍惜的最重要的外部资源之一。

2. 职业资源

对创业者来说，效用最明显的是职业资源。所谓职业资源，即创业者在创业之前，为他人工作时所建立的各种资源，主要包括项目资源和人际资源。充分利用职业资源，从职业资源入手创业，符合创业活动“不熟不做”的信条。尤其是在国内目前还没有像美国或欧洲国家一样，普遍认同和执行“竞业避止”法则的情况下，选择从职业资源入手进行创业，成为许多人创业成功的捷径和法宝。

3. 朋友资源

朋友应该是一个总称。同学是朋友，战友是朋友，老乡是朋友，同事一样是朋友。一个创业者，各行各业的朋友都要交，谈得来，交得上。朋友犹如资本金，对创业者来说是多多益善。“在家靠父母，出门靠朋友”“多一个朋友多一条路”是至理名言。一个创业者如果不能广交朋友，没有几个朋友，肯定只有死路一条。人际交往能力应作为创业者基本素质之一。

创业案例 2-2

案例分享："做好中国合伙人"

2013 年上映的《中国合伙人》是中国第一部以讲述创业为题材的大片。该片以新东方"三驾马车"俞敏洪、徐小平、王强为原型，围绕由黄晓明饰演的主人公"土鳖"成东青和他的两位合伙人邓超饰演的"海龟"孟晓骏及佟大为饰演的"愤青"王阳的工作生活展开，讲述了中国大学生白手起家自主创业的故事。

影片的背景为改革开放初期，市场经济和外来文化直接影响了当时中国人的思维方式和生活方式。一部分人怀揣梦想投身商海，走上了自主创业的道路。创业的精神传承至今，在"大众创业、万众创新"的时代背景下，这部电影给当代大学生创新创业带来了新的启示。围绕影片的剧情，本文从创业动机、创业项目、创业团队及守业与发展方面来分析毕业生该如何创业起步、选择正确的合伙人。

（一）创业动机：如果按照创业动机来看，成东青属于典型的为了生存而选择创业的人，为了生计，他在大学任教之余，贴小广告办培训班，走上了自主创业的道路。在现实生活中，白手起家创业成功的人比比皆是：俞敏洪、马云、李开复、宗庆后、潘石屹、王石、王传福等，他们很大一部分都是通过创业，建立了自己的商业帝国。只有坚持创业梦想，坚持初心，才能持之以恒付诸实施。

（二）创业项目：失去了工作的成东青继续干自己的家教，培训班对象定位为考托福人群。主人公选择创业项目为托福培训班，这个看似偶然，实际上恰恰配合了中国当时的留学热，把握住了中国经济的脉搏，为他以后的成功打下了很好的基础。可以说是成东青选择了这个项目，也可以说是历史选择了成东青。此外，成东青选择创办英语培训班的原因，这与他之前的职业有着直接的联系，因为他曾是英语老师。运用自身的专业知识来创业，是部分创业者的首选，这样既可以节约成本，又可以及时了解到市场的需求。并且，从事本专业的创业项目会大大加强创业者的自信心，有利于充分发挥自身的主观能动性。

（三）创业团队：成东青负责招生、讲课，王阳负责讲美式逻辑，而回国后的孟晓骏负责模拟签证。这样安排之后，一个初创团队就形成了，成东青用自己的经历去激励学生；王阳曾为了女朋友 Lucy 也决定留在北京，他用美国人的思维方式来教学；而他们之中，条件最好、顺利地拿到了美国签证去美国发展的孟晓骏则负责教学生如何通过签证的面试环节。像影片中那样，初创团队人数不应过多，每个方向由一个人负责就

行。在负责各自的工作时，应该充分考虑到团队中，每个人的性格特征及经历，各尽其职。

（四）守业与发展：公司在三人的运作中发展壮大，成东青通过学习意识到公司不能由一个人说了算，于是，开始否定孟晓骏的意见，采用民主投票的方式决定公司的重大事宜。随着时间的发展，在上市问题上，孟晓骏和成东青的分歧越来越大，接着，选择了离开。影片中，男主角喊出了“千万别跟最好的朋友合伙开公司”的悲酸心声。因此，公司做大了之后，就要摒弃创始人的个人作风，将规章制度化。此外，在公司的发展方向上，团队中每人的看法存在差异，这样矛盾就会慢慢积累，平时不注意沟通，到了一定的时机，矛盾会会爆发。微软的盖茨和保罗·艾伦，苹果的乔布斯和沃兹，注定只能由一个人掌舵，不管对错与否。

《中国合伙人》中励志的情节不仅可以激励年轻人奋发向上，还是一堂了不起的创业指导课。创业路上，可能会体验辛酸、失败与快乐，也可能会见证荒诞、欺骗，乃至背叛。兄弟情义有时候是靠不住的。

组建自己的创业团队尤为重要，要做到以下几点：1. 合作不是因为关系好就合作，首先得看对方是否能独当一面。不能独当一面，关系再好也不能合作。2. 合作要有共同的创业理念。3. 合作要有组织纪律，要想合作好，先得约法三章。

一个优秀的团队，从人员结构来看，必须满足以下几点：1. 团队成员应该知根知底。每个人都应该清楚地知道自身的优劣势，同时对其他成员的长处和短处也得一清二楚，这样可避免团队成员之间因为相互不熟悉而造成的各种矛盾、纠纷，迅速提高团队的向心力和凝聚力。2. 团队成员应该各有所长，能力互补。团队成员不能是清一色的技术流成员，也不能全部是搞终端销售的，优秀的创业团队成员各有各的长处，大家结合在一起，正好是相互补充，相得益彰。3. 创业团队中必须有可以胜任的领导者，而这种领导者，并不是单单靠资金、技术、专利来决定的，也不是谁出好的点子谁就当头的。这种带头人是团队成员中发自内心的认可，真正具有领导能力的人。

创业合伙人之间应该具备的六种素养：1. 坦诚。坦诚相待，是团队成员彼此认知的第一步。2. 忠诚。恋人之间需要忠诚，创业合伙人之间更需要忠诚。商业竞争十分激烈，有时候会面对很多的诱惑，这个时候就要对创业合伙人保持忠诚。3. 信任。信任是基础，作为合伙人，彼此之间要信任。4. 沟通。既然是合伙人，就需要保持沟通，尤其是商业上的信息和资源，要毫无保留地告诉彼此。5. 包容。创业合伙人之间彼此包容是至关重要的，尤其是在意见相左的时候，要学会包容对待彼此，这样才能确保项目能够正常地运转。6. 勇敢。勇敢地面对一切是创业合伙人之间应该具备的素质，创业是一个过程，在这个过程中会遇到很多的困难和挫折，要想坚持到最后，就需要彼此给彼此勇气。

（资料来源：江苏商贸职业学院，作者：创新创业实践教育中心，2016 年 9 月 16 日，链接：https：//cy. jsbc. edu. cn/2018/1225/c1013a31999/page. htm）

二、创业团队的组建原则

（一）创业团队文化氛围

1. 追求成功

创业公司对成功的追求应该是几乎偏执的，不仅创业者本人，还包括创业团队所有人，都应该把成功当成第一位，并且偏执地去追求成功是第一条。

2. 容忍变化

要能够容忍创业公司的变化。绝大多数公司没有哪一家最终的成功之路跟它当年的设想是全部一致的，大部分创业者都经历过迷茫阶段。一旦迷茫，就要做很多工作去测试，但是测试的时候员工就会认为怎么今天叫我干这个，明天叫我干那个，员工就会抱怨。但是作为创业公司，这是不可避免的，因为没有这样的测试就永远不知道新的方向在哪里。

3. 团队信任

创业者无论如何都要在创业团队里建立权威，甚至要建立近乎神话的崇拜感。原因是什么呢？大家可能想不通，觉得是在搞个人崇拜。但是，创业公司很难用逻辑的方法告诉员工我这样做是对的，因为这个是新方向，没有办法推理出来告诉所有人我这样做是对的。既然没有一个严谨的推理，每个人对这个事情就有不同的看法。可能你的一个想法让大家去实施，员工由于对这个想法缺少信任，在没有信任的情况下实施的结果就像挖井一样，很可能下面有水，结果他少挖一下没有挖到，回来就告诉你没有水，最后你失败了，但却不知道是策略错了还是执行错了。

4. 不断提高

创业公司管理者面临的问题是当公司不断扩大，就需要高水平管理者跟进。但是，当你从外面引入管理者，老员工就有意见。所以不管公司怎么小，作为员工一定要做好心理准备，不断提高自己。当公司突然找到方向扩大规模的时候，等于职业生涯一下子面临很大的舞台，可能从一个人变成带十个人，从带十个人变成带一百个人，但是如果没有做好这样的准备，公司就不得不从外面找高水平的人来管理企业。

（二）创业团队组建原则

1. 合伙人原则

一般企业都是招员工，而员工都是在做“工作”。但创业团队需要招的是“合伙人”，因为合伙人做的是事业，一个人只有把工作当作事业才有成功的可能，一个企业只有把员工当作“合伙人”才有机会迅速成长。因此，创业团队要先解决价值分配障碍，然后去找自己的“合伙人”。

2. 激情原则

激情是衡量一个人是否能够成功的基础标准。创业团队一定要选择对项目有高度热情的人加入，并且要使所有人在企业初创就要有每天长时间工作的准备。任何人，不管其有无专业水平，如果对事业的信心不足，就无法适应创业的需求，而这种消极因素，对创业团队所有成员产生的负面影响可能是致命的。创业初期，整个团队可能需要每天16个小时不停地工作，并要求在高负荷的压力下仍能保持创业的激情。

3. 团队原则

团队是企业凝聚力的基础，成败依靠整体而非个人，成员能够同甘共苦，经营成果能够公开且合理地分享，团队就会形成坚强的凝聚力与集体感。

团队中没有个人英雄主义，每一位成员的价值，表现为其对于团队整体价值的贡献。每一位成员都应将团队利益置于个人利益之上，个人利益是建立在团队利益基础上的。因此，成员必须愿意牺牲短期利益来换取长期的成功，而不计较短期薪资、福利、津贴等，将利益分享放在成功后。

4. 互补原则

建立优势互补的团队是创业成功的关键。“主内”与“主外”的不同人才，耐心的“总管”和具有战略眼光的“领袖”，技术与市场两方面的人才，都不可偏废。创业者寻找团队成员，首先要弥补当前资源能力上的不足，要针对创业目标与当前能力的差距，寻找所需要的配套成员。好的创业团队，成员间的能力通常都能形成良好的互补，而这种能力互补也会有助于强化团队成员间彼此的合作。

三、创业团队的组建程序

（一）创业团队组建主要工作

1. 明确创业目标

创业团队的总目标就是要通过完成创业阶段的技术、市场、规划、组织、管理等各项工作实现企业从无到有、从起步到成熟。总目标确定之后，为了推动团队最终实现创业目标，再将总目标加以分解，设定若干可行的、阶段性的子目标。

2. 制订创业计划

在确定了一个个阶段性子目标以及总目标之后，紧接着就要研究如何实现这些目标，这就需要制订周密的创业计划。创业计划是在对创业目标进行具体分解的基础上，以团队为整体来考虑的计划，创业计划确定了在不同的创业阶段需要完成的阶段性任务，通过逐步实现这些阶段性目标来最终实现创业目标。

3. 招募合适的人员

招募合适的人员也是创业团队组建最关键的一步。关于创业团队成员的招募，主要应考虑两个方面：一是考虑互补性，即考虑其能否与其他成员在能力或技术上形成互补。这种互补性形成既有助于强化团队成员彼此间的合作，又能保证整个团队的战斗力，更好地发挥团队的作用。一般而言，创业团队至少需要管理、技术和营销三个方面的人才。只有这三个方面的人才形成良好的沟通协作关系，创业团队才可能实现稳定高效。二是考虑适度规模，适度的团队规模是保证团队高效运转的重要条件。团队成员太少则无法实现团队的功能和优势；而团队成员过多又可能会产生交流的障碍；团队很可能会分裂成许多较小的团体，进而大大削弱团队的凝聚力。一般认为，创业团队的规模控制在2~12人为最佳。

4. 职权划分

为了保证团队成员执行创业计划、顺利开展各项工作，必须预先在团队内部进行职权的划分。创业团队的职权划分就是根据执行创业计划的需要，具体确定每个团队成员所要担负的职责以及相应所享有的权限。团队成员间职权的划分必须明确，既要避免职权的重叠和交叉，也要避免无人承担造成工作上的疏漏。此外，由于还处于创业过程，面临的创业环境又是动态复杂的，会不断出现新的问题，团队成员可能不断更换，因此，创业团队成员的职权也应根据需要不断进行调整。

5. 构建创业团队制度体系

创业团队制度体系体现了创业团队对成员的控制和激励能力，主要包括团队的各种约束制度和各种激励制度。一方面，创业团队通过各种约束制度（主要包括纪律条例、组织条例、财务条例、保密条例等）指导其成员避免作出不利于团队发展的行为，实现对其行为进行有效的约束，保证团队的稳定秩序。另一方面，创业团队要实现高效运作要有有效的激励机制（主要包括利益分配方案、奖惩制度、考核标准、激励措施等），使团队成员看到随着创业目标的实现，其自身利益将会得到怎样的改变，从而达到充分调动成员的积极性、最大限度发挥团队成员作用的目的。

6. 团队的调整融合

完美组合的创业团队并非创业一开始就能建立起来，很多时候是在企业创立一定时间以后随着企业的发展逐步形成的。随着团队的运作，团队组建时在人员匹配、制度设计、职权划分等方面的不合理之处会逐渐暴露出来，这时就需要对团队进行调整融合。问题的暴露需要一个过程，因此，团队调整融合也应是一个动态持续的过程。

（二）创业团队组建程序

1. 制定战略目标与重点

明确自己事业的方向与工作重点至关重要。这对于选择创业合作者以及后期整个团队章程的制定等，都起着决定性作用。

2. 创业者自我评估

主要指就创业者的各项能力、素质以及现有的资源进行自我测评，明确自己的优势与劣势，为后期寻找“相似性”或者“互补性”的团队成员（创业合作者）、寻找补充性的资源，提供重要参考依据。

3. 选择创业合作者

选择创业合作者，要注重两个问题：一是注重互补性能力组合。在挑选团队成员时，要努力保证所找的对象有助于形成互补性的能力组合。不仅要寻找那些目前拥有未来团队所需要技能的人员，也要寻找那些具备技能开发潜质的人员。通常的技能组合包括解决问题的能力与决策能力、人际关系能力、专业技能、团队技能等。二是人员规模。创业团队规模，一般初期不宜过大，便于股权的分配、内部统一集中管理、达成一致以及高效率的发挥。当然，具体应该根据战略目标与重点而定。

4. 确定组织架构、职责与权力

进行初期内部的组织架构设计，简单、高效、便于沟通交流与操作执行即可。同时，明确各自的职责与权力，具体包括组织所赋予的职责、权力范围以及团队成员的授权范围。同时应注意，职责的安排无须一成不变。你可以在某一时间进行职责轮换，也可以指定几名成员在整个创业过程中共同承担某些职责。这也是高效创业团队的具体体现。

5. 制定组织目标与章程

通过制定组织目标（尤其是要突出初期现实可行的目标）与章程，主要目的是统一创业团队的努力方向、价值取向以及行为规范，使得创业团队方向达成一致，文化达成一致，行为达成一致，确保创业发展不偏离轨道。

任务三　创业团队领导与管理

一、创业团队管理与领导的关系

（一）领导

管理学中对领导定义最普遍的说法是："领导就是指导、带领、引导和激励下属为实现目标而努力的过程。"领导要具有以下三要素：领导者必须有部下或追随者；领导者必须拥有影响追随者的能力或力量；领导行为具有明确的目的，可以通过影响部下来实现组织的目标。

（二）管理

在管理学发展史上，关于"管理"的定义，列举五个典型代表予以说明。

泰勒（科学管理之父）指出："管理就是指挥他人能用最好的办法去工作。"关于员工的超额计件制大大提高了生产效率，这也是来源于泰勒，这是将员工当作工具的典型代表。

西蒙（诺贝尔奖获得者）指出："管理就是制定决策。"今天看来，各层级的管理都应在各自的职责权限内需要在调查研究的基础上做出科学合理的管理决策。

德鲁克（现代管理之父）认为："管理是一种工作，它有自己的技巧、工具和方法；管理是一种器官，是赋予组织以生命的、能动的、动态的器官；管理是一门科学，一种系统化的并到处适用的知识；同时管理也是一种文化。”

法约尔（管理过程学派创始人）指出：管理是所有的人类组织都有的一种活动，这种活动是由五项要素组成的：计划、组织、指挥、协调和控制。其中没有显现领导一词，后来我们将“指挥、协调”称为领导。

罗宾斯（组织行为学权威）给管理的定义是：所谓管理，是指同别人一起，或通过别人使活动完成得更有效的过程。

（三）创业团队领导与管理的联系

从领导与管理的定义中不难看出，领导与管理有着不可分割的联系。

创业团队领导是其管理的一个职能（领导职能），但管理的其他职能不属于领导；创业团队领导工作既包括创业团队管理行为，也包括创业业务行为。

1. 最终目的一致

不论是创业团队管理还是创业团队领导都是通过一系列的努力，最终来实现组织的既定目标。领导是先制定目标，然后进行激励被领导者活动，管理则为了创业目标进行一系列管理活动，虽然两者在认清目标后所做的任务不同，但是无可否认，两者最终的目标是一致的，都要实现创业组织的既定目标。

2. 行动一致

在创业团队中，领导的任务是确立目标、远景规划和执行方法，管理的任务则是进一步设计完成任务的具体事项，将现有的资源合理配置，通过具体管理方式达到领导所制定的目标。之后，领导再依据创业任务完成情况，通过激励、鼓舞的方式使被领导者对组织目标进一步支持与理解。在这一循环过程中，领导与管理相互完善、相互补充、统一行动，才能达到最终目标。

（四）创业团队领导与管理的区别

1. 任务不同

创业团队领导的主要任务是给组织指引创业的前进方向，为组织确定奋斗的目标；创业团队管理的任务在于贯彻落实领导提出的路线、方针和政策，促使创业目标的实现，推动组织向既定的方向迈进。

2. 着眼点不同

由于创业团队领导与管理的任务不同，二者的着眼点也就不同。创业团队领导着眼于长远，创业团队管理注重短期。同时，由于领导要统率全局，因此更加注重宏观性问

题，而管理则注重微观性问题。

3. 执行侧重点不同

创业团队领导强调激励、授权和教练，通过发挥领导者的非权力性影响力去激发和调动下属的积极性与创造性。创业团队管理则强调指挥、控制和监督，通过发挥权力性影响力去规范下属的行为。

4. 对象不同

创业团队领导侧重于“人”的工作，通过选人、用人、育人、留人，打造一支具有凝聚力、创造力和战斗力的创业团队。管理则侧重于“事”的工作，通过将企业各类事务标准化、制度化、规范化和程序化，建立稳定而连续的企业经营秩序。

5. 结果不同

创业团队领导的结果是引起变革，通常是剧烈的变革，并形成非常积极的变革潜力。而创业团队管理的结果却是在一定程度上实现预期计划、维持秩序，使企业能正常运转。

二、创业团队激励

团队作为一种在现代社会十分重要的工作群体，激励问题也成为管理学探讨的热点问题。尤其是在团队创业初期，如何激励团队成员，使其发挥主观能动性产生更高的工作效益，成为每个创业团队无法避免的问题。而要想实现该目标，就应该结合创业团队的特点，具体问题具体分析，从而发现有效激励创业团队的具体策略。

（一）创业团队激励前提

要想实现创业团队的有效激励，就要结合相应的环境因素。对于创业团队来说，由于团队的主要目标是创业，所以相对于其他工作团队的激励来说有着不同的前提。

1. 创业活动风险较高

创业团队的活动风险性较高。创业团队需要付出超出普通团队的努力，承担比较高的风险。创业团队自身实力相对弱小，对于外部资源的应用比较少，外部环境会对创业团队产生影响，使创业团队在面临威胁的状况下抵御能力不足，风险相对较大。

2. 首要目标是创业

对于创业团队来说，其首要目标创业是一个创新的过程。从理论上来看，创业这项行为不仅是形成新的组织、开拓新的业务，更多的是作为一个创新的过程。在这个过程中，创造出新产品、新服务，然后开发出新的财富。创业的本质就是创新，这就意味着要突破现有资源的限制，对新的机会不懈追求。

3. 组织结构相对简单

创业团队的组织结构相对简单，变化快。创业团队在管理中大多表现为哑铃型、扁平化的组织结构。因为创业团队的核心工作是研究开发、营销运作等，内部科层机构得到了有效压缩，使得创业团队根据市场变化和业务需要，能够迅速进行组织结构上的调整。

4. 创业团队成长性极高

创业团队的产品一旦能够成功，因为现阶段技术领先、知识产权保护等原因，创业团队因此赢得了暂时的垄断，产品附加值相对更高，团队可以借此得到很大的成长。

（二）创业团队激励策略

创业团队所具备的特点要求团队管理者采取针对性的策略来实现对创业团队的有效激励。结合上文的分析，对于创业团队的激励应当从以下三个方面来着手进行。

1. 具有吸引力目标愿景

应在团队内部明确对团队成员具有吸引力的团队发展的目标愿景。团队的发展目标应当在团队管理者和成员沟通过程中逐渐形成，一旦团队成员产生认同感，会对团队的成员产生极大的激励，这样团队内部成员对于个人之间相互合作的具体方式的认识就能更加明确。团队的发展目标应该具有合理、现实和具有挑战性等特点。科学合理的目标可以对团队成员产生激励和指导的作用，但这一目标首先必须在当前情况下显得合理和具有实现的可能性。当团队的目标能够促进团队成员自身价值的实现、满足成员的需求，团队成员确信团队的创业目标符合自身价值，创业目标的激励作用能够更加明显。

2. 内部团结合作的工作氛围

营造创业团队内部团结合作的工作氛围十分重要。对创业团队而言，成员之间的尊重和信任是在成员之间建立相互依赖的人际关系的最大挑战。要确保团队成员间产生这种尊重和信任，发展人际关系来建立彼此的信任，从而产生对团队的归属感是最根本的方法。团队成员之间的相互信任和彼此尊重能促进合作。建立这种信任的方式包括：团队内部的相互了解。创造机会让团队成员能够相互聆听各自的想法和经历，促进了解；创造成功的合作经历能够产生信任。团队成员之间信任的产生基于曾经经历过的成功合作。创造条件让团队成员通过合作成功地完成小挑战，借此推动他们之间的信任。

3. 科学合理的回报机制

要构建科学合理的回报机制并符合团队成员价值观，认可成员产生的价值和提供符合团队成员价值观的回报是相当重要的。创业团队的管理者在建立回报机制的时候，应当注意以下几点：第一，阶段性的目标制定。创业团队的目标比较遥远，因此，必须利用阶段性取得的成果来增加团队的成就感，增强团队成员的信心，让团队成员把注意力集中到任务上。第二，能够容忍成员的失败。这一点对于创业团队来说十分重要。给予团队成员失败的权利，能给予成员安全感，也体现了团队对成员的信任。第三，帮助成员成长和提升能力。创业团队成员存在自我成长的要求，要跟上时代的发展，只有不停地学习。因此，团队要为成员创造学习和提升能力的机会。

三、创业团队内部冲突管理

团队问题是企业经营过程中的永恒话题，而创业企业这方面的问题更加突出，其原因是创业企业变化快，不同的阶段对团队的要求也在变化。如果没有心理准备，就会发生团队的动荡。

绝大多数成功企业从创始到粗具规模，至少会经历初创阶段、加速阶段、高位平稳发展阶段和重大战略转型阶段。在这些阶段切换时，一定会面临团队冲突的问题，一旦处理不好，往往面临挫折。而最容易发生团队冲突风险的时期是企业从初创阶段向加速发展阶段过渡之时。

（一）创业团队冲突风险

企业初创阶段的核心任务是找到并验证商业模式，团队需要的是激情、坚韧、勇猛。此时的团队规模较小，不需要高超的团队组织能力。运气好的话，商业模式被验证后，就进入加速发展阶段。业务规模的扩大往往带来团队规模的扩大，企业必须建立合理的业务流程、标准化的工作方法、精细化的管理模式以及公平合理的绩效机制。

1. 内部冲突

创业团队的内部冲突是指在人际关系或感情方面出现紧张情绪，主要表现为任务冲突、过程冲突和关系冲突或情感冲突三个方面。

（1）任务冲突主要是团队成员对工作目标和内容的分歧。

（2）过程冲突主要是团队成员关于完成工作任务的手段和方法的分歧。

（3）关系冲突或情感冲突带有情绪化，其主要特征是敌对和愤怒。

2. 团队冲突

绝大多数创业企业要从外部引入高阶的管理人才，就面临着团队冲突的风险。

（1）部门早期创始人的失落和不平心理。

（2）新人对旧的运行系统的轻视心。

（3）老人对规范化、流程管理方式的抵触心理。

（4）岗位调整而带来的情感折磨。

这些风险就像“定时炸弹”一样，遍布所有部门、所有层级、所有事务中，一不小心就会爆炸，而且会产生负面的“情绪病毒”，在老人和新人两个链条中传播，引发恶性循环。

（二）创业团队冲突管理

企业进入加速发展时，创业者必须要有清醒的头脑，意识到危机也在悄悄走近。为更好地发展，必须启动系统性的、全面的企业文化建设。

1. 全面嘉奖员工

对于在商业模式建立和验证过程中的有功人员进行嘉奖，最好建立起可以长期记忆的形式，以释放将来的不平情绪。

2. 未来发展大讨论

在经理以上管理层中展开大讨论，设计和憧憬企业的未来，并借此找出当前不利于未来发展的问题，必须由老团队提出来。

3. 全面的管理层培训

用未来管理岗位的要求进行培训，用最好的态度告诉老团队，只要他们可以，公司会将机会优先给他们，也要让他们了解自己的不足。

4. 设计快速融合机制

有组织地让新人快速融入老团队，这点非常重要。

当然，即使这些都做到了，也无法确保新老团队不产生冲突。企业管理者要时刻保持高度警惕，多关注各种情绪，并随时作好调解的准备。调解还需要坚持一个原则——包容。只有合作，才能双赢。

四、创业团队组织结构设计

（一）创业团队组织结构内涵

组织结构设计就是根据组织目标及工作确定各个部门及其成员的职责范围，确定组织结构。简单地说，组织结构设计的内容包括组织职能设计、组织部门设计、组织职位设计、组织协调关系设计。

1. 组织职能设计

组织职能设计是一个在组织设计中起着承上启下的桥梁作用的环节。“上”指的是企业的战略目标和任务。“下”指的是企业的组织结构和框架，具体来说就是企业的各个管理层次、部门、职位和岗位。职能设计，对上能把企业的战略目标和任务加以明确和具体化，并通过进一步的职能分解，将企业的战略目标和任务转化到具体业务上来；对下能将企业的各项业务活动加以归类，从而为企业的管理层次、部门、职位和岗位的设置提供依据。

2. 组织部门设计

组织部门设计就是按照战略的职能要求分化出专门行使某项具体职能的部门，如生产部门、销售部门等。

3. 组织职位设计

组织职位设计就是根据组织的需要，规定某个职位的责任、任务、权力以及工作的过程，其具体体现就是职位说明书。

4. 组织协调关系设计

组织协调关系设计是建立组织的规章制度、工作规范以及各部门、各职位之间的工作关系、工作流程，使得部门职能、职位职能充分发挥，最终达到组织的目标。

（二）创业团队组织结构设计原则

1. 统一指挥原则

统一指挥原则又称垂直性或直线型原则，是指命令的统一、指挥的统一和垂直性系统。这个原则规定应命令逐级下达，下级只接受一个上级的领导，上下级之间形成一个指挥链。对创业企业而言，采用直线型的组织结构最为有效。

2. 权责对等原则

组织中的每个部门和部门中的每个人员都有责任按照工作目标的要求保质保量地完成工作任务。同时，组织也必须委之以自主完成任务所必需的权力，职权与职责要对等。

3. 职权相称原则

职权相称原则是指在决策体制内部各层次、各部门、各单位在所具有的权限、所负的责任以及所享有的权力的划分上，做到分工明确、权责对等、才能相称和责任相符的原则。

（三）常见的创业企业的组织设计形式

1. 直线型

直线型组织结构是工业发展初期的一种简单的组织结构形式，适用于小型组织或现场作业。其特点是组织中的一切管理工作均由领导者直接指挥和管理，不设专门的职能机构。在这种组织中，上下级的权责关系是直线型，上级在其职权范围内具有直接指挥权和决策权，下属必须服从。这种结构形式具有权责明确、命令统一、决策迅速、反应灵敏和管理机构简单的优点；其缺点是权限高度集中，易于造成家长式管理作风、独断专行、长官意志，组织发展受到管理者个人能力的限制，组织成员只注意上下沟通，而忽视横向联系。这种组织结构的适用范围有限，只适应于小规模组织，或者是组织规模较大但活动内容比较单纯的组织。

优点：结构比较简单，责任与职权明确。

缺点：在组织规模较大的情况下所有管理职能都集中于一人承担，比较困难。同时，部门间协调差。

2. 股份制

这是我们最常见的企业组织形式，主要包括以下内容。

（1）股东大会

即全体股东所组成的机构。它是公司的最高权力机构和议事机构。公司的一切重大事项均由股东大会作出决议。股东大会的职权主要有：听取和审核董事会、监事会以及审计员的报告；负责任免董事、监察人或审计员以及清算人；确定公司盈余的分配和股息红利；缔结变更或解除关于转让或出租公司营业或财产以及受让他人营业或财产的契约；作出增减资本、变更公司章程、解散或合并公司的决策。

（2）董事会

即由两个以上的董事组成的集体机构。它是公司对内执行业务、对外代表公司的常设理事机构，向股东大会负责。董事会的职权主要有：代表公司对各种业务事项作出意见表示或决策，以及组织实施和执行这些决策；除股东大会决议的事项外，公司日常业务活动中的具体事项，均由董事会决定。

（3）监事会

即对董事会执行的业务活动实行监督的机构。它是公司的常设机构，由股东大会从

股东中选任，不得由董事或经理兼任。监事会的职权主要有：列席董事会会议，监督董事会的活动，定期和随时听取董事会的报告，阻止董事会违反法律和章程的行为；随时调查公司业务和财务情况，查阅账簿和其他文件；审核公司的结算表册和清算时的清算表册；召集股东大会；代表公司与董事交涉或对董事起诉。

值得注意的是，由于大部分创业企业刚刚起步，往往不能够比较规范地进行组织设计，一般会尤其注重销售、生产、技术部门的发挥，并且在职能设计以及人员任用方面考虑的因素还比较单一，这些都会给创业企业在组织设计时带来一些问题和矛盾。

换句话说，良好的创业团队，才是创业能否成功的根本。

阅读材料 2-1

性格测试题——你和你的成员性格互补吗

快来看看你和你的团队成员性格是否互补

近年来，研究者们在人格描述模式上基本形成了共识，提出了人格的大五模式，戈德堡（Goldberg，1992）称之为人格心理学中的一场革命。研究者通过词汇学的方法，发现有五种特质可以涵盖人格描述的所有方面。

开放性（Openness）：具有想象、审美、情感丰富、求异、创造、智能等特质。

责任心（Conscientiousness）：显示胜任、公正、条理、尽职、成就、自律、谨慎、克制等特点。

外倾性（Extraversion）：表现出热情、社交、果断、活跃、冒险、乐观等特质。

宜人性（Agreeableness）：具有信任、利他、直率、依从、谦虚、移情等特质。

神经质性（Neuroticism）：难以平衡焦虑、敌对、压抑、自我意识、冲动、脆弱等情绪的特质，即不具有保持情绪稳定的能力。

目前，大五人格测试已被广泛应用于世界500强企业的人才招聘，权威性高。请在教师指导下，完成大五人格测试，题目来自学信网（https：//xz. chsi. com. cn/survey/index. action）。

本项目小结

创业不是一个人的单打独斗，除了培养自身具备的创业特质与能力外，还要能组建一个优秀的创业团队，为创业目标而共同奋斗。创业团队在组建过程中，除了寻找互补的队友，还需要搭建初步的组织结构，以方便创业初期团队的管理，提高创业效率。

思考题

1. 创业者应具备的素质和能力有哪些？

2. 创业团队组建的原则是什么？流程是怎样的？

3. 创业团队内部发生冲突怎么办？

4. 阅读以下材料，分析李波和黄小双创业成功的原因。假如你想创业，你会选择什么样的成员来组成创业团队？

园林绿化公司的成功之道

李波和黄小双在大学毕业后合伙创办了一家园林绿化公司。李波在大学所学专业是园林绿化，公司成立后，他就负责园林景观设计工作。而黄小双则负责日常管理，虽然他并没有相关的行政管理等专业知识背景，但他在大学社团活动中表现出的管理能力让李波很钦佩。就这样，两个人分工合作，开始为这家公司的发展共同努力。

经过两年的努力，李波带领设计团队为多家房地产开发公司、园林设计院等单位成功设计了不同风格和样式的景观，得到了商家的认可。而黄小双也在实践中不断学习，逐渐提升了自己的管理能力，虽然他不苟言笑，但却能够以独到的管理方式把公司管理得井井有条。经过两人的不懈努力，现在他们的公司年销售额已经超过 100 万元。但他们并未就此停止前进，年销售额突破 1000 万元成了他们的新目标。

5. 组建创业团队时，应避免的误区有哪些？

项目三

创业机会识别

学习目标

①了解大学生创业的环境。

②掌握创业环境分析的方法。

③了解创业想法和创业机会。

④掌握创业项目的选择。

⑤了解创业项目评估的指标和方法。

⑥了解创业项目风险的管理。

素质目标

①从张江 895 创业营入手，拓宽学生视野，引导学生在创业机会识别中，挖掘产业新需求。

②深入理解创业想法、创业机会和创业项目的内涵，能够结合现实，挖掘符合社会发展需求的创业机会和创业项目。

引导案例

星诺农庄

拥一方小院，手植一蔬一禾，细品四时三餐，四川女孩李子柒的田园生活惹来无数网友艳羡。在江苏无锡，也有一位“李子柒”。同样身材娇小，干起农活来同样干净利索，不过与李子柒“归隐小院”不同的是，她管理着500亩的现代农庄。她就是无锡星诺果蔬专业合作社总经理顾若君。三年时间里，顾若君从零开始，将500亩荒土废地发展成多功能现代农庄。在她的带领下，合作社年产值超过2000万元，保障着200多位农民的生活收入。“农不再意味着土，作为新型职业农民，我非常自豪。”她说。

（资料来源：江苏城市频道《江苏最美人物》栏目组，记者：陈浩　编辑：刘静）

思考：

①顾若君在创业过程中遭遇了什么困难？她是怎么克服困难的？

②江苏省人民政府的创业扶持政策产生了怎样的效果？

③如果没有政府的扶持，顾若君创业会遇到哪些风险？

任务一　创业环境认识

一、创业环境概述

创业环境

课程案例 3-1

头部航空航天创业项目齐聚！张江895创业营助飞“蓝天梦”

895创业营航空航天专场在上海张江科学城正式启动，来自全国的航空航天创业企业成功入营，入营创业者们将接受全面创业培训。

航空航天是上海浦东新区着力发展的硬核产业之一。当前，浦东已聚集了一批优质航空航天创新项目，中国商飞、中航商发等龙头企业早已入驻，C919大飞机也在这里首次腾空起飞。近年来，浦东新区与这些龙头企业通力合作，在培育本地民用航空产业发展等方面取得了显著的成果。浦东新区民用航空产业从无到有，从小到大，“十三五”期间，民用航空产业从不足10亿元规模跃升到2020年突破百亿大关。

为了盘活产业上下游协作的优势、发挥龙头企业的带动作用，创业营邀请了中国商飞、蓝箭航天等行业明星企业共同发布业务需求，各方联合，实现产业链协同发展。对于此次入营的航空航天企业的创业者来说，不仅能参加全面的创业培训，而且可以与强者同行，获得头部企业加持。

“与过去集成电路专场的入营企业相比，航空航天的民营企业实力要弱不少，毕竟商业航空航天产业起步不久，以前都是国家队唱主角。我们希望895创业营借助张江的优势，去赋能这些初创企业，同时搭建龙头企业和初创企业之间的桥梁，挖掘产业新需求。”张江高科895创业营负责人傅晓缨表示。

截至目前，895创业营已走过8个年头，共入营357家企业，致力于深度服务硬科技赛道中的优质创业者。其中，14家企业获得张江高科投资，2家企业进入科创板上市流程，1家成功上市，还有一批入营明星项目在不断成长。近年来，张江高科持续专注于产业培育、全链条的产业投资以及精准化的产业服务，经过多年积累，产业投资规模累计80亿元，孵化面积约8万平方米，已累计孵化1000余家创新企业。

在提前布局的航空航天赛道方面，张江高科发挥张江已有的技术优势，在星间通信、星载计算、卫星主控、箭载控制、地面终端、收发组件、机载通信等方面发力，助力建设协同创新和更高产业效益的生态系统，通过强化科技创新主体建设和打造前沿科创平台，从起步阶段的技术创新，到“从0到1”的成果转化。创业者在创业机会识别时，需要时常关注社会时事，了解行业最新动态，挖掘那些科技创新主导，符合社会发展需要、供给侧结构性改革需求下的创业机会。

（资料来源：沈涵，王春，科技日报，2023-03-03。http：//stdaily.com/index/kejixinwen/202303/53b40cdbda9a4f9f9c1ba5a6e7d95508.shtml）

创业环境是一个综合性的概念，包括能获取有效资源的高等大学及科学研究机构、政府干预、社会人士对创业所持的态度等要素；亦可包括创业人士创建一个企业的全过程，对该过程形成影响的所有要素及各要素联结的有机整体。

（一）宏观创业环境

在心理学中宏观环境是指个人所处并与之发生相互作用的社会现实中的大群体以及各种传播手段。宏观环境由那些较大的影响整个微观环境的社会因素构成，包括人口统计的、经济的、自然的、技术的、政治的和文化的因素构成。

1. 经济环境

今年发展主要预期目标是：国内生产总值增长5%左右；城镇新增就业1200万人左右，城镇调查失业率5.5%左右；居民消费价格涨幅3%左右；居民收入增长与经济增长基本同步；进出口促稳提质，国际收支基本平衡；粮食产量保持在1.3万亿斤以上；单位国内生产总值能耗和主要污染物排放量继续下降，重点控制化石能源消费，生态环境质量稳定改善。

要坚持稳字当头、稳中求进，保持政策连续性、针对性，加强各类政策协调配合，形成共促高质量发展合力。积极的财政政策要加力提效。赤字率拟按3%安排。完善税费优惠政策，对现行减税降费、退税缓税等措施，该延续的延续，该优化的优化。做好基层“三保”工作。稳健的货币政策要精准有力。保持广义货币供应量和社会融资规模增速同名义经济增速基本匹配，支持实体经济发展。保持人民币汇率在合理均衡水平上的基本稳定。产业政策要发展和安全并举。促进传统产业改造升级，培育壮大战略性新兴产业，着力补强产业链薄弱环节。科技政策要聚焦自立自强。完善新型举国体制，发挥好政府在关键核心技术攻关中的组织作用，突出企业科技创新主体地位。社会政策要兜牢民生底线。落实落细就业优先政策，把促进青年特别是高校毕业生就业工作摆在更加突出的位置，切实保障好基本民生。

2. 自然环境

自党的十八大以来，生态文明建设受到高度重视，被纳入“五位一体”总体布局。党的十九大提出着力解决环境问题，加大生态系统保护力度，实施重要生态系统保护和修复重大工程，并且在水土保持、城市生态恢复、国土治理、河湖与湿地保护、海洋生态保护等山水林田湖各个领域政府都出台了相关政策予以推动。党的二十大明确提出，加强生态环境保护，促进绿色低碳发展。坚持“绿水青山就是金山银山”的理念，健全生态文明制度体系，处理好发展和保护的关系，不断提升可持续发展能力。

在国家政策的大力支持下，“绿水青山就是金山银山”的理念深入人心，随着矿山治理、土壤修复、流域治理、海绵城市等各种大型生态修复项目正在全国推进，生态文明主流价值观已开始在全社会推行。

当前，我国生态环境主要面临自然生态空间过度挤压、土地沙化、退化及水土流失、水资源短缺、城乡人居环境严峻等诸多挑战，环境治理的需求迫切。随着国民经济的快速增长、人民对美好环境的需求意识提升及政策支持有力推动了市政基础建设、环保治理等行业领域的投资，使得生态环境治理市场的需求得以释放。

3. 大学生创业优惠政策

为支持大学生创业，国家和各级政府出台了许多优惠政策，涉及融资、开业、税收、创业培训、创业指导等方面。

政府人事行政部门所属的人才中介服务机构，免费为自主创业毕业生保管人事档案（包括代办社保、职称、档案工资等有关手续）两年；提供免费查询人才、劳动力供求信息，免费发布招聘广告等服务；适当减免参加人才集市或人才劳务交流活动收费；优惠为创办企业的员工提供一次培训、测评服务。

大学毕业生新办咨询业、信息业、技术服务业的企业或经营单位，经税务部门批准，免征企业所得税两年；新办从事交通运输、邮电通信的企业或经营单位，经税务部门批准，第一年免征企业所得税，第二年减半征收企业所得税；新办从事公用事业、商业、物资业、对外贸易业、旅游业、物流业、仓储业、居民服务业、饮食业、教育文化事业、卫生事业的企业或经营单位，经税务部门批准，免征企业所得税一年。

各国有商业银行、股份制银行、城市商业银行和有条件的城市信用社要为自主创业的毕业生提供小额贷款，并简化程序，提供开户和结算便利，贷款额度在两万元左右。贷款期限最长为两年，到期确定需延长的，可申请延期一次。贷款利息按照中国人民银行公布的贷款利率确定，担保最高限额为担保基金的 5 倍，期限与贷款期限相同。

（二）微观创业环境

微观营销环境是指与企业紧密相连、直接影响企业营销能力和效率的各种力量和因素的总和，主要包括供应商、企业内部环境、营销中介、顾客、社会公众、竞争者等。企业自身主要是指企业内部环境。在企业组织内部，以营销机构和营销人员为核心，其他机构和人员构成了企业营销的内部环境因素。微观环境因素对企业的创业活动有着直接的影响，所以又称直接营销环境。

1. 供应商

供应商是指对企业进行生产所需而提供特定的原材料、辅助材料、设备、能源、劳务、资金等资源的供货单位。这些资源的变化直接影响到企业产品的产量、质量以及利润，从而影响企业营销计划和营销目标的完成。供应商对创业活动的影响：供应的及时性和稳定性；供应的货物价格变化；供货的质量保证。

2. 企业内部环境

企业开展创业活动要充分考虑到企业内部的环境力量和因素。企业是组织生产和经营的经济单位，是一个系统组织。企业内部一般设立计划、技术、采购、生产、营销、质检、财务、后勤等部门。企业内部各职能部门的工作及其相互之间的协调关系，直接影响企业的整个创业活动。

销售部门与企业其他部门之间既有多方面的合作，也经常与生产、技术、财务等部门发生矛盾。由于各部门各自的工作重点不同，有些矛盾往往难以协调。如生产部门关注的是长期生产的定型产品，要求品种规格少、批量大、标准订单、较稳定的质量管理，而营销部门注重的是能适应市场变化、满足目标消费者需求的“短、平、快”产品，要求多品种规格、少批量、个性化订单、特殊的质量管理。因此，企业在制订营销计划、开展创业活动时，必须协调和处理好各部门之间的矛盾和关系。

3. 营销中介

营销中介是指为企业创业活动提供各种服务的企业或部门的总称。营销中介对企业营销产生直接的、重大的影响，只有通过有关营销中介所提供的服务，企业才能把产品顺利地送达到目标消费者手中。营销中介的主要功能是帮助企业推广和分销产品。主要涉及的营销中介如下：

（1）中间商

中间商是指把产品从生产商流向消费者的中间环节或渠道，主要包括批发商和零售商两大类。中间商对企业营销具有极其重要的影响，它能帮助企业寻找目标顾客，为产品打开销路，为顾客创造地点效用、时间效用和持有效用。一般企业都需要与中间商合作，来完成企业营销目标。因此，企业需要选择适合自己营销的合格中间商，必须与中间商建立良好的合作关系，了解和分析其经营活动，并采取一些激励性措施来推动其业务活动的开展。

（2）营销服务机构

营销服务机构是指企业营销中提供专业服务的机构，包括广告公司、广告媒介经营公司、市场调研公司、营销咨询公司、财务公司等。这些机构对企业的创业活动会产生直接的影响，它们的主要任务是协助企业确立市场定位，进行市场推广，提供活动方便。一些大企业或公司往往有自己的广告和市场调研部门，但大多数企业则以合同方式委托这些专业公司来办理有关事务。因此，企业需要关注、分析这些服务机构，选择最能为本企业提供有效服务的机构。

（3）物资分销机构

帮助企业进行保管、储存、运输的物流机构，包括仓储公司、运输公司等。物资分销机构主要任务是协助企业将产品实体运往销售目的地，完成产品空间位置的移动。到达目的地之后，还有一段待售时间，还要协助保管和储存。这些物流机构是否安全、便利、经济直接影响企业营销效果。因此，在企业创业活动中，必须了解和研究物资分销机构及其业务变化动态。

（4）金融机构

金融机构是指企业创业活动中进行资金融通的机构，包括银行、信托公司、保险公司等。金融机构的主要功能是为企业创业活动提供融资及保险服务。在现代化社会中，任何企业都要通过金融机构开展经营业务往来。金融机构业务活动的变化还会影响企业的创业活动。比如，银行贷款利率上升，会使企业成本增加；信贷资金来源受到限制，会使企业经营陷入困境。

4. 顾客

顾客是指使用进入消费领域的最终产品或劳务的消费者和生产者，也是企业创业活动的最终目标市场。顾客对企业营销的影响程度远远超过前述的环境因素。顾客是市场的主体，任何企业的产品和服务，只有得到了顾客的认可，才能赢得这个市场，现代营销强调把满足顾客需要作为企业营销管理的核心。顾客市场主要包括以下几个方面：

（1）消费者市场

消费者市场是指为满足个人或家庭消费需求购买产品或服务的个人和家庭。

（2）生产者市场

生产者市场是指为生产其他产品或服务，以赚取利润而购买产品或服务的组织。

（3）中间商市场

中间商市场是指购买产品或服务以转售，从中营利的组织。

（4）政府市场

政府市场是指购买产品或服务，以提供公共服务或把这些产品及服务转让给其他需要的人的政府机构。

（5）国际市场

国际市场是指国外购买产品或服务的个人及组织，包括外国消费者、生产商、中间商及政府。

5. 社会公众

社会公众是企业创业活动中与企业创业活动发生关系的各种群体的总称。公众对企业的态度，会对其创业活动产生巨大的影响，它既可以有助于企业树立良好的形象，也可能妨碍企业的形象。因此，企业必须采取处理好与主要公众的关系，争取公众的支持和偏爱，为自己营造和谐、宽松的社会环境。

6. 竞争者

竞争是商品经济的必然现象。在商品经济条件下，任何企业在目标市场进行创业活动时，不可避免地会遇到竞争对手的挑战。即使在某个市场上只有一个企业在提供产品或服务，没有“显在”的对手，也很难断定在这个市场上没有潜在的竞争企业。

企业竞争对手的状况将直接影响企业创业活动。例如，竞争对手的营销策略及创业活动的变化就会直接影响企业营销，最为明显的是竞争对手的产品价格、广告宣传、促销手段的变化以及产品的开发、销售服务的加强都将直接对企业造成威胁。因此，企业在制定营销策略前必须先弄清竞争对手，特别是同行业竞争对手的生产经营状况，做到知己知彼，有效地开展创业活动。

二、创业环境评价

SWOT 分析法

1. SWOT 分析

SWOT 分析，即基于内外部竞争环境和竞争条件下的态势分析，就是将与研究对象密切相关的各种主要内部优势、劣势和外部的机会和威胁等，通过调查列举出来，并依照矩阵形式排列，然后用系统分析的思想，把各种因素相互匹配起来加以分析，从中得出一系列相应的结论，而结论通常带有一定的决策性，如图 3-1 所示。

（1）SWOT 分析要素

微观环境分析：优势（Strength）：企业所具备的内部优势；劣势（Weakness）：企业所具备的内部劣势。

宏观环境分析：机会（Opportunity）：企业所面对的外部机遇；威胁（Threat）：企业所面对的外部挑战。

（2）SWOT 战略分析

优势——机会（SO）战略是一种发展企业内部优势与利用外部机会的战略，是一种理想的战略模式。当企业具有特定方面的优势，而外部环境又为发挥这种优势提供有利机会时，可以采取该战略。例如良好的产品市场前景、供应商规模扩大和竞争对手有财务危机等外部条件，配以企业市场份额提高等内在优势可成为企业收购竞争对手、扩大生产规模的有利条件。

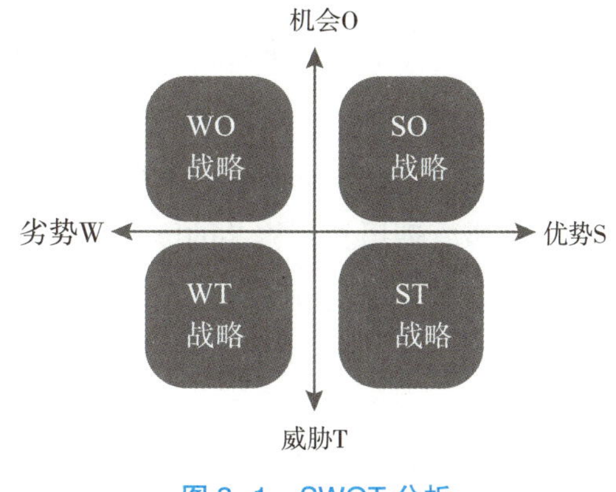

图 3-1 SWOT 分析

劣势——机会（WO）战略是利用外部机会来弥补内部弱点，使企业改劣势而获取优势的战略。存在外部机会，但由于企业存在一些内部弱点而妨碍其利用机会，可采取措施先克服这些弱点。例如，若企业弱点是原材料供应不足和生产能力不够，从成本角度看，前者会导致开工不足、生产能力闲置、单位成本上升，而加班加点会导致一些附加费用。在产品市场前景看好的前提下，企业可利用供应商扩大规模、新技术设备降价、竞争对手财务危机等机会，实现纵向整合战略，重构企业价值链，以保证原材料供应，同时可考虑购置生产线来克服生产能力不足及设备老化等缺点。通过克服这些弱点，企业可能进一步利用各种外部机会，降低成本，取得成本优势，最终赢得竞争优势。

优势——威胁（ST）战略是指企业利用自身优势，回避或减轻外部威胁所造成的影响。如竞争对手利用新技术大幅度降低成本，给企业很大成本压力；同时材料供应紧张，其价格可能上涨；消费者要求大幅度提高产品质量；企业还要支付高额环保成本等。这些都会导致企业成本状况进一步恶化，使之在竞争中处于非常不利的地位，但若企业拥有充足的现金、熟练的技术工人和较强的产品开发能力，便可利用这些优势开发新工艺，简化生产工艺过程，提高原材料利用率，从而降低材料消耗和生产成本。另外，开发新技术产品也是企业可选择的战略。新技术、新材料和新工艺的开发与应用是最具潜力的成本降低措施，同时它可提高产品质量，从而回避外部威胁影响。

劣势——威胁（WT）战略是一种旨在减少内部弱点、回避外部环境威胁的防御性技术。当企业存在内忧外患时，往往面临生存危机，降低成本也许成为改变劣势的主要措施。当企业成本状况恶化，原材料供应不足，生产能力不够，无法实现规模效益，且设备老化，使企业在成本方面难以有大作为，这时将迫使企业采取目标聚集战略或差异化战略，以回避成本方面的劣势，并回避成本原因带来的威胁。

2. PEST 分析

PEST 为一种企业所处宏观环境分析模型，所谓 PEST，即 P 是政治（Politics），E 是经济（Economy），S 是社会（Society），T 是技术（Technology）。这些是企业的外部环境，一般不受企业掌握，这些因素也被戏称为“Pest（有害物）”。PEST 分析是要求企业高级管理层具备相关的能力及素养，如表 3-1 所示。

表 3-1　互联网产品 PEST 分析

产品分析			
P 政治环境	E 经济环境	S 社会环境	T 技术环境
1. 国家政策 2. 相关法律法规 ……	1. GDP 增长率 2. 进出口额 3. 居民价格指数 ……	1. 人口结构 2. 性别结构 3. 区域分布 ……	1. 新技术 2. 新发明 3. 技术商业化 4. 政府扶持方向 ……

（1）政治环境

政治环境是指一个国家或地区的政治制度、体制、方针政策、法律法规等方面。这些因素常常影响着企业的经营行为，尤其是对企业长期的投资行为有着较大影响。

（2）经济环境

经济环境是指企业在制定战略过程中须考虑的国内外经济条件、宏观经济政策、经济发展水平等多种因素。

（3）社会环境

社会环境主要是指组织所在社会中成员的民族特征、文化传统、价值观念、宗教信仰、教育水平以及风俗习惯等因素。

（4）技术环境

技术环境是指企业业务所涉及国家和地区的技术水平、技术政策、新产品开发能力以及技术发展的动态等。

3. 波特五力模型

五力分析模型是迈克尔·波特（Michael Porter）于 20 世纪 80 年代初提出，对企业战略制定产生全球性的深远影响。用于竞争战略的分析，可以有效地分析客户的竞争环境。五力分别是：供应商的议价能力、购买者的议价能力、潜在竞争者进入的能力、替代品的替代能力、行业内竞争者现在的竞争能力。五种力量的不同组合变化最终影响行业利润潜力变化，如图 3-2 所示。

（1）供应商的议价能力

供应商主要通过其提高投入要素价格与降低单位价值质量的能力，来影响行业中现有企业的盈利能力与产品竞争力。

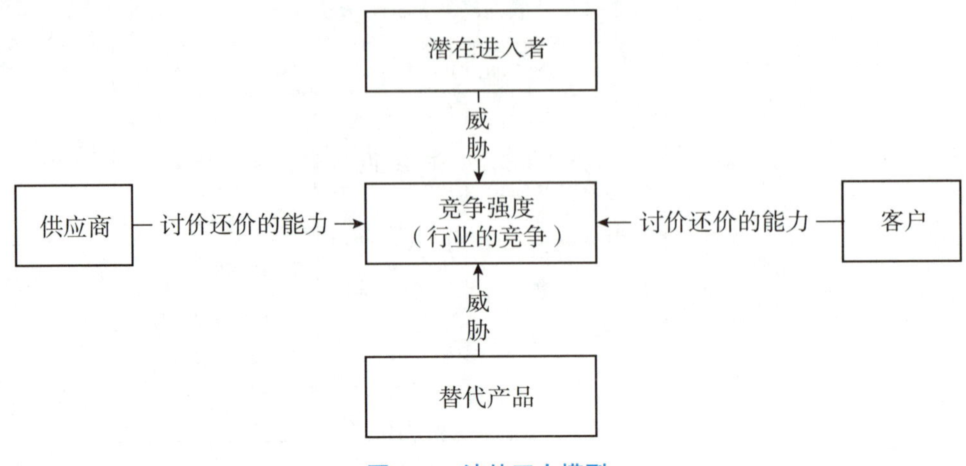

图 3-2　波特五力模型

（2）购买者的议价能力

购买者主要通过其压价与要求提供较高的产品或服务质量的能力，来影响行业中现有企业的盈利能力。

（3）新进入者的威胁

新进入者在给行业带来新生产能力、新资源的同时，将希望在已被现有企业瓜分完毕的市场中赢得一席之地，这就有可能会与现有企业发生原材料与市场份额的竞争，最终导致行业中现有企业盈利水平降低，严重的话还有可能危及这些企业的生存。竞争性进入威胁的严重程度取决于两方面的因素，这就是进入新领域的障碍大小与预期现有企业对于进入者的反应情况。

（4）替代品的威胁

两个处于同行业或不同行业中的企业，可能会由于所生产的产品互为替代品，从而在它们之间产生相互竞争行为。这种源自替代品的竞争会以各种形式影响行业中现有企业的竞争战略。

（5）同业竞争者的竞争程度

大部分行业中的企业，相互之间的利益都是紧密联系在一起的，作为企业整体战略一部分的各企业竞争战略，其目标都在于使得自己的企业获得相对于竞争对手的优势。因此，在实施中就必然会产生冲突与对抗现象，这些冲突与对抗就构成了现有企业之间的竞争。现有企业之间的竞争常常表现在价格、广告、产品介绍、售后服务等方面，其竞争强度与许多因素有关。

【课后思考】搜索阅读相关资料，对三只松鼠创业第一年的创业环境展开 SWOT 分析。

任务二 创业项目选择

一、创业想法与创业机会

（一）创业想法

创业想法是具有创业指向同时具有创新性的想法，是对个人或者组织识别机会或发现需求（市场、团体等）的回应。

一个成功的创业想法既要满足顾客的需要，又要盈利；既要向人们提供想要的产品，又要为企业带来利润。

1. 创业想法的内容

创业想法的内容包括：企业将销售什么产品或服务；企业将向谁销售产品或服务；企业将如何销售产品或服务；企业将满足顾客哪些需要。

2. 创业想法特征

独特、新颖，难以模仿；客观、真实，可以操作；对用户和创业者均有价值。

3. 产生创业想法的驱动

爱好和兴趣；个人的技能和经验；特许经营；大众传媒；展览会；市场调查；消费者的抱怨；头脑风暴。

（二）创业机会

创业机会

顾名思义，机会即恰好的时候、时机。创业是建立在机会基础上的。创业机会，又称商业机会或市场机会，是指有吸引力的、较为持久的和适时的一种商务活动的空间，并最终表现在能够为消费者、客户创造价值、增加价值的产品或服务之中。

创业机会来源于环境的变动、市场的不协调或混乱、信息的滞后、领先或缺口及各种各样的其他因素的影响。其根源在于事物的变化（包括产品、服务、市场等方面），创业者可以通过其本身特有的素质发现创业机会。

创业机会主要包括技术机会、市场机会和政策机会。

1. 技术机会

技术机会是指由技术变化带来的创业机会，主要源自新的科技突破和社会的科技进步。

2. 市场机会

市场机会是由市场变化产生的创业机会。

3. 政策机会

政策机会是政府政策变化所给予创业者的商业机会。

创业机会也可以简单地定义为一个有吸引力的、使投资者能够收回投资的想法或主张。这样的机会表现为消费者的需求导致了可以给顾客提供更多价值的产品和服务。但是，一个好想法未必是一个好的创业机会。

二、创业项目选择

（一）创业项目选择思路

1. 选择创业项目就是把信念变成行动

创业者确信“天生我材必有用”，并且下定创业决心以后，就需要行动了！仅有信念是不够的，现在创业者需要用行动来实现创业梦想了。创业是一个漫长的过程，而且是一条没有终点的路，一旦开始创业，就不能轻易放弃。如果你没有坚持到底的心理准备，就不要盲目地选择创业，因为在今后任何时候的中断或放弃，带给你的只有沮丧和挫败感。成功需要的不仅是激情和决心，还需要坚持不懈的努力和执着。

2. 选择项目前就应该对市场综合考量

在创业之前，每个创业者都必须对市场做一个综合的考察，进行清晰的分析，时刻注意市场上最细微的发展变化，抓住商机，选好项目，确定行动计划，然后有目标、有步骤地实现创业愿景。

（二）创业项目选择注意点

1. 创业者开始创业的第一个选择

面对社会上种种创业项目的诱惑，面对眼前林林总总的创业题材，创业者必须作出选择：到底哪个项目才是最终选择的项目？如何知道哪个项目最容易成功呢？这个市场还有什么需求没被满足？

2. 在初选项目前首先要正确认识自己

在这个世界上，没有完全相同的两片树叶，同样也没有完全相同的两个人。作为独立的创业者，一定要有自己独特的气质风采和与众不同的地方。创业者首先需要认知自己，找到自己独特的价值，进而去挖掘那个最适合自己的创业项目。

3. 根据自身特点，借鉴他人模式，进行全新设计

有资料表明：在德国的创业者中，只有5%的创业项目是真正的独树一帜，而在这5%中，还有50%的创业设想来自美国。可见，创业项目不一定都是完全独创的，即便是独立创新的，也并不意味着就可以经营成功。

（三）创业机会识别方法

1. 做你最擅长的事

俗话说："万事开头难。""良好的开端等于成功的一半。"比尔·盖茨曾经说过："做你自己最擅长的事。"人们在做自己擅长的事时，自信心和勇气最强，因此成功率最高。创业者最擅长的事，也就是最有可能干好的事。擅长，就是跟别人竞争时具有的优势。只有加强自己的专长，成为专家，才会和别人拉开距离，在竞争中脱颖而出。比尔·盖茨就是一个典型的代表人物。

2. 做你最喜欢的事

只有在做自己最喜欢的事时，人们才会废寝忘食、不知疲倦。这种乐在其中的感觉，会叫人乐此不疲。爱迪生一天平均有18个小时待在实验室里，当他的家人劝他休息时，他说："我没有在工作，我一直在玩。"爱迪生的成功是因为他做了自己最喜欢的事。

3. 做你最熟悉的事

在做同样生意的人群里，如果只有一个人赚钱的话，一定是那个最熟悉该生意的人；同样在这个群体里，如果只有一个人赔钱的话，一定是那个最不谙此道的人。这就是民间商人常说的"不熟不做"的道理。"春江水暖鸭先知"，是因为鸭子经常在水里玩耍，它最熟悉一年四季的水温，在春天到来时，它会第一个感觉到。

4. 做你最有人脉关系的事

（1）合伙创业，团队作战

人们都说"一个好汉三个帮""孤木不成林"。创业成功，也同样离不开他人的帮助。著名成功学大师卡耐基说过："成功靠的是15%的专业知识和85%的人际关系。"反过来说，在人们最喜欢、最擅长、最熟悉的行业里，朋友也会越多，共同的爱好和志趣会使创

业者在创业初期很快找到志同道合的新朋友，从而建立起对创业有利的人脉关系。

（2）善于用人，增加助力

"登高而招，臂非加长也，而见者远；顺风而呼，声非加疾也，而闻者彰……君子生非异也，善假于物也。"善假于物，就是善于利用其他人和物，整合现有的资源。合作就像一部机器，机器需要不同的零件。一个优秀的合作团队，不仅能够给创业者的能力发挥创造良好的条件，还会产生合作双方彼此都不曾拥有的新力。

（3）整合资源，寻求共赢

现代企业管理中的领头人，已经不再是以前的个人英雄，而是一个团队合作的协调高手。创业成功既需要个人的努力，也需要搭建一个资源整合平台，在这个协调整合过程中，需要把市场信息、人际关系和个人技能综合起来。如果这三项合起来，感觉不错，就可以列为初选的创业项目。

5. 收购现有企业

收购是指用现款、股票、债券或其他资产购买一家公司的股票或资产以获得对目标公司本身或其资产实际控制权的行为，被收购企业仍然保持其原有的独立法人资格。

（1）收购的误区

通常人们都把创业简单地理解为一定要亲手创立一家企业，并从小做大。其实，收购现成的企业（并购经营成功的企业、收购待起死回生的企业）、购买他人智能（知识产权收购、特许经营）等，向经营已经稳定或有一定规模的企业注入创新元素，以适应新的市场需求，也是一种创业。

（2）收购的优点

收购现有企业可以减少对企业基础的创建时间和开办成本，被收购企业往往在商誉、产品、客户、广告促销等方面具备一定条件，稍加改变就可以掌控。近年来，很多创业者就是通过收购积累的。这对于资金少又期望快速拥有自己企业的创业者来说，不失为一条捷径。

（3）收购企业的缺点

收购价值的评估是非常重要的环节，有时还需要作好企业报表审核、企业债权债务调查、销售业绩评估和无形资产价值估算等。同时，有的企业原有的管理制度和企业结构不甚合理，收购后需要进行改造和重新设计，如果是和员工一起收购过来的，还需要对员工进行再培训。

（4）收购的程序和关键

一般来说，收购一家企业需要经过确认目标、考察与评估、交易谈判、签订合同这样四个过程。关键点就在于收购前的调查与分析、对未来的预测、收购企业财产法律责任认定等，不要误收购有违法劣迹、债权债务理不清的企业。对于资金少却期望迅速创业的创业者来说，收购现有企业是一个可行的方法。收购后可以卖出，不一定非要自己经营。

6. 特许经营和连锁经营

一般来说，特许经营和连锁经营是两种不同的营销模式。特许经营的核心是特许权的转让，需要特许人和受许人一对一签订特许合同而形成。特许经营是指签约后，受许人可有偿使用其名称、商标、专有技术、产品及运作管理经验等从事经营活动。经营的各个分店之间是独立的。而连锁经营的核心是同一资本拥有，经营的是同类商品和服务，由同一总部集中管理领导。总部对分店拥有所有权，对分店经营中的具体事务有决定权；分店需上缴总部一定的利润，分店经理实际上是总部的一员，完全按总部要求行事。

任务三　创业机会评估

一般而言，有价值的创业机会有以下特征，一是前景市场中，前 5 年中的市场需求会稳步快速增长；二是创业者能够获得利用该机会所需的关键资源；三是创业者不会被锁定在“刚性的创业路径”上，而是可以中途调整创业的“技术路径”；四是创业者有可能创造新的市场需求；五是特定机会的商业风险是明朗的，且至少有部分创业者能够承受相应风险。

面对有价值的创业机会，特定的创业者需要回答四个问题：一是创业者能否获得自己缺少但他人拥有的资源；二是遇到竞争时，自己是否有能力与之抗衡；三是是否存在创业者可能创造的新增市场；四是创业者是否有能力承受利用该机会的各种风险。

一、创业机会评估准则

（一）创业机会评估内容

1. 行业和市场

一个关键的问题就是创业想法是否有市场。这个市场是由有购买力及愿意并能够购买产品或服务的消费者组成的。因此，满足消费者的需求还要考虑合适的价格、地点和时间。另外，要考虑的一个重要问题是市场的大小（消费者对产品和服务的需求量）和行业的增长速度。理想的情况是有一个巨大并快速增长的市场，在这样的情况下，哪怕只是占有一个小的市场份额也会有一个很大的销售量。想要成为创业者就需要收集、研究这类信息。

2. “机会窗”的大小

机会经常被称为一个“窗户”，即它是真实存在的，但又不是永远都敞开的。随着时间的推移，市场以不同的速度在增长，市场变得更大，确定市场的难度就更大，因此，时机的选择很重要。另一个问题就是要了解窗户打开的时间长度，能否在窗户关闭之前把握和抓住机会。

3. 创业者的个人目标和能力

对于任何投资创业的人，是否愿意承担风险是一个重要的问题。个人的动机是成功创业者本质特征。因此，除非一个人真的想要创办一个企业，否则他（她）是不愿意承担风险的。

相关的另一个问题就是潜在的创业者是否具备创业必需的能力（包括知识、技能和特质）。如不具备，他们是否能够学习并提高这些能力。许多小企业的管理者都是基于他们的能力才创办企业的。将上述问题结合在一起，就变成一个基本的问题——创业所要求必须具备的条件和创业者本身具备的条件是否一致或相符。

4. 团队管理水平

在许多风险投资尤其是涉及大量资金、高风险、成熟的市场、激烈的竞争等特点的投资中，管理团队是一个衡量投资吸引力的重要标尺。该团队在相同或相关行业和市场中的技能和经验通常决定了企业的成败。这就解释了风险投资者（为企业提供资金的人）非常强调管理因素的原因。他们经常说，与其投资一个产品或服务优异但管理不善的企业，不如投资一个产品或服务一般但管理好的企业。

5. 竞争优势

一个能吸引人的机会必须具备某些竞争优势。例如，在与市场中同类产品相比成本更低或质量更好。另外，进入市场的壁垒问题——需要大量的资金投入、保护（如专利权）、合同优势（如一个市场或一个供应商的专营权利）等，是决定投资或不投资的重要因素。换句话说，如果一个企业不能避免潜在竞争者进入市场，或者企业本身有很多进入市场的壁垒，那么这个机会几乎就没有吸引力了。

6. 资金、技术和其他必需的资源

掌握可用的资金、技术和其他必需的资源将决定是否可以利用某个机会。一般的规则是，如果某个想法、产品或服务在某个地区有一定的市场，条件越难被满足，企业也

就越有吸引力。举个例子，销售一个突破性的专利产品并不能保证能够成功，但是它的确形成了强大的竞争优势。

7. 环境影响

企业的外部环境对于机会的吸引力有着深远的影响。我们谈及的环境不仅仅指的是自然环境（自然环境越来越重要了），而且还包括政治、经济、地理、法律等社会环境。政治的不稳定性，使在很多国家的商业机会不具有吸引力——特别是当需要很高的投资并且投资回收期又很长。类似的还有通货膨胀、外汇汇率波动或司法系统不健全等都不利于吸引投资，哪怕回报率很高，缺乏可用的基础设施和服务（如道路、水电供应、通信、运输、学校、医院等）也会影响一些地区的商业机会的吸引力。

8. 可行性研究和创业计划

讨论和调查上述因素的过程就是经常提到的可行性研究。投资者和贷款人都要求考虑到以上相关问题并以创业计划书的形式展现出来。一个市场论证严密、文字表述清晰、内容简洁有效的创业计划书也在评估的范围内。

（二）创业机会评价准则

1. 市场评估准则

（1）市场定位

评估创业机会的时候，可由市场定位是否明确、顾客需求分析是否清晰、顾客接触通道是否流畅、产品是否持续衍生等，来判断创业机会可能创造的市场价值。创业带给顾客的价值越高，创业成功的概率也越大。

（2）市场结构

对创业机会的市场结构需要进行六项分析：进入障碍、供货商、顾客、经销商的谈判力量、替代性产品的威胁和市场内部竞争的激烈程度，由此可知该企业在未来市场中的地位及可能遭遇竞争对手反击的程度。

（3）市场规模

市场规模大者，进入障碍相对较低，市场竞争激烈程度也会略微下降。若要进入的是一个十分成熟的市场，那么利润空间会很小，不值得再进入；若是一个成长中的市场，只要时机正确，必然会有获利的空间。

（4）市场渗透力

对于一个具有巨大市场潜力的创业机会，市场渗透力评估将会是非常重要的。应该选择在最佳的时机进入市场，也就是市场需求正要大幅增长之际。

(5) 市场占有率

一般而言，要成为市场的领导者，需要拥有20%以上的市场占有率，若低于5%的市场占有率，则这个新企业的市场竞争力不高，自然也会影响未来企业的投资价值。尤其是处在具有赢家通吃特点的高科技产业，新企业必须拥有成为市场前几名的能力，才比较有投资价值。

(6) 产品的成本结构

从物料与人工成本所占比重之高低、变动成本与固定成本的比重以及经营规模的大小，可以判断企业创造附加价值的幅度以及未来可能的获利空间。

2. 效益评估准则

(1) 合理的税后净利

一般而言，具有吸引力的创业机会，至少需要能够创造15%以上的税后净利。如果创业预期的税后净利是在5%以下，那么这就不是个很好的投资机会。

(2) 达到损益平衡所需的时间

合理的损益平衡时间应该在两年内达到，如果三年还达不到，恐怕就不是个值得投入的创业机会了。当然，有的创业机会确实需要经过比较长的耕耘时间，通过前期投入，创造进入障碍，保证后期的持续获利，这样的情况可将前期投入视为投资，才能容忍较长的损益平衡时间。

(3) 投资回报率

考虑到创业面临的各种风险，合理的投资回报率应该在25%以上，而15%以下的投资回报率是不值得考虑的创业机会。

(4) 资本需求

资本需求量较低的创业机会，投资者一般会比较欢迎，资本额过高其实并不利于创业成功，甚至还会带来稀释投资回报率的负面效果。通常，知识越密集的创业机会，对资金的需求量越低，投资回报反而会越高。因此，在创业开始的时候，不要募集太多的资金，最好通过盈余积累的方式来创造资金，而比较低的资本额，将有利于提高每股盈余，还可以进一步提高未来上市的价格。

（三）个人特质与创业机会的匹配

1. 认真审视自己

首先要了解创业过程中必须要经历的几个阶段，然后衡量自己的性格、爱好、特点，看是否适合创业，是否适合做这个项目。

（1）是否为创业作好了心理准备

创业开始的头三年，又称为企业的初创期，这时期不仅要有实现创业梦想的强烈欲望，还要能忍受创业初期的寂寞。要知道不论多么好的项目，都要经历一个潜伏期才会盈利，因此，必须作好忍受寂寞的心理准备。创业时期的自由和自我决策，是与寂寞紧密相连的。要有危机意识，时刻准备承受困难和坎坷，要有坚忍的心理素质，不轻易喜怒，保持平和心态。

（2）是否为创业作好了知识准备

创业是一个漫长的实践过程，创业之初的创业者一定是一个多面手。企业是否具有核心技术是企业生存的关键，企业的盈利模式要不断进行调整，因为一旦踏上创业的征程，就好比创业的帆船已经起航，必须用坚强的毅力坚持下去，并且为了企业生存要不断学习。是否会分析市场？是否懂得企业管理？是否会策划营销策略？是否看得懂财务报表？这些都是创业者应该掌握的知识。创业其实也是一个不断学习、不断提高的过程。干中学，学中干，不断提高自己的知识水平。

（3）是否为创业作好了能力准备

创业也是分阶段的，不同的时期对经营者有不同的要求。当事业取得阶段性的成功时，一定要清醒。企业的经营成果说明了创业者经营能力的成功。研究证明，成活10年的企业，才可以算是创业成功的企业。因为一个企业要建立自己相对稳定的盈利模式，需要对市场进行长时间的研究和适应。是否具有团队协调能力？是否会识人、用人？是否善于发现和了解市场？这些能力其实很大成分是创业者在创业过程中日积月累的一种直觉。因此，只要有勇气和信心，能力就会慢慢提高。

2. 创业成功与否取决于创业者

在新办企业开业后的第2年，约有50%的企业会倒下；到了第3年，存活下来的企业只有30%；到了第8年，存活的企业仅有3%。分析近年来青年创业的案例，可以得出这样的结论：创业成功者大都是意志坚定、不屈不挠、不甘落后、自强不息的人；创业失败的，大多是对创业过程中出现的困难和坎坷估计不足，在市场变化、家庭变化以及意外事件来临时，不能很好地调整自己的心态，放弃了继续创业的决心。

3. 不断学习，不断调整

所谓自身条件评估，就是要评估以下问题：是否为创业作好了心理和生理的准备？是否作好了资金和场地的准备？是否作好了应对失败和成功的准备？是否具备了管理一个企业的基本技能？如果在评估中发现自己哪些素质还有欠缺，就要注意在创业中不断学习提高，以适应创业的需要。

二、创业项目评估指标

创业项目由于其不确定性，对其评估需要根据当时的具体情境展开，因此，没有形成广为认可的评估体系。现对部分评价体系进行梳理，以供大家进一步了解相关创业项目的评估指标。

（一）决策流程角度评价体系

从决策流程角度看，曾经将创业投资决策流程划分为五个阶段：投资方案取得阶段、投资方案筛选阶段、投资方案评估阶段、投资协议阶段、投资后活动阶段。或将创投项目决策流程划分为六个阶段：投资方案产生、创投公司偏爱筛选、一般性筛选、初步评估、深入评估、结案。在初步分析和评选阶段，评价指标包括区域、产业、产品等；在深入分析和评选阶段，评价指标包括市场、财务回报等。

（二）我国典型创投公司项目评价指标

对于我国典型创业投资公司的项目评选指标，郭正日、何理（2011）分别查阅了在我国排名前十的外资创投公司以及排名前十的本土创投公司的官方网站，并整理出了它们的项目评选指标（项目评选指标主要根据创投公司在其官方网站上公布的项目选择标准、商业计划书标准、投资策略等信息进行整理归纳），如表 3-2 所示。（资料来源：郭正日，何理．创业投资项目评选指标体系构建研究［J］．北京工商大学学报（社会科学版），2011，26（04）：88-93.）

表 3-2　我国一些典型创投公司项目评选指标情况

类别	公司	指标
外资	红杉资本	市场、客户、专注性、创新性、团队
	IDG 资本	产品、商业模式、增长能力、盈利能力、团队、诚信
	赛富亚洲	现金流、市场地位、竞争优势
	软银中国	商业模式、竞争对手、客户、业务发展阶段
	德同资本	市场、商业模式、团队、竞争对手、财务结构
	华登国际	企业目标清晰度、目标客户、销售渠道
	兰馨亚洲	私营企业、进入门槛、增长能力
	启明维	增长能力、市场地位、竞争优势
	北极光	中国概念、知识产权、市场

续表

类别	公司	指标
内资	深创投	团队、产品、研发、市场、竞争优势、增长潜力、营销能力、财务结构、风险控制
	深达晨	团队、行业、技术水平、商业模式、市场地位、法律因素
	同创伟业	行业、市场、市场地位、团队、财务结构、市盈率
	联想投资	市场、产品、营销能力、竞争优势、商业模式、财务结构、团队、风险控制
	松禾资本	成长性、创新能力
	天图创投	行业、团队、商业模式、经营记录、竞争优势
	湘投高科	团队、技术水平、进入门槛、产品、知识产权、企业管理制度
	创东方	团队、行业、业务模式、竞争优势、盈利能力、增长能力、创新能力、成熟企业
	力合创投	行业、商业模式、竞争优势、团队
	高达资本	产业政策、增长潜力、团队、知识产权、技术能力、产权、股权价格、退出可能性

三、创业项目风险评估

（一）创业项目风险来源

在给定的宏观条件下，创业风险往往就直接来源于以下缺口。

1. 融资缺口

融资缺口存在于学术支持和商业支持之间，是研究基金和投资基金之间存在的断层。其中，研究基金通常来自个人、政府机构或公司研究机构，它既支持概念的创建，还支持概念可行性的最初证实；投资基金则将概念转化为有市场的产品原型（这种产品原型有令人满意的性能，对其生产成本有足够的了解并且能够识别其是否有足够的市场）。创业者可以证明其构想的可行性，但往往没有足够的资金将其实现商品化，从而带来一定的风险。通常，只有极少数基金愿意鼓励创业者跨越这个缺口，如富有的个人专门进行早期项目的风险投资以及政府资助计划等。

2. 研究缺口

研究缺口主要存在于仅凭个人兴趣所做的研究判断和基于市场潜力的商业判断之间。当一个创业者最初证明一个特定的科学突破或技术突破可能成为商业产品基础时，他仅仅停留在自己满意的论证程度上。然而，这种程度的论证后来不可行了，在将预想的产品真正转化为商业化产品（大量生产的产品）的过程中，即具备有效的性能、低廉的成本和高质量的产品，在能从市场竞争中生存下来的过程中，需要大量复杂而且可能耗资巨大的研究工作（有时需要几年时间），从而形成创业风险。

3. 信息和信任缺口

信息和信任缺口存在于技术专家和管理者（投资者）之间。也就是说，在创业中，存在两种不同类型的人：一是技术专家，二是管理者（投资者）。这两种人接受不同的教育，对创业有不同的预期、信息来源和表达方式。技术专家知道哪些内容在科学上是有趣的，哪些内容在技术层上是可行的，哪些内容根本就是无法实现的。在失败类案例中，技术专家要承担的风险一般表现在学术上、声誉上受到影响，以及没有金钱上的回报。管理者（投资者）通常比较了解将新产品引进市场的程序，但当涉及具体项目的技术部分时，他们不得不相信技术专家，可以说管理者（投资者）是在拿别人的钱冒险。如果技术专家和管理者（投资者）不能充分信任对方，或者不能够进行有效的交流，那么这一缺口将会变得更深，带来更大的风险。

4. 资源缺口

资源与创业者之间的关系就如颜料和画笔与艺术家之间的关系。没有了颜料和画笔，艺术家即使有了构思也无从实现。创业也是如此。没有所需的资源，创业者将一筹莫展，创业也就无从谈起。在大多数情况下，创业者不一定也不可能拥有所需的全部资源，这就形成了资源缺口。如果创业者没有能力弥补相应的资源缺口，要么创业无法起步，要么在创业中受制于人。

5. 管理缺口

管理缺口是指创业者并不一定是出色的企业家，不一定具备出色的管理才能。进行创业活动主要有两种：一是创业者利用某一新技术进行创业，他可能是技术方面的专业人才，但却不一定具备专业的管理才能，从而形成管理缺口；二是创业者往往有某种“奇思妙想”，可能是新的商业点子，但在战略规划上不具备出色的才能，或不擅长管理具体的事务，从而形成管理缺口。

（二）创业项目主要风险

创业项目主要风险

创业风险来自创业活动有关因素的不确定性。在创业过程中，创业者要投入大量的人力、物力和财力，要引入和采用各种新的生产要素与市场资源，要建立或者对现有的组织结构、管理体制、业务流程、工作方法进行变革。这一过程中必然会遇到各种意想不到的情况和各种困难，从而有可能使结果偏离创业的预期目标。

1. 资金风险

在创业初期，资金风险会一直伴随在创业者的左右，是否有足够的资金创办企业是创业者遇到的第一个问题。企业创办起来后，就必须考虑是否有足够的资金支持企业的

日常运作。对于初创企业来说，如果连续几个月入不敷出或者因为其他原因导致企业的现金流中断，都会给企业带来极大的威胁。相当多的企业会在创办初期因资金紧缺而严重影响业务的拓展，错失商机。另外，如果没有广阔的融资渠道，创业计划只能是一纸空谈。除了银行贷款、自筹资金、民间借贷等传统方式外，创业者还可以充分利用风险投资、创业基金等融资渠道。

2. 管理风险

一些大学生创业者虽然技术出类拔萃，但理财、营销、沟通、管理方面的能力普遍不足。要想创业成功，大学生创业者必须技术、经营两手抓，可从合伙创业、家庭创业或从虚拟店铺开始，锻炼创业能力，也可以聘用职业经理人负责企业的日常运作。创业失败，基本上都是管理方面出了问题，包括决策随意、信息不通、理念不清、患得患失、用人不当、忽视创新等。特别是大学生知识单一、经验不足、资金实力和心理素质明显不足，更会增加管理上的风险。

3. 竞争风险

寻找蓝海是创业的良好开端，但并非所有的新创企业都能找到蓝海。更何况，蓝海也只是暂时的，竞争是必然的。如何面对竞争是每个企业都要随时考虑的事，而对新创企业更是如此。如果创业者选择的行业是一个竞争非常激烈的领域，那么在创业之初极有可能受到同行的强烈排挤。一些大企业为了把小企业吞并或挤垮，常会采用低价销售的手段。对于大企业来说，由于规模效益或实力雄厚，短时间的降价并不会对它造成致命的伤害，而对初创企业则可能意味着彻底毁灭的风险。因此，考虑好如何应对来自同行的残酷竞争是创业企业生存的必要准备。

4. 团队风险

现代企业越来越重视团队的力量。创业企业在诞生或成长过程中最主要的力量来源一般都是创业团队，一个优秀的创业团队能使创业企业迅速地发展起来。一旦创业团队的核心成员在某些问题上产生分歧不能达到统一时，极有可能会对企业造成强烈的冲击，特别是与股权、利益相关联时，很多初创时的伙伴都会闹得不欢而散。

同时，一些研发、生产或经营性企业需要面向市场，大量的高素质专业人才或业务队伍是这类企业成长的重要基础。防止专业人才及业务骨干流失应当是创业者应时刻注意的问题，在那些依靠某种技术或专利创业的企业中，拥有或掌握这一关键技术的业务骨干的流失是创业失败的最主要风险源。

（三）创业项目风险及其典型表现

创业项目风险及其典型表现，如表 3-3 所示。

表 3-3　创业项目风险及其典型表现

来源	风险因素	典型表现
内部	创业团队	团队成员构成不合理，无法形成优势互补；团队涣散；人员流失率过高；创业精神不足等
	资源	不能及时筹集所需资金；无法保证稳定的原材料供应；无法招到合适人员；过分依赖特定供应商等
	技术	技术基础薄弱，设计能力不足；技术不成熟，技术和生产配套能力低；无法掌握关键环节的技术等
	组织管理	管理体制不规范；人员配置不合理；责任体系不清楚等
	市场营销	产品不适销对路；推销不力；服务或经营措施不当；保管不慎造成货物损失；运输过程中货物破损；营销人员缺乏职业道德，故意促使营销风险事故发生或损失扩大等
	信息沟通	企业组织内部沟通不畅；与市场沟通不足；与合作伙伴沟通不足；与政府部门沟通不足等
外部	市场波动	对市场的潜在需求研究不透彻；市场定价超消费者接受水平；对市场变化趋势缺乏预见性等
	行业环境	行业进入或退出障碍估计不足；行业竞争过于激烈；对行业主导发展方向判断失误；重大技术进步或新技术的出现等
	政策法规	政策法规体系缺乏连续性；政策法规执行不规范；政策倾向重大改变等
	宏观经济	对宏观经济形势的估计过于乐观；居民可支配收入下降；资本市场不成熟等
	社会环境	人口结构发生改变；大众生活方式的改变；与宗教信仰和风俗习惯相抵触；不符合大众审美观点和价值观等
	自然条件	自然环境不同于预期设想；自然灾害突发；自然环境剧烈变化等

（四）创业项目风险评估方法

头脑风暴法

1. 头脑风暴法

头脑风暴法（Brain Storming），由美国 BBDO 广告公司的奥斯本首创，该方法主要由价值工程工作小组人员在正常融洽和不受任何限制的气氛中以会议形式进行讨论、座谈，打破常规，积极思考，畅所欲言，充分发表看法。

在群体决策中，由于群体成员心理相互作用影响，易屈于权威或大多数人意见，形成所谓“群体思维”。群体思维削弱了群体的批判精神和创造力，损害了决策的质量。

为了保证群体决策的创造性，提高决策质量，管理上发展了一系列改善群体决策的方法，头脑风暴法是较为典型的一种。

小组人数一般为 10～15 人，课堂教学也可以班为单位，最好由不同专业或不同岗位者组成；时间一般为 20～60 分钟；设主持人一名，主持人只主持会议，对设想不作评论；设记录员 1～2 人，要求将与会者每一设想不论好坏都完整地记录下来。

在使用这个方法时，一般需要遵守以下几个原则：不要批评和评价其他人的想法；鼓励随心所欲地想；欢迎那些看似疯狂的想法；合适的数量——需要大量的想法；在其他人的想法基础之上改善和提高。此外，对于所有的想法，无论从表面上看有多么不合逻辑和疯狂，都需要记录下来。

2. 德尔菲法

德尔菲法又称专家调查法，1946 年由美国兰德公司创始实行，其本质上是一种反馈匿名函询法，其大致流程是在对所要预测的问题征得专家的意见之后，进行整理、归纳、统计，再匿名反馈给各专家，再次征求意见，再集中，再反馈，直至得到一致的意见。

该方法是由企业组成一个专门的预测机构，其中包括若干专家和企业预测组织者，按照规定的程序，背靠背地征询专家对未来市场的意见或者判断，然后进行预测的方法。

3. 情景分析法

情景分析是一种通过考虑各种可能发生的结果，分析未来的可能发生事件的过程。通过考虑分析各种结果及其影响，情景分析可以帮助决策者作出更明智的选择。

情景分析流程如下：一是明确决策焦点；二是识别关键因素；三是分析外在驱动力量；四是选择不确定的轴向；五是发展情景逻辑；六是分析情景的内容。

本项目小结

首先创业，要对自身所处的创业环境有所了解，通过政府对大学生创业的扶植政策降低自身的创业风险；其次，创业环境千变万化，需要通过科学的分析方法对其进行分析，促使自身的创业项目更切合现实环境；最后，面对各式各样的创业想法，需要进行分析，找出有价值的创业机会，并对创业机会进行评估，选取合适的机会展开创业活动。

思考题

1. 创业环境的评价方法有哪些?

2. 创业项目选择的策略有哪些?

3. 创业项目的评估指标有哪些?

4. 阅读以下材料，分析李孟炎创业失败的原因。假如你是李孟炎，你能从这次失败的创业中学到些什么?

要认清自己的能力

李孟炎是学习企业管理的，毕业后曾在一家销售轴承的公司工作了一年。因为一直做销售，他认为自己在与人打交道方面的知识和技巧已经全然掌握了，渴望自己创业。一个偶然的机会，李孟炎得知同学小谢的家中有人做过机械轴承的销售，而且收入颇丰，小谢也称自己有过相关的工作经历，有一些老客户可以联系。于是李孟炎心动了，很快就选择了销售机械轴承作为自己的第一个自主创业项目。

准备好创业的启动资金和相关的合法手续后，李孟炎租了一个70多平方米的办公室正式开始他和小谢的创业之路。由于马上就要开展会了，李孟炎和小谢便开始整理各种产品资料、报价单等，通过网络和电话的形式向新老客户宣传公司。

转眼，机械设备展览会就正式开始了，他们向往来客商递送资料，很快就收集了几百张名片。两个人高兴极了，他们觉得自己已慢慢进入了状态。借着展会的后续效应，每天都有十几个客户打电话或上门谈业务。可是过了一个多月后，公司还没有接过一笔订单。李孟炎有点着急了，心想自己是不是选错项目了。随后，他和小谢向业内人士请教，并分析原因，才知道机械轴承这个行业情况很复杂，与他们所想象的完全不一样。

三个月过去了，公司只接到了几笔小额订单，完全不能维持公司的正常运营，最终李孟炎和小谢不得不关闭公司。

事后，李孟炎说，如果自己能够静下心来认真对创业项目进行评估，不盲目创业，就不会有此次失败的创业经历。

项目四 创业资源与创业融资

①认识创业资源的内涵、作用、分类。

②掌握创业资源整合的办法。

③了解创业融资的概念和常见渠道。

④了解创业融资难的原因。

⑤掌握创业融资的选择策略。

①能够在了解创业资源需要整合的基础上，学会借力使力，培养学生敢于打破常规、勇于开拓进取的创新精神。

②培养学生法治意识，在创业融资过程中遵守相应的法律法规。

③培养学生团队协作、迎难而上的职业精神，能够协同他人协作，完成创业资源的识别、利用、整合，共同解决创业融资难的问题，共同承担风险，分享共同成果。

郑海涛的三次创业融资故事

郑海涛 1992 年清华大学计算机控制专业硕士研究生毕业后，在中兴通讯公司工作了 7 年，从搞研发到做市场，从普通员工到中层管理人员。但是具有强烈事业心的他并不满足于平稳安逸的工作。在经过一番市场调查后，2000 年他带着自筹的 100 万元资金，在中关村创办以生产数字电视设备为主的北京数码视讯科技有限公司。

100 万元的资金很快用光。郑海涛只得捧着周密的商业计划书，四处寻找投资商，一连找了 20 家，都吃了闭门羹。投资商的理由是：互联网泡沫刚刚破灭，选择投资要谨慎；况且数码视讯产品还没有研发出来，投资种子期风险太大，因此，风险投资商们宁愿做中后期投资或短期投资，甚至希望跟在别人的后面投资。2001 年 4 月，公司研制的新产品终于问世，第一笔风险投资也因此有了着落。清华创业园、上海运时投资和一些个人投资者共投入 260 万元人民币。

2001 年 7 月，原国家广电总局为四家公司颁发入网证，允许它们生产数字电视设备的编码解码器，其中包括北京数码视讯有限公司。在当时参加测试的所有公司中，数码视讯的测试结果是最好的。也正是因为这个原因，随后的投资者蜂拥而至。7 月清华科技园、中国信托投资公司、宁夏金蚨创业投资公司又对数码视讯投了 450 万元人民币。

在公司取得快速发展之后，郑海涛现在已经开始筹划第三次融资，按计划这次融资的金额将达 2000 万元人民币。郑海涛认为，一个企业要想得到快速发展，产品和资金同样重要，产品市场和资本市场都不能放弃，必须两条腿走路，而产品与资本是相互促进、相互影响的。郑海涛下一步的计划是通过第三次大的融资，对公司进行股份制改造，使公司走向更加规范的管理与运作。此后，公司还计划在国内或者国外上市，通过上市进一步优化股权结构，为公司进军国际市场作好必要的准备。

（资料来源：焦伟伟．大学生创业计划指导与实践．经济科学出版社，2016）

请思考：

①该公司获得资金的渠道有哪些?

②分析郑海涛为什么三次融资都能成功的原因。

任务一　创业资源

一、你具备哪些创业资源

创业资源的内涵

（一）创业资源的内涵与作用

资源就是任何一个主体，在向社会提供产品或服务的过程中，所拥有或者所能够支

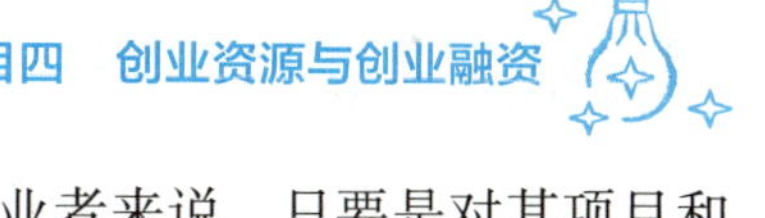

配的能够实现自己目标的各种要素以及要素组合。对于创业者来说，只要是对其项目和企业的发展有所帮助的要素，都是创业资源。最基本的创业资源是人员、资金和创业项目，还包含技术支持、销售渠道、咨询机构、潜在顾客甚至政府机构在内的各种内容。

因此，创业资源是指企业创立以及成长过程中所需要的各种生产要素和支撑条件。它是新创企业创立和运营的必要条件，主要表现形式为创业人才、创业资本、创业机会、创业技术和创业管理等。

现实中，资源是企业赢得市场的重要砝码。在创业初期，企业常常遇到资源短缺的问题。常言道，巧妇难为无米之炊。同样，没有资源，创业者也只能望（商）机兴叹。资源就好比是企业这栋高楼的砖，没有资源，创业不可实现；资源缺乏也会导致创业的失败。可见，创业资源是创业活动顺利开展的必要条件，直接影响新创企业经营活动的每一个环节，是影响新创企业成长的重要因素。创业的成功，创业资源起到决定性作用。对于创业者来说，诸如资金、人才、技术等都是创业资源，除了量的积累，更重要的是创业过程对创业资源的整合能力。因此，从一定程度上来说，创业活动本身就是一种资源重新整合的过程。

阅读材料 4-1

蒙牛借力

牛根生和他的创业团队把一个一无奶源、二无工厂、三无市场的“三无企业”发展成了年销售额达 21 亿元的大型企业。成功的核心因素之一就是借力。

逆向经营。面对困境，公司董事会在创业之初就确定了“先建市场，后建工厂”的发展战略，并通过“借鸡生蛋”迅速做大企业。

虚拟联合。蒙牛与当地政府协商，让他们组织建奶站，与蒙牛签订常年供应合同。蒙牛品牌的影响和从不拖欠资金的信誉使当地政府放心，奶站是当地人自己出钱建的，自然尽心尽力，质量、数量都有保证，这样就形成了双赢。

统一战线。蒙牛一直宣扬和伊利是兄弟，互相间应相互促进，共建“中国乳都”的形象概念。

国际化之梦。借助摩根士丹利、鼎晖、英联三大国际财团，蒙牛一直在寻找和搭建向国际化发展的平台。

牛根生就是这样用别人的钱干自己的事，用智慧、灵活的战略、战术创造了奶制品世界的神话。

（资料来源：https：//www. docin. com/p-2376111115. html）

（二）创业资源的分类

1. 政府资源、高校资源、企业资源和其他社会资源

按来源分，创业资源可分为政府资源、高校资源、企业资源和其他社会资源。

（1）政府资源

当前我国政府提供的创业资源主要体现在三个方面：一是创业财政政策。中央财政每年拨款至各个地方政府用于大学生创业，而地方政府则根据各地的实际情况为各大高校提供财政支持。二是创业融资支持。我国各大国有银行、股份制银行、城市商业银行和有条件的城市信用社均可为自主创业的大学生提供小额贷款服务，并简化程序，提供开户和结算便利。三是创业服务体系。目前，政府正在鼓励大力发展创新工场、车库咖啡等新型孵化器，做大做强众创空间，完善创业孵化服务，提供更多的优秀的创业资源集聚平台。

掌握与整合政府资源，积极响应政府号召，充分享受政府扶持政策，可以让大学生创业者少走很多弯路。可以说，政府资源是大学生创业成功的助推器。

（2）高校资源

高校的创业资源主要包括三种：一是创业教学体系。2002 年，教育部选择 9 所高校作为创业教育试点，以建设创业课程体系。发展至今，各高校已经普遍将创业教育融入专业教学过程，面向全体学生开设创新创业课程。二是创业训练体系。创业计划竞赛最早于 1998 年在清华大学举行。随后，各大高校参与其中，纷纷举办了创业训练营、创新创业大赛等活动。三是创业孵化体系。目前，许多高校建立了创业孵化基地，主动为大学生创业者提供低成本、便利化、全要素、开放式的综合服务平台。围绕孵化平台，众高校在内涵和外延方面作出了诸多尝试，比如在资金方面，设立了创新创业奖学金、种子资金、风投资金等；在指导方面，提供了“一对一”校内创业指导服务，校外引导成功的创业者、知名企业家和天使投资人等担任创业导师。

高校承担着培养人才的基本职能，在大学生创业者的能力素质育成过程中起到举足轻重的教育、引导作用。而在创业实践过程中，大学生最易接触的机构就是高校，也更需要得到学校的指导与支持。

（3）企业资源

企业的创业资源主要体现在两个方面：一是产学研合作资源。二是创业实习实践资

源。从狭义上来看，大学生创业的重心就是自主创办企业。当企业发展到一定规模或层次时，能够进一步吸纳学生参与进来或者加强校企合作，进一步反哺大学生创新创业，形成创业教育的生态闭环，推动人才、经济、社会等方面的良性发展。

（4）其他社会资源

政、校、企三方是人才培养过程中最常见的培养主体，在大学生创业资源的供给工作中起到了举足轻重的作用。除了这三方面的资源，家庭、行业协会、风险投资机构以及其他第三方组织等社会各界的力量不容小觑。

2. 直接资源与间接资源

按照资源要素对企业战略规划过程的参与程度，创业资源分为直接资源和间接资源。

（1）直接资源

直接资源又称生产性资源，是指直接作用于产品生产销售过程的资源，如机器设备、储存场地、运输设备、工人的生产劳动等，并直接参与企业战略的制定与执行，是创业的基础要素，包括财务资源、人力资源、管理资源等，每一种资源都是不可或缺、无可替代的。

①财务资源。财务资源包括企业的启动资金、创业过程中的各项开支。想创业，首先得考虑是否有足够的启动资金、是否有资金支持创业最初几个月的亏损。在企业的销售活动产生现金流之前，企业需要为购买和生产存货支付资金，需要进行广告宣传，需要支付员工薪酬，还可能需要对员工进行培训；加上产品或服务的开发周期一般比较漫长，就使得新创企业在生命早期即需要筹集资金。

资金是创业企业的“源头活水”，是贯穿创业每个阶段的一个关键性问题。资金如同企业的“血液”，没有血液的流动，企业必将无法生存。

②人力资源。人力资源是创业企业持续发展最重要的资源，包括创业团队成员和专业专岗人员。人是创业活动的主体，在创业活动中起着决定性的作用。创业者及创业团队的知识经验是成功创业最为核心的资源。一流团队比一流项目更为重要。高素质人才的获取和开发，是新创企业可持续成长的关键，特别是高科技新创企业，人才资源更为重要。

社会资本是基于人际和社会关系网络形成的资源，是人力资源的一部分，“社会联系较多者创业的个人成本较低”，社会资本能使创业者有机会接触大量的外部资源，有助于通过网络关系降低潜在的风险，加强合作者之间的信任和信誉。

根据斯坦福大学研究中心的一份调查显示：一个人赚的钱，12.5%来自知识，

87.5%来自基于正常社会经历建立的人际关系。

来自中国的调查数据显示，社会交往面广，交往对象趋于多样化，与高社会地位个体之间关系密切的创业者，更容易发现创新性更强的创业机会。

苹果创立人史蒂夫·乔布斯说："刚创业时，最先录用的10个人将决定公司成败，而每一个人都是这家公司的十分之一。如果10个人中有3个人不是那么好，那你为什么要让你公司里30%的人不够好呢？小公司对于优秀人才的依赖要比大公司大得多。"

③管理资源。管理资源包括企业运营的规章制度、组织机构、企业管理策略（目标、计划和战略的制定）。即"有钱""有人""能管理"就是创业成功的保障。

管理是对企业资源进行有效整合以达到企业既定目标与责任的动态创造性活动，它是企业众多资源效力发挥的整合剂，其本身也是企业一项非常重要的资源要素。直接影响乃至决定着企业资源整体效力发挥的水平。

（2）间接资源

间接资源又称工具性资源，是指为直接资源服务的资源。一些间接资源能够转变为直接资源，如资金就可以转换为机器设备、人力、运输等直接资源；还有一些间接资源并不直接参与企业发展，而是可以使直接资源发挥更好的作用，为创业成长间接提供便利和支持，包括信息资源、科技资源、政策资源。其中，信息资源包括获取的市场信息以及竞争对手信息；科技信息包括拥有的科研能力以及研发实力；政策资源包括适用的孵化基地和优惠政策等。一般来说，间接资源不会影响创业的开始，但是缺乏间接资源，将直接导致创业的失败。

创业的企业凭什么在市场上去竞争，为社会提供什么样的产品和服务？惠普公司、英特尔公司等高科技企业，造就了硅谷神话，为美国创造了巨大的社会财富，首先依靠的就是核心的科学技术。技术资源是新创企业存在和发展的基石，是生产活动和生产秩序稳定的根本，包括关键技术、制造流程、作业系统、专用生产设备等。企业只有不断开发新技术、新产品，建立充足的技术储备和产品储备，才能在竞争中立于不败之地。技术在创业中可谓相当重要，技术的重要性主要体现在人的重要，而不单单是技术本身。技术本身决定着创业的发展走势以及自身核心竞争力。

3. 战略资源与普通资源

战略资源是创业中能够使企业具有持久的强势竞争力的资源，这类资源具有价值性、不可替代性、稀缺性、难以复制性等特点。除战略资源外的其他资源统为普通资源。

战略资源的价值性体现在：企业的资源只有当其具有价值时，才有可能成为竞争优

势或持续竞争优势的来源；当某种资源能够帮助新创企业提高其战略实施效果和效率时，它就是有价值的；有价值的资源包括财产、装备、人员以及诸如营销等独特技能；由于这些资源的普遍存在性，因此，战略性资源要有价值，还需要同时具备其他某些特点。

稀缺性是战略性资源创造竞争优势的必要条件。如果一种资源不能被竞争对手广泛获取，那它就是稀缺资源。例如，我国由于近些年经济的持续高增长，对能源和原材料资源产生了巨大的市场需求，使得原材料和能源变得稀缺。创业中可以被视作稀缺的资源主要是有优势的地段、被看作卓越领导者的管理人员以及对独特物质资源的控制。

只有当有价值的和稀缺的资源不能被其他的企业所获得时，这种资源才是具有可持续竞争优势的资源，这就要求资源具有难以复制性。资源难以复制的原因有三个：一是企业获得资源的特殊历史条件，即历史独特性。企业获得和探索资源的能力依赖于它们所处的时空环境。一旦错失了特殊的历史时刻，企业就失去了获得该种资源的机会，因此这种资源具有不完全模仿性。二是资源和可持续竞争优势之间的因果关系模糊性。企业在制定和实施特殊战略时需要很多种资源，他们自己也不清楚到底哪种资源在提高企业效率中起着关键的作用，也就是说企业绩效和资源之间的关系不明确。其他的企业想复制此种战略，但不知从何下手，所以就产生了资源的不完全模仿性。三是优势产生的社会复杂性。许多的企业资源具有社会复杂性，像经理之间的个人关系、企业文化和企业在供应商和顾客间的声誉等。许多社会事务超出了企业的能力范围，在一定程度上具有社会复杂性的资源很难管理，因此这些资源具有不完全模仿性。

如果某种资源不能被其他资源所替代，即不能以类似方式或不同方式进行替代，则该资源具有不可替代性。拥有不可替代的资源对新创企业持久竞争力的形成和保持具有非常重要的意义。

普通资源决定了企业是否能从无到有，而战略资源决定了企业是否能从有到强。创业者应当具有较强的洞察力，不断寻找机会，根据战略目标发现使企业更好发展的战略资源。

4. 内部自有资源和外部资源

内部自有资源是指创业者以及创业团队在创业之初自身所拥有的可用于创业的资源，是企业的核心资源。内部自有资源基本上可以概括为人、财、物和技术四个主要的方面，除了人以外，企业资源的作用都相对明确，只要配置合理就能发挥很好的作用。而且即使是人的作用也比企业外部人的更加明确一些，如表 4-1 所示。

内部自有资源的拥有状况将在很大程度上影响甚至决定我们获取外部资源的结果。自有资源可以帮助我们获得和运用外部资源，立志创业者首先要致力于扩大、提升自有资源。

表 4-1　内部自有资源清单

资源名称	对资源的认知
创业者	素质与能力、社会关系网络、需求特征
创业企业员工	素质与能力、社会关系网络、需求特征
创业企业的固定资产	寿命周期、使用成本、有效配置
创业企业的流动资产	使用成本、有效配置
创业企业的资金	使用成本、有效配置
创业企业的技术资产	后继研发、拓展应用

外部资源是指创业者从企业外部获取的各种资源，包括从外部筹集到的资金（借款、贷款、投资）、经营场所、设备、原材料以及雇佣的工人等，如表 4-2 所示。初创企业通常需要依赖于外部资源来实现经营和发展。

与内部自有资源相比，外部资源就要复杂多了。首先，这些外部资源都是相对独立的利益主体。其次，这些外部资源与创业者或者创业企业的关系也更加复杂，创业者或者创业企业对这些资源的开发、配置和使用的难度更大。最后，很多外部资源不是直接摆在创业者和创业企业面前的，而是需要去寻找、发掘或选择，因此，具有相当的不确定性。

表 4-2　外部资源清单

资源类别	具体资源
相关政府机构	园区管理委员会、工商行政管理部门、税务管理部门……
商业化的服务组织	银行、技术市场、管理咨询公司、会计师事务所、律师事务所、投资机构、广告公司
非营利性的服务组织	慈善基金会、公益组织
产业链相关组织	原材料供应商、机器设备供应商、潜在客户、批发商、零售商、代理商
可能的合作伙伴	高校、科研院所等研究机构
竞争者（竞合）	竞争者
社会网络	与创业者存在人际关联的单个人

对于创业者来说，利用外部资源是非常重要的方法和能力，在企业的创立和早期阶段尤其如此。其中关键是具有资源的使用权并能控制或影响资源部署。

技能训练 4-1

厘清自己的创业资源

①你现在有哪些创业资源？请列出来。

②把你的资源进行分类。

③哪些是你特有的创业资源？

④你还缺少哪些关键的创业资源？

⑤你将如何寻找你的创业资源？

二、如何利用和整合创业资源

（一）创业资源整合

不管资源准备如何充分，我们都不可能预见创业后所有的问题。任何一个创业者都不可能在想出了所有问题的答案后再创业。讨论资源重要性的目的不是给立志创业者泼冷水，也不是建议大家坐等“万事俱备”。

对于创办一个小企业来说，并不需要多少资本。创业者与创业之初所控制的资源多少关系不大。很多人在初次创业的时候，都是资源十分欠缺的。

创业资源不在于拥有，而在于整合。创业成功并不需100%拥有所有资源，整合资源的能力远胜于拥有所有创业资源。资源的所有权并不是关键，关键的是对其他人的资源的控制、影响程度。

不是在有资源的情况下去创业，而是在没有资源的情况下去找机会。创业的精髓在于使用外部资源的能力和意愿。正所谓借船下海，借鸡下蛋；不为所有，单为所用。

创业者在企业成长的各个阶段都会努力争取用尽量少的资源来推进企业的发展，他们需要的不是拥有资源，而是要控制这些资源。

——霍华德·史蒂文森（Howard Stevenson）

那么，资源整合是什么？所谓创业资源整合，就是指寻找并有效利用各种创业资源的过程，并且这一过程应当具备两个基本特点：一是有明确的目标，必须尽量多地发现有利的创业资源；二是必以效率最高的方式来配置、开发和使用这些资源。

（二）创业资源整合的过程

1. 资源识别

资源就像散落的珍珠，创业者需要一双慧眼去识别挖掘，将一颗颗散落的珍珠打磨穿起来，才能成为耀眼的珠宝。因此，资源整合的第一步是资源识别，又称资源扫描，是指创业者根据自己所发现的创业机会和自己的愿景，在对现有资源进行评价的基础上确定资源需求和资源来源的过程。创业者对初始资源和关键资源进行识别，并依据创业目标确定创业行为的资源需求。

（1）创业资源识别的内容

创业资源识别的内容包括三方面：一是要将已阅资源（包括有形资产和无形资产，如人才、技术、设备、品牌等）识别出来，找到自己的资源优势和不足。二是评估资源的类型，要认清哪些属于战略性资源，哪些属于普通资源。三是确定资源的数量、质量、使用时间以及使用顺序。

因此，创业资源识别越准确，创业者就越能更好地根据自己的状况来开发机会。

（2）创业资源识别的基本方式

创业资源识别的基本方式主要有两种：

一是决策驱动型资源识别。创业者首先需要形成创业决策，进一步明确创业资源的来源及获取的途径。创业者作出创业的决策之后，盘点自身所拥有的资源，并结合创业机会对这些资源进行深入分析，进而明确资源获取途径的行为及过程。

二是机会驱动型资源识别。创业者通过对当前创业机会的判断，继而明确与创业机会匹配的创业资源获取途径的行为及过程。这是基于创业者已经发现了可能的创业机会而进行资源识别的方式。

2. 资源获取

创业资源获取是指识别资源后，拥有新企业所必备的各种资源，是进行创业的前提。不是在有资源情况下去创业，而是在没有资源的情况下去找机会。创业者通过内部条件和外部环境来获得所需的资源。

随着创业进程的推进，已有的自身资源将远远不能满足新企业发展的需求，因此需要创业者通过其他途径来填补创业资源的缺口。

创业资源的获取途径包括以下几点。

（1）获取技术资源的途径

主要包括：吸引技术持有者加入创业团队；购买他人的成熟技术，并进行分析；购买他人的前景型技术，再完善开发；同时购买技术和技术持有者；自己研发，但时间长，耗资大。

（2）获取人力资源的途径

首先要注意，这里的人力资源不是指创业企业成立以后需要招募的员工，而是指创业者及其团队拥有的知识、技能、经验、人际关系、商务网络等。其次，可通过多实践、积累经验、多接触社会、拓展人脉等途径来获取人力资源。

（3）获取外部资金资源的途径

主要包括：靠亲友筹资，双方形成债权债务关系；抵押、银行贷款或企业贷款；争取政府某个计划的资金支持；所有权融资，包括吸引新的拥有资金的同盟者加入创业团队，吸引现有企业以股东身份向新企业投资，以及吸引企业孵化器或创业投资者的股权资金投入等；一个好的创业计划，可吸引创业基金甚至风险投资。

（4）获取市场与政策信息资源的途径

主要包括政府机构、同行创业者/企业、专业信息机构、图书馆、大学研究机构、新闻媒体、会议、互联网等。

3. 资源配置

资源配置是指新企业对资源进行组合以构造或改变企业的过程，主要包括稳定调整、丰富细化和开拓创造三个方面。在获取和控制大量资源的基础上，新创企业开始对这些资源进行配置，将它们合理有效地配置到最能发挥其使用效益的地方去，体现出这些资源的价值。

企业资源在未整合前大多是零碎的、低效的，要发挥这些资源的最大使用价值以产生最佳效益，就必须运用科学的方法对各类资源进行调整、细化和激活，将有价值的资源有机融合起来，使它们互为补充。

4. 资源利用

资源利用主要是指创业者协调各种关系，剥离无用的资源、整合有用的资源的过程。资源在整合并转化为企业内部的独特优势之后，创业者需要协调各种资源之间的关系，匹配有用资源，剥离无用资源。通过协调，使资源的联系更加紧密，更加具有匹配性，形成“1+1>2”的局面，并为下一步拓展奠定基础。

创业案例 4-1

借力修天桥

国际商场是天津市第一家上市公司，临南京路，这是一条十分繁忙的主干道，对面就是繁华的商业街。在国际商场开业时，门口并没有过街天桥。行人穿越南京路很不方便也不安全。应该修天桥！估计经过那里的人都会产生这样的想法，但政府一直没有行动。

有一天，一个年轻人认为这是政府该干的事情。他找到政府商量，提出用自己的钱修天桥，但政府要允许他在天桥上挂广告牌。

不花钱还让老百姓高兴，政府觉得不错，就同意了。这个年轻人拿到政府批文，立即想到找可口可乐那样的大公司洽谈广告业务。

在这样繁华的街道上立广告牌，这是大公司求之不得的事情。很快，这个年轻人从大公司那里拿到广告的定金。他用这笔钱修建了天桥还略有剩余。天桥修建好了，广告也挂上了，年轻人从大公司那里拿到余款，获得了第一桶金。

（资料来源于百度文库，链接：https：//wenku. baidu. com/view/afeab4f887254b35eefdc8d376eeaeaad0f3165f. html？_ wkts_ =1679654680125）

（三）善用创业资源整合技巧

创业者在每个阶段都要问自己：怎样才能用有限的资源获得更多的价值创造？

1. 学会拼凑

（1）拼凑的含义

拼凑是指在已有的元素基础上，不断替换其中的一些要素，形成新的认识。拼凑除了修补术、修修补补的意思外，还包含了以下几层意思：一是通过加入一些新元素，实现有效组合，结构会因此改变。二是新加入的元素往往是手边已有的东西，加入也许不是最好的，但可以通过一些技巧重新组合在一起。三是这种行为是一种创新行为，会带来意想不到的惊喜。

创造性拼凑有三个关键要素。

①手边的已有资源。善于进行创造性拼凑的人常常拥有一批“零碎”，它们可以是物质，也可以是一门技术，甚至是一种理念。

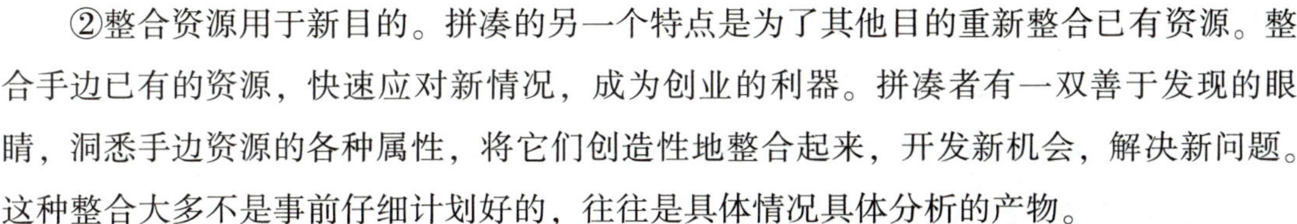

②整合资源用于新目的。拼凑的另一个特点是为了其他目的重新整合已有资源。整合手边已有的资源，快速应对新情况，成为创业的利器。拼凑者有一双善于发现的眼睛，洞悉手边资源的各种属性，将它们创造性地整合起来，开发新机会，解决新问题。这种整合大多不是事前仔细计划好的，往往是具体情况具体分析的产物。

③将就使用。将就使用，意味着经常利用手边的资源将就。拼凑者需要突破固有观念，忽视正常情况下人们对资源和产品的常规理解，坚持尝试突破。这种办法在资源使用上经常和次优方案联系在一起，也许是不合适的、不完整的、低效率的、不全面的、缓慢的，但是在某种程度上是我们能够唯一理性选择的。这种方案的产出是混杂的、不完美的、半成品，也许看上去不精致，有很多缺陷、阻碍和无用的成分，但是他们已经尽到职责，并且还可以改进。

创业案例 4-2

拼凑的艺术

一个废弃的煤矿穿过格雷森的农场。煤矿形成了巨大的污水坑，并且产生大量沼气。沼气是一温室气体，对人体有毒，因此，煤矿不得不遭到弃用。格雷森的农场也被沼气毁了，从此无法进行耕种。

失去了农场收入的格雷森没有放弃，与合伙人一起挖了一个洞直通废矿井，这样沼气就从洞里涌出。然后，他们又从本地工厂购买了一台二手柴油发电机，经过简单改造，使之能够燃烧沼气。发电机被架在洞口利用沼气发电，大部分电力通过翻新的变压器卖给本地电网。考虑到发电机产生大量的热，他便利用发电机的冷却系统加热水温，建造了一个温室，用于无土栽培番茄。

格雷森没有蓄电设备，于是在非用电高峰期时，他就用生产出的电力点亮特制的灯泡，用于加速番茄生长。考虑到温室里有种植番茄的营养液、水、免费的热能，格雷森决定养罗非鱼。他用冲洗番茄根部的水养鱼，并用鱼的排泄物作为肥料种番茄。最后，倘若手中还有多余的沼气，他就卖给一家天然气公司。

一个废弃的农场和有害的沼气在格雷森手里完成了变身，变成了可观的财富。

（资料来源于百度文库——让拼凑充满创意，链接：https：//wenku. baidu. com/view/2b30e787bb1aa8114431b90d6c85ec3a86c28b20. html? _ wkts_ =1679655085127，有改动）

启示：在别人眼里已经废弃的资源，格雷森创造性地将其拼凑在一起，建立了发电机、温室等设施，收获了电、温室蔬菜、罗非鱼和天然气四类产品，创造了他人意想不到的财富，是资源整合的完美范例。

（2）拼凑的类型

拼凑主要分为全面拼凑和选择性拼凑。

①全面拼凑是指创业者在物质资源、人力资源、技术资源、制度规范和顾客市场等诸多方面长期使用拼凑方法，在企业现金流步入稳定后依然没有停止拼凑的行为。往往过分重视“零碎”，经常收集储存各种工具、材料、二手旧货等；偏重个人技术、能力和经验；不太遵守工艺标准、行业规范、规章制度；不遵守在社会网络中的传统角色，顾客、供应商、雇员、亲戚、朋友等角色都是可以互换的，并且形成了一种“互动强化模式”。

②选择性拼凑是指创业者在拼凑行为上有一定的选择性，有所为，有所不为。在应用领域上，他们往往只选择在一到两个领域内进行拼凑，以避免全面拼凑的那种自我加强循环；在应用时间上，他们只在早期创业资源紧缺的情况下采用拼凑，随着企业的发展逐渐减少拼凑，甚至到最后完全放弃。

（3）拼凑的策略

受到资源限制的创业者一般有三个选择：一是资源搜索。二是规避新挑战，例如，拒绝新挑战，或者某些极端的例子，缩减规模或者解散。三是选择，采用拼凑，通过整合手头的资源，去应对新的问题或者新的机会。之后，创业者又面临了两种选择，即全面拼凑和选择性拼凑。

拼凑的策略主要包括以下几个方面

①突破习惯思维方式，如考虑进入其他行业。

②手边资源的再利用，如利用无用的下脚料。

③将就，在并不完美的情况下积极行动，不断改进。

④资源整合，如与合作伙伴在品种上互补。

⑤不是所有领域都在拼凑，如对待新客户。

创业案例 4-3

做中国最大的“花瓣生意”

独辟蹊径卖“花瓣”

1988年，陈妍出生在安徽省合肥市。大专刚毕业时，她在家乡接手了一间花店。

因为花店行业竞争激烈，她一直惨淡经营着。

2009年的一天，她去参加朋友的婚礼，新娘出场时从空中撒下了五颜六色的塑料花瓣。“为什么不用鲜花花瓣，那样岂不是更显得浪漫?”陈妍很纳闷。婚礼结束后，她追问新娘，对方说：“塑料制品的造价比鲜花低廉，鲜花那么贵，整场婚礼撒下来得多少钱?”

有没有买到便宜花瓣的渠道呢？陈妍琢磨着。

第二天，一家刚开业的饭店把为庆典而租借的8个大花篮拉回了陈妍的小店。她想：自己的花店经常对外出租花篮，每次收回后，她和所有的同行一样，都把这些鲜花扔进了垃圾箱。如果能把残花的花瓣收集起来，转手卖给婚庆公司，在婚礼上下起真正的“花瓣雨”，岂不是变废为宝?

陈妍说干就干。她将所有使用过的鲜花收集起来，把那些完整、色泽鲜艳的花瓣一片一片撕下，再按不同颜色分门别类地装进塑料袋：粉红色的月季、紫色的风信子、火红的玫瑰……看着一袋袋散发着清香的花瓣，陈妍仿佛看到了美好的未来。

婚礼“花瓣雨”飘来芬芳财富

陈妍带着花瓣，到婚庆公司推销。每千克不超过200元的价格果然吸引了婚庆公司的眼光，他们很愿意以每千克180元的价格长期向她收购。一场婚礼有1千克花瓣就够了，而且新人也不会吝啬这点钱。

仅靠自己的花店，花瓣产量远远不够，陈妍以每年2000元的费用，与10多家花店签订了收购残花的协议。

囤积的花瓣一多，问题就出现了：新鲜花瓣最多只能保存两三天，而婚礼有时半个月才碰到一次，很多花瓣都白白地浪费了。为了给花瓣保鲜，陈妍频繁地给它们洒水。婚庆公司很快收到客户的反馈意见：“鲜花瓣的水分重，向上一撒，马上就落到地面了，很难在空中营造出五彩缤纷的意境。”

如果把鲜花加工成干花瓣，既可以长期保存，又能减轻花瓣的重量，问题就解决了。陈妍查阅了很多资料，最终借助制作葡萄干的室内自然风干法，成功地让鲜花瓣变成了干花瓣。由于1.5千克鲜花瓣风干后只能得到0.5千克干花瓣，她把价格提高到了每千克580元。

这些散发着淡淡清香的干花瓣，很快就赢得了新人们的喜爱。有一位女白领说：“婚礼现场，当五彩花瓣在空中画着优美的弧线飘落时，我感觉自己就是童话中的公主……”

由于“花瓣生意”越来越好，2010年年初，陈妍索性不再做鲜花生意，把店名也改成了“花瓣专卖店”。

做中国最大的“花瓣生意”

因为好多年轻人喜欢用干花瓣来装饰房间，陈妍又有了新灵感：何不将干花瓣做成小工艺品，拿到精品店和超市去销售呢?

经过市场调查，她发现干花瓣作为工艺品出售，在安徽乃至全国的市场上还属空白。很快，她就订购了大小不一的漂亮工艺瓶，然后以“星座幸运花”为销售主题，分门别类进行组合，比如金牛座的幸运花是玫瑰、紫罗兰、水仙，她就将这三种干花瓣装到一个小瓶里；处女座的幸运花是波斯菊和风信子，她就把这两种花瓣置入瓶内，销售给对应星座的人。

一只只小瓶变成了能带来幸运和祝福的“吉祥物”，自然备受青睐，一时间购买“星座花瓣瓶”竟成了一种时尚。产品打入超市和精品店后，销售势头也极为火爆。2010 年 6 月，陈妍干脆成立了一个小型加工厂，让工人们大批量制作“花瓣瓶”。

考虑到白领一族工作压力大，陈妍配制的“白领花瓣瓶”里装着薰衣草和百合花瓣，常闻这种花香，有放松身心、抚慰心灵、镇静安神的作用。这种既浪漫又贴心的设计，十分讨喜。接着，她又借势推出了“情侣花瓣瓶”“血型花瓣瓶”等。

有个外地顾客在合肥买了一件干花工艺品，喜爱得不行，身边好多朋友也都喜欢，于是她便打电话给陈妍，问能不能给她快递几个“花瓣瓶”。看到省外的市场这么广阔，陈妍就在网上开展了“婚礼鲜花瓣”和“时尚花瓣瓶”的批发业务。

2011 年 8 月，陈妍注册成立了“花之恋商贸有限公司”，一边加工和销售经典产品，一边研发新产品。3 个多月后，陈妍公司生产的袋装花瓣浴、花瓣茶、花瓣面膜等产品成功打入市场。如今，这些打着“泡出健康”“喝出体香”“敷出美颜”宣传口号的新产品，已成为白领女性的最爱。

到 2013 年 2 月，25 岁的陈妍已经积累了上百万元财富。谈到创业的成功，她说：“你有多少智慧，这些不起眼的小花瓣就有多少种卖法；你付出多少努力，这些花瓣中就蕴藏着多少财富。”

（摘编自：https：//www. docin. com/p-2052546268. html）

2. 步步为营

创业者分多个阶段投入资源并在每个阶段投入最有限的资源，这种做法称为“步步为营”。

在创业初期，由于项目需要不断地投入资源而并不会产生利润，因此，创业者往往会经历一段“只见支出不见收入”的时期，而步步为营策略就是为了应对这种情况而产生的。步步为营策略要求创业者在需要投入资源的时间点投入尽量少的资源，其本质是通过尽量降低开销来尽快实现收支平衡。杰弗里·康沃尔总结步步为营的九条理由如下：企业不可能获得来自银行家或投资者的资金；新创建企业所需外部资金来源受到限制；创业者推迟使用外部资金的要求；创业者对自己掌控企业全部所有权的愿望；使可承受风险最小化的一种方式；创造一个更高效的企业；使自己看起来“强大”以便争夺顾客；为创业者在企业中增加收入和财富；审慎控制和管理的价值理念。

使用步步为营策略不仅不会影响企业的发展，反而能凭借较小的资金需求更轻松地获得贷款，同时也有可能因开销少、盈利快而获得更高的公司估值，吸引更多的投资。

步步为营策略的运用要遵循以下两条思路。

（1）有原则的节俭。节俭是步步为营策略的主要体现，创业者会设法降低资源的使用量并谋求降低公司的运营成本。常见的策略有外包，即将企业的非核心业务（如储存、运输等）委托给其他专业公司来完成，这样就可以减少固定成本的投资，同时降低了运营成本。

（2）自力更生。步步为营策略还表现为企业不过多依靠外部资源的支持，这样可以减少经营风险，保存对企业业务的控制权。

3. 发挥资源杠杆效应

资源杠杆效应就是以尽可能少的付出获取尽可能多的收获。

资源杠杆效应体现在以下方面。

（1）更加延长地使用资源。

（2）更充分地利用别人没有意识到的资源。

（3）利用他人的资源来完成自己创业的目的。

（4）用一种资源补另一种资源，产生更高的复合价值。

（5）利用一种资源获得其他资源。

对创业者来说，容易产生杠杆效应的资源，主要包括人力资本和社会资本等非物质资源。

4. 设置合理利益机制

（1）尽可能多地搜寻出利益相关者，并进行分析，利益关系越强、越直接，整合的可能性就越大，这是资源整合的基本前提。

（2）识别利益相关者的利益所在，寻找或发展共同利益，或者说利益共同点。

（3）寻找和设计出多方共赢的机制。共同利益的实现需要共赢的利益机制做保证，共赢多数情况下难以同时赢，更多是先后赢，创业者要设计出让利益相关者感觉到赢而且是优先赢的机制。

(4) 沟通是创业者与利益相关者之间相互了解的重要手段，信任关系的建立有助于资源整合，降低风险，扩大收益。

(四) 内部资源整合与外部资源整合

创业资源整合分为内部资源整合和外部资源整合。

1. 内部资源整合

(1) 内部资源整合的目标和原则

与外部创业资源相比，内部创业资源具有很强的明确性，因此，内部资源整合的最根本目标就是如何更有效地配置和使用这些资源，而不是像外部资源整合那样需要不断地发掘各种新的资源主体。因此，可以把内部创业资源整合形象地比喻为“内部挖潜”。鉴于内部创业资源的特点，在内部资源整合的过程中应当注意以下基本原则。

①公平原则。对于具有相对独立的利益主体特征的资源，在整合的过程中要体现不同资源主体之间的公平原则。尤其是对于内部的人的资源，由于创业者或者创业企业员工之间平时相互都有沟通，不公平的现象很容易就浮现出来，给整合带来负面的影响。

②当前利益与长远利益相结合的原则。创业资源整合的根本目的就是实现创业企业利益的最大化，但是这个利益还有当前和长远之分。因此，在内部创业资源整合的时候，就要充分协调好当前利益与长远利益之间的冲突。任何基于当前利益而对创业资源的过度开发，都会给企业的长远发展带来隐患。

③缓冲原则。遇到困难和挫折是创业企业常有的事情，而应对这些困难和挫折可更多地要依靠创业企业的自有资源，因为任何一个利益主体都不会愿意冒太大的风险去帮助一个新创建的企业。因此，在对内部资源整合的过程中，一定要留有余地，以满足不时之需。比如在资金方面，适当的储备资金是有一定必要性的，因为创业企业在处于困境情况下的二次融资是非常困难的。

(2) 内部资源整合的基本思路和方法

①对内部人的资源的整合。在创业企业甚至创业团队当中，创业者和员工作为一个一个的利益主体能够集合在一起，是因为大家具有一些共同的目标和需求。但不可忽视的是，每个人又有着一些自身的独特需求和目标。这种独特的需求和目标既为整合提供了可能，同时也对整合提出了挑战。

基于人的趋利性，对人的整合就必须与激励机制结合起来，在适当成本的前提下，使得所有内部人的利益（不一定是经济利益）总和最大化应当是对人的整合的根本目标。除了经济利益以外，企业及个人的发展前景和企业文化（或团队文化）的塑造也是整合人的资源的有效措施。此外，给内部人以展示的机会和场合也是实现人的资源的有效整合的重要前提，因为只有这样才能了解每个人的素质和能力，才能更好地进行人员分工。

②对内部资产性资源的整合。资产性资源就是指创业企业内部的固定资产、流动资产和资金等。除了不具备利益主体的特性以外，资产性资源还具有很强的可度量性。因此，强化财务管理是实现对资产性资源有效整合的重要工具。

具体来说，就是要建立起完善的财务管理和决策的相关体系和制度，对资产性资源的配置和使用进行财务核算，以经济效益作为选择整合手段和方法的重要标准。

③注重时间对资源整合的影响。时间可以看作创业企业的一种重要的内部资源。时间的效益主要是通过影响其他资源的配置来实现的。以机器设备为例，很多技术含量较高的生产设备，其报废可能不是因为物理磨损，而是技术磨损。也就是说，这些机器设备尽管还可以运转，但其技术水平已经落后了，已经被新的机器设备所取代了。这样，就可以通过这些机器设备的更多连续运转来尽量降低技术进步带来的风险，这也就体现了时间对资源整合的影响。

2. 外部资源整合

（1）外部资源整合的目标和原则

由于创业者或者创业企业对外部资源缺乏控制权和支配权，因此，外部创业资源整合无论在难度上还是在进展的缓慢程度上都高于对内部资源的整合。或者可以说，对内部资源进行整合的目的就是提高效率，不存在不可使用这些资源的问题。而在外部资源整合方面，基本的目标则是保证可以利用这些外部资源，然后才能谈到效率问题。在外部资源的整合上，应当遵循如下几个基本原则。

①比选原则。由于外部资源的多样性，某一创业任务的外部资源可能会有多个，使用每个外部资源都具有不同的收益、成本和不确定性。因此，创业者要根据创业项目发展的需要、自身的实力以及这些资源的特点，选择最适合的外部资源。

②信用原则。与外部创业资源打交道，实际上就是在与人打交道。因此，在外部资源的整合过程中，信用和信誉将是决定能否长期利用某些资源的关键因素。

③提前原则。由于外部资源整合的难度较大、进展相对较慢，并且外部资源的发现也需要一定的过程，所以不能等到需要的时候再去考虑外部资源的整合，而是应当具有一定的超前眼光，适当提前开始某些外部资源的整合。

（2）外部资源整合的过程

①资源整合前的准备：建立个人信用，积累人脉资源。

②测算资源需求量：估算启动资金；测算营业收入；编制预计财务报表，结合企业发展规划预测资源需求量。

③编写商业计划。

④确定资源来源。

⑤资源整合谈判。

（3）外部资源整合的基本思路和方法

①重视信息的作用。很多外部创业资源首先要去找，找到之后才谈得上应用问题。因此，信息就成为外部创业资源整合的基本要素。要想获得很好的外部资源整合效果，就必须找到尽量多的能够满足某一具体创业目标的资源要素，然后再去选择最适合的。

②适当地引入竞争。在某些情况下，有些外部资源可能会主动希望参与创业企业的资源整合。比如，对于一个非常有前景的创业项目，可能会有很多机构愿意作为其产品的代理。此时，创业企业或创业者就可以通过进入竞争的方法，来获得对自己更为有利的代理条件。

③注重成本分析和不确定性分析。外部资源的整合不仅在效果上，甚至在成本上都存在着很强的不确定性。如何看待和处理这些不确定性将是影响外部资源整合的重要因素。

技能训练 4-2

关于创业资源的三个问题

①需要什么资源？

②何时需要资源？

③如何获得资源？

任务二　创业融资

一、什么是创业融资

（一）创业融资的定义

融资是资金融通的简称，它是指资金从资金剩余部门流向资金短缺部门。广义的融资既包括资金的融入，也包括资金的融出，如借出款项、购买股票与债券等投资行为。狭义的融资仅指资金的融入，是指企业为了重置设备、引进新技术、进行技术与产品开发、对外投资、兼并企业、资金周转、偿还债务、调整资金结构等目的而进行的筹集资金的行为。

创业融资是指创业企业根据自身发展的要求，结合生产经营、资金需求等现状，通过科学的分析和决策，借助企业内部或外部的资金来源渠道和方式，筹集生产经营和发展所需资金的行为和过程。

资金是企业的血液和氧气，直接关系着创业企业的生死存亡。对于多数创业者来说，资金仍然是稀缺的资源，获取资金的技能和有关知识是创业者需要学习的重要内容之一。了解融资渠道、筹措创业资金是成功创业首要且必不可少的先决条件。

（二）创业融资的特点

1. 创业融资需求的阶段性

（1）种子期融资需求特征

资金需求较少；没有任何收入记录，资金来源有限；面临技术、市场、财务及创业团队不稳定等风险。

（2）启动期融资需求特征

资金需求量逐步增大，企业无盈利记录，缺少抵押、担保能力，企业仍面临较大的风险。

（3）成长期融资需求特征

资金需求量急剧增加，需要大量资本投入生产运营，依靠个人资金不能满足企业的需要。

（4）成熟期融资需求特征

企业步入稳定发展轨道，风险显著下降，资本需求量稳定且筹资较前面任何一阶段更加容易，新机会的出现仍需外部资金来实现高速增长和规模扩大。

2. 创业融资难的根源

创业者，尤其是那些所处行业不那么吸引人的或事业刚刚起步的创业者，寻求外部资金的支持非常困难。大学生创业报告显示，阻断大学生创业梦想的拦路虎是资金匮乏。从理论上讲，创业者及团队融资难的主要原因在于创业活动的高风险性，它要源自以下两个方面。

（1）创业企业的不确定性。

首先，从创业活动本身来看，创业面临非常大的不确定性。创业企业的不确定性比既有企业的不确定性要高得多，创业企业缺少既有企业所具备的应对环境不确定性的经验，尚未发展出以组织形式显现出来的组织竞争能力。其次，存在信息悖论。一方面，投资者希望得到新企业的价值信息，如新产品需求、财务绩效、创业者管理能力等，并据此作出投资决定；另一方面，上述内容在投资前无从知晓，因为没有资金投入，这些都不会发生。此外，投资者为了减少其预期损失，希望当新创企业没有价值时，创业者能偿付全部融资。实际上，如果新企业失败，创业者实际上难以偿付投资者的投资。

（2）贷款人对创业者或创业团队及商机本身的认知不充分，即信息不对称。

创业者不愿意向投资者透露信息，创业者拥有项目信息优势，与创业者相比，投资者则处于相对信息劣势的地位。投资前的信息不对称可能导致逆向选择；投资后的信息不对称则与道德风险有关。

一个真正的创业者首先要具备克服困难的信心。创业者应该感谢融资的困难，因为它使很多有创业想法的人在一开始就退出了创业的赛场，那些不畏惧困难的创业者已经获得了首回合较量的胜利。化解融资难题，创业者需要了解创业融资的特点和融资渠道。

（三）创业融资的分类

根据创业融资的来源、期限、性质、有无中介参与等，可分为内源融资与外源融资、短期融资与长期融资、股权融资与债权融资、直接融资与间接融资。

1. 内源融资与外源融资

这种分类方式是按照资金是否来自企业内部来进行划分。

（1）内源融资

内源融资是指企业依靠其内部积累进行的融资，具体包括三种方式：资金、折旧基

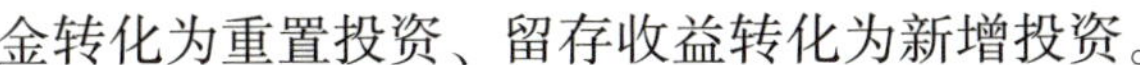

金转化为重置投资、留存收益转化为新增投资。

（2）外源融资

外源融资是指企业通过一定方式从外部融入资金用于投资。一般来说外源融资是通过金融媒介机制形成，以直接融资和间接融资形式实现。

2. 短期融资与长期融资

这种分类是按照资金使用及归还年限进行划分。

（1）短期融资

短期融资是指融入资金的使用和归还在一年以内，主要用于满足企业流动资金的需求，包括商业信用、银行短期贷款、票据贴现、应收账款融资、经营租赁等。

（2）长期融资

长期融资是指融入资金的使用和归还在一年以上，主要满足企业购建固定资产、开展长期投资等活动对资金的需求。长期融资方式主要有：发行股票、发行债券、银行长期贷款、融资租赁等。

3. 股权融资与债权融资

这种分类主要按企业融入资金后是否需要归还来划分。

（1）股权融资

股权融资是指企业融入资金后，无须归还，可长期拥有，自主调配使用，如发行股票筹集资金。

（2）债权融资

债权融资是指企业融入资金是按约定代价和用途取得的，必须按期偿还，如企业通过银行贷款所取得的资金。

4. 直接融资与间接融资

这种分类主要是按照企业融资时是否借助于金融中介机构的交易活动来进行划分。

（1）直接融资

直接融资是指企业不经过金融中介机构的交易活动，直接与资金供给者协商借款或发行股票、债券等来融资。另外，政府拨款、占用其他企业资金、民间借贷和内部集资等都属于直接融资范畴。

（2）间接融资

间接融资是指企业通过金融中介机构间接向资金供给者融通资金的方式，包括银行借贷、非银行金融机构租赁、典当等。

二、如何预测创业启动资金

（一）创业资金测算

财务计划是指企业在未来一定时期内以货币形式反映创业经营活动所需要的资金及其来源、财务收入和支出、财务成果及其分配的计划，是创业计划中的一项重要内容。创业者在融资前，需要对自己的创业项目进行系统的规划，谋定而后动。根据规划的内容，进行创业启动资金估算，考虑不确定因素后，确定融资额度，然后进入融资阶段。

启动资金是指企业开业初期运作所必需的资金，用来支付场地（土地和建筑）、办公家具和设备、机器、原材料和商品库存、营业执照和许可证、开业前广告和促销、工资以及水电费和电话费等费用的资金。总的来说，可以归为固定资产投资和流动资金。

1. 投资（固定资产）预测

投资（固定资产）是指为企业购买的价值较高、使用寿命长的东西。这部分投资的多少就要根据企业的性质不同而不同，有的企业用很少的投资就可以开办，有的企业却需要大笔的投资才可以开办。我们所需要考虑的是如何把必要的投资降到最低，以节省成本，使企业把创业风险降到最低。这部分投资是必需的，但是要适度。

由于购买固定资产的支出通常较大，而且通常在几年甚至更长的时间后才可以收回这笔投资，因此，在企业开办前，很有必要来测算一下自己的企业到底需要多少资金进行投资，那么就要了解投资（固定资产）主要用于哪些方面。一般情况下，该类投资可分为两类：一是企业用地和建筑，二是设备。

（1）企业用地和建筑

如造房、买房、租房、在家办公等。无论是要办企业还是开公司，都需要有适用的场地和建筑。根据所开设公司和企业的不同，其所需要占用的建筑大小也不一样。所需要占用的建筑面积不一样，你所需要的投资也不同，如果初建公司或企业时，可以在家开始工作，就能降低投资。如前所述，你已经决定了自己企业的位置。在这里你需要了解的就是自己的企业具体需要什么样的建筑和场地等问题。

当你清楚了需要什么样的场地建筑时，要作出以下选择。

①建造新的建筑，即盖新房。这种方案在你的企业对场地和建筑有特殊要求时比较适用，其不利之处就是需要大量的资金和时间。

②买现成的建筑，也就是我们通常说的买房。如果你能在优越的地理位置找到适合自己开办公司或者企业的建筑，那么买现成的房是一个既简便又快捷的选择。但是这个

方案的不利之处就是，现成买的房子往往需要经过改造才能完全适合企业的需要，而且需要花大量的资金。

③租房。跟前两种方案相比，租房比造房和买房所需要的启动资金要少，这种选择也比较灵活。如果是租房，当你需要改变企业地点时，就很容易搬迁。但是这种方案不像自己有房那么安稳，而且你也得自己投资进行装修才可以完全适用于开办公司或者企业。

④在家办公。在家办公是这几个方案中投资最少的一个选择，但即使是这样也需要作些调整。在公司或者企业刚刚起步并且对以后的发展方向不是很确定的情况下，在家办公是很好的选择，等企业粗具规模后再考虑租房或者买房也不晚。这个选择的不足之处就是，由于在家工作，业务和生活难免会相互干扰。

（2）设备

设备是指所创建的企业所需要的所有机器、工具、工作设施、车辆、办公家具等。对于制造商和一些服务行业，最大的需要往往是设备。一些企业需要在设备上大量投资，因此，了解清楚需要什么设备以及选择正确的设备类型就显得非常重要了。即使是你的企业只需要少量设备，也要慎重考虑你确实需要哪些设备，并将其写入创业计划。

技能训练 4-3

创业启动资金估算（1）

根据你的创业项目，测算你的固定资产。

项目	具体情况	价值（元）
企业用地和建筑		
设备		
总计		

2. 流动资金预测

流动资金是指企业用于购买、储存劳动对象（或商品）以及占用在生产过程和流通过程的那部分周转资金，是企业日常运转所需要支出的资金。从流动资金的构成要素看，它包括用于购买原材料等劳动对象（或商品）、支付工资和其他生产费用（或流通费用）的资金。

（1）流动资金的特点

①流动资金在企业再生产过程中循环往复，其存在形态具有变动性。要使企业流动资金周转顺利地进行，必须合理配置各种资金存在形态，组织好供产销的平衡和衔接。

②流动资金在企业再生产过程中，随着供产销的变化，资本占用的数量起伏不定，具有波动性。

（2）流动资金支付的开销

你的企业在开张一段时间以后才能有销售收入。不同类别的企业都需要在经过一段时间的投入以后才可以有收入：制造商在销售之前必须先把产品生产出来；服务企业在开始提供服务之前要买材料和用品；零售商和批发商在卖货之前必须先买货，所有这些类型的企业在销售产品之前必须先花时间和费用进行促销以吸引消费者。总之，你需要流动资金来支付以下的开销。

①原材料和成品储存。制造商生产产品时需要原材料；服务行业的经营者需要材料；零售商和批发商需要储存商品来销售。你预计的库存越多，你需要用于采购的流动资金就越大。既然购买存货需要资金，你就应该将库存降到最低程度。

不少企业认为库存是必要的，多一点储存，就多一点保险。但同时又发现，资金都积压在原材料、在制品和成品上，企业的利润有相当一部分被贷款利息抵销了。由于库存较长，还会锈蚀变质，产生损失。在加工或装配之前，又得花上很多时间去修整。在制品和库存物资都得用很多人去清点、整理。这种无效劳动和浪费隐藏在企业的每个角落。

如果你是个制造商，必须预测生产需要多少原材料库存，这样你可以计算出在获得销售收入之前你需要多少流动资金。如果你是一个服务提供商，必须预测在顾客付款之前，你提供服务需要多少材料库存。零售商和批发商必须预测他们在开始营业之前，需要多少商品库存。

需要指出的是，如果你的企业允许赊账，资金回收的时间就更长，你需要动用流动资金再次充实库存。

②促销。你的新企业开张时，就需要促销自己的商品或服务，而促销活动需要流动资金。促销费用在你的新企业开张后也将会占用你的一部分资金。

③工资。如果你的公司或者企业雇用员工，在起步阶段你就得给这些员工支付工资。你还要以工资方式支付自己家庭的生活费用。计算流动资金时，要计算用于发放工

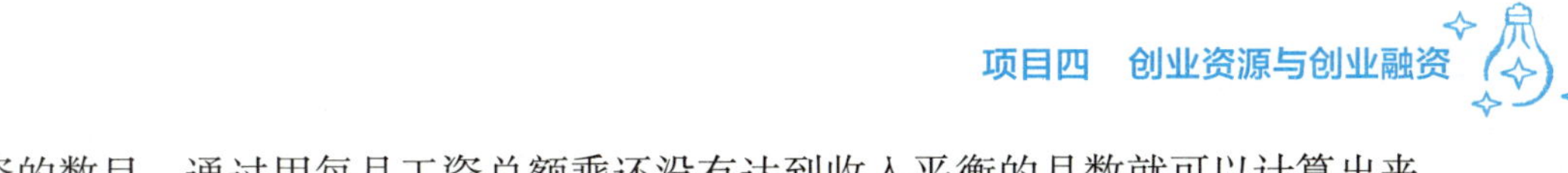

资的数目，通过用每月工资总额乘还没有达到收入平衡的月数就可以计算出来。

④租金。正常情况下，企业一开始运转就要支付企业用地用房的租金。计算流动资金里用于房租的金额，用月租金额乘还没有达到收支平衡的月数就可以得出。而且，还要考虑到租金可能一付就是 3 个月或 6 个月，甚至更长时间，会占用更多的流动资金。

⑤保险。同样，你的企业一开始运转，就必须投保并支付所有的保险费，这也需要一定的流动资金。

⑥其他费用。在企业起步阶段，还要支付一些其他费用，例如电费、文具用品费、交通费等。

技能训练 4-4

创业启动资金估算（2）

根据你的创业项目，测算你的流动资金。

项目	具体情况	价值（元）
原材料和成品储存		
工资		
促销		
租金		
其他费用		
总计		

创业者在估算创业启动资金时，首先，应尽可能地列出所有支出，以免遗漏，当然，同时也要想方设法节省开支，减少不必要的开销，以提高资金的利用效率。其次，按照固定资产投资和流动资金分类，可以做一个启动资金估算表。最后，合计“固定资产投入”与“流动资金”总和，确定融资额度。

（3）估算创业启动资金应注意的问题

①创业初期，应从小做起，实事求是，量力而行。设备不必全部购置，可以节约资本；非核心机件的加工可以采取委托加工；只要不影响产品质量，可以尽量租赁设备。

②企业流动资金和固定资金的占有比例必须恰当。创业者对于以上两项资金的预测，应根据不同行业特征、经营规模和产销要求筹划。

③办企业前，根据销售预测计算你的启动资金，对启动时需要的资金有个大致的了

解。如果差距太大了，就缩小你的规模，重新预测；如果差距不大，就可以考虑贷款，以补足启动资金的不足。

（二）财务制作的基本要求与内容

初创者应认识会计的六大要素，六大要素分别是：资产、负债、所有者权益、收入、费用和利润。六大要素组成的会计等式如下：

资产=负债+所有者权益

收入-费用=利润

1. 资产

资产是指由过去的交易或者事项形成的，由企业拥有或者控制的，预期会给企业带来经济利益的资源。该资源在未来会给企业带来某种直接或间接的现金和现金等价物的流入。资产按其流动性的不同，划分为流动资产和非流动资产。

2. 负债

负债是指由于过去的交易或事项所形成的，预期会导致经济利益流出企业的现时义务。负债按其流动性不同，可以分为流动负债和非流动负债。

3. 所有者权益

所有者权益是指资产扣除负债后由所有者享有的剩余权益。其实质是企业从投资者手中所吸收的投入资本及其增值，同时也是企业进行经济活动的“本钱”。所有者权益根据来源的不同，可以分为实收资本、资本公积、盈余公积和未分配利润。

4. 收入

收入是指企业在日常活动中形成的，会导致所有者权益增加的，与所有者投入资本无关的经济利益的总流入。收入根据不同的来源，划分为主营业务收入、其他业务收入、营业外收入、投资收益。

5. 费用

费用是指企业在日常经营活动中发生的，会导致所有者权益减少的，与向所有者分配利润无关的经济利益的总流出。费用包括营业成本和期间费用。

6. 利润

利润是指企业在一定会计期间的经营成果，包括收入减去费用后的净额、直接计入当期利润的利得和损失等。利润按其构成的不同层次可划分为营业利润、利润总额和净利润。

（三）财务报表的预算

1. 资产负债表的预算

资产负债表是财务计划的主要内容，可以综观某一时点初创企业的财务状况。它是根据会计的恒等式“资产=负债+所有者权益”来编制的。该表中的资产反映企业现有资源的分布情况，负债和所有者权益反映企业资金来源的两个渠道。

初创企业通常需要编制未来三年的资产负债表，为便于年度比较，采用“报告式”，就是按资产、负债、所有者权益的顺序排列，如表 4-3 所示。

表 4-3　预编资产负债表

单位：万元

项目	初期	第 1 年	第 2 年	第 3 年
资产				
一、流动资产				
货币资金	450	26	23	24
应收账款	–	209	237	273
存货	–	203	227	255
其他资产	–	8	10	11
流动资产合计	450	446	497	563
二、非流动资产				
固定资产	–	264	282	302
减：累计折旧	–	20	43	71
无形资产	–	–	–	–
非流动资产合计		244	239	231
资产合计	450	690	736	794
项目	初期	第 1 年	第 2 年	第 3 年
负债				
一、流动负债				
短期借款	–	–	–	–
应付账款	–	62	90	102
应付职工薪酬	–	–	–	–
应缴税费	–	36	25	26
其他应付款	–	10	10	10

续表

项目	初期	第 1 年	第 2 年	第 3 年
流动负债合计		108	125	138
二、非流动负债				
长期借款	–	105	95	85
非流动负债合计	–	105	95	85
负债合计		213	220	223
所有者权益				
实收资本	450	477	516	571
资本公积	–	–	–	–
盈余公积	–	–	–	–
未分配利润	–	–	–	–
所有者权益合计	450	477	516	571
负债和所有者权益合计	450	690	736	794

2. 利润表的预算

初创企业的利润表是反映企业在某一会计期间的经营成果的财务报表，它把一定期间的营业收入与同期间的相关营业费用进行配比，从而计算出初创企业一定期间的净收益或净亏损，如表 4–4 所示。

表 4–4　预编利润表

单位：万元

项目	第 1 年	第 2 年	第 3 年
一、营业收入	100	150	200
减：营业成本	50	70	85
营业税金及附加	2	3	4
销售费用	5	8	10
管理费用	10	20	30
财务费用	3	3	3
资产减值损失	–	–	–
加：公允价值变动收益	–	–	–
投资收益	–	–	–
二、营业利润	30	46	68

续表

加：营业外收入	–	–	–
减：营业外支出	–	–	–
三、利润总额	30	46	68
减：所得税费用（所得税税率 25%）	7.50	11.50	17
四、净利润	22.50	34.50	51

3. 现金流量表的预算

现金流量表是反映企业一定时期现金流入和流出动态状况的报表，其组成内容与资产负债表和利润表相互一致，主要包括经营活动产生的现金流量、投资活动产生的现金流量和筹资活动产生的现金流量三个部分，如表 4-5 所示。

表 4-5 预编现金流量表

单位：万元

项目	第 1 年	第 2 年	第 3 年
一、经营活动产生的现金流量			
销售商品、提供劳务收到的现金	1293	1491	1620
收到的其他与经营活动有关的现金	–	–	–
现金流入小计	1293	1491	1620
购买产品、接受劳务支付的现金	510.50	551.60	632
支付给职工以及为职工支付的现金	300	300	300
支付各项税费	51	66	83
支付的其他与经营活动有关的现金	13	20	84
现金流出小计	874.50	937.60	1099
经营活动产生的现金流量净额	418.50	553.40	521
二、投资活动产生的现金流量			
收回投资所收到的现金	–	–	–
现金流入小计			
购建固定资产支付的现金	264	18	20
投资活动产生的现金流量净额	(264)	(18)	(20)
三、筹集活动产生的现金流量			
吸收投资所收到的现金	477	39	55
借款所收到的现金	–	–	–
收到的其他与筹资活动有关的现金	–	–	–

续表

项目	第 1 年	第 2 年	第 3 年
现金流入小计	477	39	55
偿还债务所支付的现金	16. 20	18	18
分配股利、利润或偿付利息所支付的现金	-	-	-
支付的其他与筹资活动有关的现金	-	-	-
现金流出小计	16. 20	18	18
筹资活动产生的现金流量净额	460. 80	21	37
四、现金及现金等价物净增加额	615. 30	556. 40	538

（四）制订现金流量计划

现金就像是企业这台发动机运转的燃料，有些企业经营者由于缺乏管理现金流量的能力，企业经营中途抛锚。现金流量计划显示每个月预计有多少现金流入和流出企业。

1. 制订现金流量计划可能遇到的问题

在大多数企业里，每天都要收取和支付现金，一个成功的创业者一定要制订好现金流量计划。当然，制订现金流量计划绝非易事，下列原因会为制订现金流量计划带来困难。

（1）销售赊账

有些销售需要赊账，赊销通常在几个月后才能收回现金。当在制订市场营销计划时，如果包含了赊销政策，就要考虑到这个因素。

（2）采购赊账

有时企业采购会赊账，以后再付现金，这也会使现金流量计划的制订变得更加复杂。但赊账对于一个新企业而言不太可能，因而也就不太常见。

（3）现金储备

企业的某些费用是“非现金的”，如设备折旧这样的项目将不包括在现金流量计划里。但是，当设备折旧期一过，就可能丧失功能，你必须用现金购买新设备。如果没有考虑到这个因素，未备足现金，将会给企业的正常运转带来麻烦。

制订现金流量计划，会使你时常确定自己的流动资金需求。现金流量计划有助于确保自己的企业在任何时候都不会发生无现金经营的窘境。

2. 重视账款回收

在制订现金流量计划的同时，新企业还应当注意账款的回收，以下几点可以参考。

（1）从思想上高度认识减少与回收应收账款的意义

要高度重视并妥善做好应收账款的清收工作。可以成立专门的应收账款清收小组并重视其成员的思想教育。

（2）树立信用风险意识，加强信用风险管理，防范与化解信用风险

在销售过程中，应加强对客户的资信管理，对企业的客户信息应当给予高度重视。客户资信管理的另一项核心工作就是要对客户，尤其是对有赊销业务往来的客户进行信用估测。另外，派专人负责回收账款。

（3）采取现金折扣的方式

这是企业为了鼓励客户在一定期限内早日偿还货款的一种办法。这种折扣的条件通常为2/30、1/60、全/90。它的意思是，如果客户在30天内偿付货款，就给予2%的折扣；60天内付款，就给予1%的折扣；90天内付款，就须全数收取。

（4）采取分期收款的方式

分期收款销货是商品的销售价款定期分次收回的销货方式。购货者付足全额货款有一定困难，而销货单位又急需一部分资金，那么这也是一种账款回收的方法。当然，分期收款销货的售价，通常比现销或普通赊销商品的货价要高一些。这是因为，部分差额可用来作为销货企业的信贷利息收入，部分差额可用来补偿它采用这种销售方式而可能受到的损失。

（5）采取贴现的方式提早收款

这种方式是应收账款形成或逾期后销货者急需使用资金，而购货者又无力偿还或不愿偿还的情况下所采取的妥协赎买的方式。不论偿还者是以自有资金还是向外筹借资金来偿还货款，收款人均给予一定比例的贴现金额，以刺激付款人的付款积极性，同时又满足销货人的资金需求。

（6）采取买方信贷的方式

对于一些大型基础工程用的大宗商品销售，可争取银行对销货方资金需求上的支持。以购货方的名义，在完善担保手续等前提下，向销货方主办银行申请取得贷款，款项入销货方账户。

（7）以应收账款作为抵押物进行融资

即借款企业与贷款者订立合同，以应收账款作为担保抵押品，在规定期限内（通常为一年）企业向贷款者借取资金。如果在用作担保品的应收账款中，有某一客户的账款到期却不能收回的，贷款者有权向借款企业追索。在这种方式下，账款仍旧由借款企业收取，收得的账款须如数偿还给贷款者。这时，借款企业要承担或有负债的责任，并在资产负债表中用附注予以披露。

（五）初创企业的财务内控

1. 建立财务控制制度

建立不相容职务分离制度；建立授权批准控制制度；建立会计系统控制制度。

2. 重视现金流的预算与控制

要根据“以收定支，与成本费用相匹配”的原则，来反映现金的流入与流出；根据现金流量预算，对日常现金流量进行动态控制。

3. 考虑投资的回报与付出

初创企业需要全面考虑新增投资的回报率、回收期，以及由于新增投资所带来的对企业现有能力的挑战和管理合作等问题，更需要客观评价新增投资的发展前景以及现有业务发展的价值。

4. 充分利用创业平台

充分利用所在地区的创业园区、孵化器等产业平台，争取政府基金及政策性贷款和创新创业基金扶持以及创业园区或孵化器的低价场地等。

5. 懂得开源节流

开源节流是企业经营中最朴实、最实用的策略。节流不是简单地减少支出，而是通过费用支出结构分析、支出的必要性和经济性分析，采取措施来改善费用支出的效果。

6. 加强资金控制和风险防范

资金的控制主要有货币资金控制、销售与收款控制、采购付款控制、成本费用控制等。企业可以从现金和应收账款的管理开始控制。

三、创业资金筹措渠道

（一）融资

你已经确定了金额，现在要考虑从哪里筹措到这笔资金。

钱是有的，关键是到哪里去找。

1. 融资的概念

融资主要是指资金的融入，也就是资金来源，具体是指通过一定的渠道，采用一定的方法，以一定的经济利益付出为代价，从资金持有者手中筹集资金，满足资金使用者在经济活动中对资金需要的一种经济行为。融资有广义和狭义之分。广义的融资还包括某一经济主体通过一定方式在自己内部进行资金融通。狭义的融资仅指不同资金所有者之间的资金融通，即资金从资金供给方流向需求方。

了解企业的融资类型和融资方式，对企业的生存和发展是极其关键的。创业者通过合理选择融资方式和融资渠道，尽可能降低资金成本，将初创企业的财务风险控制在一定范围之内。通过对企业不同发展阶段的融资需求特点的分析，有利于创业者作出科学的融资决策，使得创业企业实现可持续发展。

2. 融资的方式

从融资主体角度，创业融资的方式可以划分为三个层次：第一层次为内源融资和外源融资；第二层次将外源融资划分为直接融资和间接融资；第三层次则是对直接融资和间接融资再作进一步的细分。

（1）内源融资

内源融资是指企业依靠其内部积累进行的融资，包括资本金（除股本）、折旧基金转化为重置投资和留存收益转化为新增投资。

（2）外源融资

外源融资则是指企业从外部融入资金用于投资。

（3）直接融资

直接融资是指企业作为资金需求者向资金供给者直接融通资金的方式，即企业不通过银行等金融机构，而是通过证券市场直接获得资金的一种融资方式，一般是指发行股票和债券等。具体有股权、债权、内部集资、融资租赁等形式。

（4）间接融资

间接融资则是企业通过金融中介机构间接向资金供给者融通资金的方式，即企业通过银行等金融机构获得资金的一种融资方式，一般是指银行或非银行金融机构的贷款等。包括抵押贷款、担保贷款、票据贴现贷款、买方贷款、项目开发贷款、出口创汇贷款等形式。

3. 融资成本

融资成本包括融资的显性成本和隐含成本。

（1）显性成本

显性成本就是创业企业的加权平均资本（包括资金筹措和资金占用费）。

（2）隐含成本

隐含成本包括创业者融资时所出让的所有权份额、融资不成功所错失商机的机会成本和创业企业融资契约安排下的代理成本。首先，创业风险大，因此，投资者要求的所有权份额高。其次，缺少抵押和担保，因此，资金筹措费用较高。最后，创业者拥有创意，投资者有资金，融资的代理成本较高。

4. 融资动机与偏好

创业企业融资有不同的动机，根本原因是为了企业的发展。

(1) 融资动机

融资动机有提高核心能力、扩大市场规模和份额、提高企业盈利能力。

(2) 融资偏好

融资资源有各种偏好和方式，包括他们将提供多少资金、在创业企业生命周期的哪个阶段投资、资本的成本或他们寻求的预期年回收率。

创业者的融资偏好，应与投资者偏好、融资成本、融资风险以及创业企业的投资性等匹配。

阅读材料 4-2

融资相关的那些名词

(1) PE 与 VC

区别	PE (Private Equity) 私募股权投资	VC (Venture Capital) 风险投资
组织结构	有限合伙型	公司制型
投资阶段	拟上市公司	新创或成长期企业
投资规模	较大	较小
投资理念	协助上市后套现退出	高风险高收益
投资性质	战略性投资或产业整合	财务性投资
投资方式	可以控股	参股

两者的相互转换已司空见惯，如著名的 PE 机构凯雷 (Carlyle) 也涉及 VC 业务，其投资的携程网、聚众传媒等便是 VC 形式的投资。

(2) 公募与私募

2023 年 7 月，国务院公布了《私募投资基金监督管理条例》（以下简称《条例》），旨在规范私募投资基金（以下简称私募基金），保护投资人及相关当事人合法权益，促进私募基金行业规范健康发展。《条例》共 7 章 62 条，包括：总则、私募基金管理人和私募基金托管人、资金募集和投资运作、关于创业投资基金的特别规定、监督管理、法律责任和附则。《条例》将自2023年9月1日起施行。

(3) 上市公司

上市公司是指所发行的股票经过国务院或者国务院授权的证券管理部门批准在证券交易所上市交易的股份有限公司。

上市公司是股份有限公司的一种，这种公司到证券交易所上市交易，除了必须经过批准外，还必须符合一定的条件。

(4) IPO

IPO是Initial Public Offerings（首次公开发行股票）的缩写。即企业通过一家股票包销商（Underwriter）以特定价格在一级市场（Primary Market）承销其一定数量的股票，此后，该股票可以在二级市场或店头市场（Aftermarket）买卖。

IPO是风投退出渠道之一，也是风投最喜欢的一种退出方式，还是获利最丰厚的一种退出方式。因此，IPO给了风投们一个退出机制。当然，风投也有失败的可能。

创业案例 4-4

从0到1再到N：字节跳动的“三次飞跃”

第一次飞跃

字节跳动的“第一次飞跃”，发生在今日头条从100万日活跃用户向1000万日活跃用户高速发展的阶段。有100万日活跃用户，说明市场对这款产品还是有一定接受度的，而不到1000万，则说明产品的市场影响力还较为有限。为了迅速进行品牌传播，字节跳动充分利用了技术优势，通过搜索技术设置了超过100万关键字的SEO（目的是让自身的网址在搜索引擎中有更高的排名和权重），将百度的热点内容大面积爬取，利用人工智能技术进行重新筛选和整合，并通过算法将用户的增长漏斗模型极致优化，继而进行精准分发。

彼时的百度还沉浸在最大的竞争对手谷歌战略放弃中国市场的喜悦当中，百度有着搜索和内容上的巨大优势，完全看不上字节跳动的这种做法，当它终于意识到情况不妙时，今日头条的日活跃用户数量已经突破了1000万大关，以极高的速度向2000万迈进，成为市场中不可忽视的一股新兴力量。

第二次飞跃

今日头条在坐拥1000多万日活跃用户，逼近2000万日活跃用户之后，不可避免地与腾讯发生了碰撞。在如日中天的腾讯面前，字节跳动只是个体量极小的轻量级选手，如果正面较量，字节跳动必将毫无悬念地败北。字节跳动通过技术手段，让用户从微信上看到今日头条的内容，从而便捷地拉起今日头条的内容页面，以极低的成本获取用户，通过聪明的产品设计，甚至获得了部分微信社交关系。彼时的微信是个巨大的富矿，无数生态在此萌芽，微信团队每日需要处理的事务极其庞杂，尚无暇顾及字节跳动。等到回过神来，微信团队才发现此前的轻量级选手已经长满了肌肉，拥有了超过 6 000 万的日活跃用户。虽然其尚无法与接近 10 亿活跃用户的巨头微信竞争，但是已经对腾讯的媒体业务形成了极大的潜在威胁。

第三次飞跃

字节跳动的“第三次飞跃”发生在另一款现象级产品抖音诞生初期。当抖音的日活跃用户数量迈上 1000 万大关之时，已证明短视频是一条行之有效的增长之路。有了最真实的用户数据做支撑，为此，字节跳动拿出了 20 多亿元资金在两个星期内集中投放，全都用于购买稀缺内容。与此同时，其主要竞争对手 BAT 并未看到如此巨大魄力的投入。

启示：只要认准了市场，确定能为用户创造价值，那就迅速决策、不怕犯错，大力出奇迹。创业公司资源有限，用最小的成本换来最大的回报和最高速的发展便是创业公司的最优解。这就是始终创业、奉行大力出奇迹的字节跳动，它永远比竞争对手先行一步。如果像其他企业那样，开战略会经各层级反复协商，机会和风口便会转瞬即逝。

（资料来源：https：//www. sohu. com/a/419557981_ 117194 有改动）

（二）融资渠道

1. 融资渠道的概念

融资渠道是指企业筹措资金的方向和通道，体现了资金的来源和流量。

2. 创业融资渠道

（1）自我融资

创业企业融资，首先考虑的应该是内源融资，即创业企业应该先尽可能地实现自有资金的积累。

自我融资是指创业者将自己的部分甚至全部积蓄投入新企业创办之中。有研究表明，70%的创业者依靠自己的资金为新企业提供融资。个人资金具有使用成本低、得来容易、使用时间长的优势，其他投资者在提供资金支持时，也会考虑到创业者个人资金投入的情况。但是，个人资金是有限的，远不能满足创业资金需求。

（2）亲情融资

亲戚朋友一般都是创业者理想的贷款人，许多成功的创业人士在创业初期都借用过亲戚朋友的资金。这种渠道具有速度快、风险小、成本低的优点，但是可能会给亲友带来资金风险甚至资金损失，如果创业失败就会影响双方感情。

（3）政策基金融资

近年来，政府充分意识到创业对促进经济增长、扩大就业和推动技术创新有着非常重要的作用。为此，各级政府相继设立了一些政府基金对创业予以支持，主要包括科技创新基金、政府创业基金、专项基金。由政府主导的创业扶持基金不但能为企业带来现金流，更是企业壮大无形资产的利器。

政府提供的创业扶持基金通常被称为创业者的“免费皇粮”，因此，被创业者高度关注。其优势是不用担心投资方的信用问题，一般是免费的，进而降低或者免除了创业者的融资成本。但是政府每年的投入是有限的，申请创业基金有严格的申报要求，竞争激烈。

（4）金融机构贷款融资

金融机构贷款是指企业向商业银行和非银行金融机构借入的资金。其中商业银行是国家金融市场的主体，资金雄厚，可向企业提供长期贷款和短期贷款，因此，商业银行贷款是企业经营时采用的主要筹资方式。在我国，股份制商业银行以及各级农村信用社是创业者获得银行贷款的重要来源。

这种融资方式的优点有：融资成本低，运营良好的企业在债务到期时可以续贷。缺点有：一般要提供抵押（担保）品，还要有不低于30%的自融资金，可能导致财务危机，手续烦琐，时间长。

（5）天使投资

天使投资是权益资本投资的一种形式，是指具有一定净财富的个人，对具有巨大发展潜力的初创企业进行早期的直接投资，属于一种自发而又分散的民间投资方式。

天使资本主要有三个来源：曾经的创业者；传统意义上的富翁；大型高科技公司或跨国公司的高级管理者。

天使投资虽是风险投资家族的一员，但与常规意义上的风险投资相比，又有着以下几点不同之处：一是投资者不同。天使投资人一般以个体形式存在。二是投资金额不同。天使投资的投资额相对较少，在我国，每笔投资额为50万元到500万元。三是投资审查程序不同。天使投资对创业项目的审查不太严格，大多是基于投资人的主观判断或喜好而决定，手续简便，而且投资人一般不参与管理。天使投资更注重提供增值服务。

在风险投资领域，“天使”这个词指的是企业家的第一批投资人，这些投资人在公司产品和业务成型之前就把资金投进来。天使投资通常是初创企业家的朋友、亲戚或商业伙伴，由于他们对该企业家的能力和创意深信不疑，因此，愿意在业务开展之前就投入大笔资金。

比如，牛根生在伊利期间因为定制包装制品与谢秋旭成为好友。当牛根生自立门户之时，谢秋旭作为一个印刷商人，慷慨掏出现金注入初创期的蒙牛，并将其中的大部分股权以“谢氏信托”的方式“无偿”赠予蒙牛的管理层、雇员及其他受益人，而不参与蒙牛的任何管理和发展规划。最终谢秋旭也收获不菲，380 万元的投入变成了 10 亿元。

虽然天使投资的操作程序较为简单，融资速度快，门槛也较低，但是很多民间投资者在投资的时候总想控股，因此容易与创业者发生一些矛盾。

寻找天使投资，获得“天使”的青睐，可以从下面几个方面着手。

①善用口碑，通过社交吸引“天使”。根据国外经验，有相当一部分天使投资是通过朋友、亲戚或社交圈介绍而达成的，特别是对一些非正式的股权投资者而言更是这样。现实当中，很多中小企业即使具有较好的管理团队和创业项目，也绝不能忽视对自身的信用资质、良好口碑的培养，这些往往都是天使投资者十分看重的内容。另外，也只有建立起规范的行为模式、企业声誉和社会影响，才能在业内受到广泛肯定，提高无形商誉，增强对投资者的吸引力。

②毛遂自荐，寻找自己心目中的“天使”。创业者往往都有一种盲目崇拜心态，对业内成功的企业和企业家顶礼膜拜，轻易不敢触及。创业者要破除这种心态，抱着“你助我发展，我帮你发财”的良好心态，在适当的情况下可以直接上门，毛遂自荐，去说服这些行业内的权威对自己投资，或帮助自己设计一条引资渠道。张朝阳就是直接找到了天使投资大师尼葛洛庞帝，说服其对搜狐投资，使搜狐成为中国最大的门户网站之一。

③主动介入，参加“天使聚会”。天使投资者常常有一些经常性的聚会，以交流投资心得、寻找投资项目和探索合作机会。创业者要广泛、持久地关注有关活动的消息，可以直接前去参加并提交自己的商业计划书或作一些项目展示。在国外，这样的机会非常频繁，也很公开，如各种主题俱乐部、社交聚会、公共论坛等。在国内，由于天使投资发展的历史较短，“天使”较少，但此类活动并不少。例如，许多民营企业家聚会、财经论坛、主题研讨会、沙龙活动等，事实上都是有利于获得天使投资的绝佳机会，应该成为一个值得关注的渠道。

④按图索骥，搜寻“天使”名录。国外的天使投资研究机构（如NVCA——美国全国风险投资协会、BVCA——英国风险投资协会）都出版有风险投资机构的名录，其中往往单独出版天使投资者名录，里面收录大量的“天使”名单。创业者如果需到国外融资，可以按图索骥，逐个联系。当然，还可以利用网络在线服务。在国内，尚未出现明确的天使投资协会和机构，但大量的投资信息散见于各种行业组织，如工商联合会、行业协会、投资公司等，均可作为寻求信息的载体。

⑤利用中介，善于说服。创业者还可以通过聘请自己的财务顾问、法律顾问、财经公关公司、金融咨询机构等方式，获得联系“天使”的渠道。特别需要说明的是，当创业者面对天使投资者时，说服“天使”的技巧和方法十分重要。大致而言，需要事先准备好一份高质量的商业计划书，进行简练而生动的幻灯片演示，发挥说服的技巧和演讲能力，展示自己的职业素养和创业精神等。说服天使投资者与说服风险投资者的不同之处在于：天使投资者更看重创业者个人的素质和品质，带有强烈的感情色彩。因此，创业者要说服天使投资者，不仅需要好项目、好方案、好产品、好技术，更需要充分发挥自己的个人魅力，晓之以理，动之以情，最终成功说服“天使”降落自己的企业。

（6）风险投资

一种是私募的公司风险投资基金，通常由风险投资公司发起，出1%左右，称为普通合伙人，其余的99%吸收企业或金融保险机构等机构投资人出资，称为有限合伙人，同股份有限公司股东一样，只承担有限责任。普通合伙人的责权利，基本上是这样规定的：全权负责基金的使用、经营和管理；每年从基金经营收入中提取相当于基金总额2%左右的管理费；基本期限一般为15~20年，期满解散而收益倍增时，普通合伙人可以从收益中分得20%，其余出资者分得80%。

另一种是向社会投资人公开募集并上市流通的风险投资基金，目的是吸收社会公众关注和支持高科技产业的风险投资，既满足他们高风险投资的渴望，又给予了高收益的回报。这类基金，相当于产业投资基金，是封闭型的，上市时可以自由转让。

风险投资基金以促进高科技企业发展为已任，进而支持经济发展的金融制度创新，是一种科学的投融资制度或机构。风险投资基金作为投资基金的一员，既有投资基金的共性又有自己的特性。风险投资基金以高新技术产业为投资对象，一般投资于新创办的创业企业。风险投资基金具有较高的风险承受能力和专业化运作的机构，主要以私募方式设立，基金的组织上一般采取封闭型。

总结来看，风险投资的优点体现在可以完善公司财务与内部管理，可以借力风投的智囊团，其缺点在于高风险，常以参股的形式进入创业企业，在实现增值目的后会退出投资。

那么应该到哪里去找风险投资呢？以下是争取得到风险投资的六个步骤：

①要了解风险投资者的产业投资爱好，特别是要了解他们对投资项目的评审程序。要学会从对方的角度客观地分析本企业。风险投资者看重的不仅是技术，还有由技术、市场和管理团队等资源整合起来而产生的盈利模式。风险投资者要的是投资回报，而不是技术或企业本身。

②创业企业要认真分析从产品到市场、从人员到管理、从现金流到财务状况、从无形资产到有形资产等方面的优势、劣势。把优势的部分充分地体现出来，对劣势部分提出具体的弥补措施。特别要注重企业无形资产的价值评估，核心技术在得到权威部门的鉴定后，要请专业评估机构评估，实事求是地把企业的价值挖掘出来。

③写好商业计划书，这是获得风险投资的敲门砖。

④宣传、推销你的企业。与风险投资机构接触，通过各种途径包括参加广交会、产权交易所挂牌、直接上门等方式寻找风险资本，但最有效的方式还是要通过有影响的机构、人士推荐。因为这种推荐能使风险投资者与创业人员迅速建立信用关系，消除很多不必要的猜疑、顾虑特别是道德风险方面的担忧。

⑤应对风险投资者的考察，配合做好风险投资机构的价值评估与尽职调查。

⑥交易谈判与签订协议。双方就投资金额、投资方式、投资回报如何实现、投资后的管理和权益保证、企业的股权结构和管理结构等问题进行细致而又艰苦的谈判。如达成一致，将签订正式的投资协议。在这过程中创业企业要摆正自己的位置，要充分考虑风险投资机构的利益，并在具体的实施中给予足够的保证。要清楚，吸引风险投资，不仅是资金，还有投资后的增值服务。

（7）创业板上市投资

创业板是指交易所主板市场以外的另一个证券市场，其主要目的是为新公司提供集资途径，助其发展和拓展业务。创业板市场最大的特点是进入门槛低、运作要求严。

创业融资不只是一个技术问题，还是一个社会问题。创业者应从建立个人信用、积累社会资本、写好创业计划书、测算不同阶段的资金等方面作好准备。

四、怎样进行创业资金融资

（一）不同发展阶段创业企业融资渠道的选择

创业企业的发展一般会经历种子期、启动期、成长期和成熟期四个阶段。处于不同发展阶段的创业企业具有不同的风险特征和资金需求，同时，不同融资渠道所提供的资

金数量及所产生的风险程度也不同。

因此，在进行创业融资时，除了要考虑不同融资渠道的优缺点、融资成本，还要考虑创业企业所处的发展阶段。

1. 种子期融资渠道的选择

种子期的创业企业规模较小，且具有高度的不确定性，一切都处在空想之中，产品无踪、设备无影、市场没谱，风险非常大。此时，创业者所需资金主要用于对创意的实践或技术的商业化应用，但此时创业企业没有任何销售收入和盈利记录，风险程度非常高。国内外的数据表明种子期的企业成功率不足10%，换言之，90%的创业者的投资将血本无归。

因此，创业者很难从外部筹集资金，创业者自有资金、向家人和亲友借款、国家创业扶持资金的资助、利用家庭或者创业者的资产进行抵押融资等是种子期创业企业较多采用的融资渠道。

此外，如果创业者的构想和能力特别出众，也有可能受到天使投资人的青睐。因此，撰写好创业计划书、争取天使投资也是该阶段融资的一种选择。

2. 启动期融资渠道的选择

启动期的创业企业处于开拓阶段，已经完成了公司筹建、产品研发、生产组织等工作，但人员、设备、技术、市场等方面还未能协调配合。启动期的主要任务是进行科技成果的转化，因此，资金需求量大且急迫。企业经营入不敷出、没有进入正轨，随时有破产清盘的危险。一份对我国中小科技企业的调查显示，启动期经营失败的概率为80%~90%。

由于创业企业成立的时间短，业务量有限，投资机构评估比较困难，因此，依靠传统投资机构和金融机构进行融资的难度非常大，创业企业仍以创业者家族追加投资这种内源融资方式为主。但此时，担保机构、风险投资机构是创业企业这一阶段融资的重要目标对象。

3. 成长期融资渠道的选择

企业产品或服务开始被市场所接受，销售额与利润开始增长，市场规模与发展前景逐步明朗化，投资风险逐步降低。这个阶段的企业迫切需要扩大再生产，迅速抢占市场份额，这都需要大量的增量资金支持。除了企业自我积累部分资金外，大量的增量资金需要外源支持。中长期资金需求主要通过银行、融资租赁、VC、PE等途径来解决；短期资金需求主要通过典当、小额贷款、上下游企业商业融资等途径来解决。

在成长期，创业企业的融资渠道相对通畅，创业企业可以根据自身情况选择相应的融资渠道。

4. 成熟期融资渠道的选择

进入成熟期后，创业企业在市场上站稳脚跟，树立了一定形象，积累了一定资产，产品与市场进入成熟期，销售增长平缓，竞争激烈，利润水平被众多企业所摊薄。中长期资金需求主要通过PE、产业集团并购、上市、银行贷款、信托、租赁等渠道来解决。短期资金需求主要通过典当、小额贷款、企业上下游商业融资等途径来解决。如表4–6所示。

表4–6　创业过程与融资渠道的匹配

融资渠道	种子期	启动期	早期成长	快速成长	成熟退出
创业者					
朋友和家庭					
天使投资					
战略伙伴					
创业投资					
资产抵押贷款					
设备租赁					
贸易信贷					
IPO					
公募债券					
管理层收购					

注：黑色部分表示该阶段的主要融资渠道，灰色部分表示该阶段的次要融资渠道。

此外，创业企业的类型不同，所具有的特征也不一样，那融资渠道的选择也会有所不同，如表4–7所示。

表4–7　新创企业特征与融资类型的匹配

创业企业类型	新创企业特征	适当的融资类型
高风险、预期收益不确定	弱小的现金流 高负债率 低、中等成长 未经证明的管理层	个人资金、向亲朋好友融资

续表

创业企业类型	新创企业特征	适当的融资类型
低风险、预期收益易预测	一般是传统产业 强大的现金流 低负债率 优秀的管理层 良好的资产负债表	债务融资
高风险、预期收益较高	独特的商业创意 高成长 得到证明的管理层	权益融资

创业案例 4-5

携程发展及其融资决策

一、发展概况

携程网创立于 1999 年，总部设在上海，目前公司已在北京、广州、深圳、成都、杭州、南京、厦门、重庆、青岛、沈阳、武汉、三亚、丽江、香港、南通设立分支机构，在南通设立服务联络中心。2010 年，携程旅行网战略投资中国台湾易游网和中国香港永安旅游。2014 年，投资途风旅行网，将触角延伸及北美洲。

虽然携程网是一家传统的“鼠标+水泥”的网络公司，但它并未执着于点击率，而是专注于盈利的创造。携程网着力于自助游产品。自助游的服务内容包括基本的“机票+酒店”模式，也有“机票+酒店+接送机+选择性旅游内容”等不同层次服务，主要依靠酒店和机票的佣金来获得利润。至今携程已经发展成为中国领先的综合性旅行服务公司，成功整合了高科技产业与传统旅行业，向超过 2.5 亿会员提供集无线应用、酒店预订、机票预订、旅游度假、商旅管理及旅游资讯在内的全方位旅行服务，被誉为互联网和传统旅游无缝结合的典范。

二、携程的融资方式及发展

根据携程的发展阶段，可以把携程的融资历程分为三个阶段。

1. 第一阶段：1999—2003 年，孕育阶段到探索阶段，主要利用风险投资进行融资。

第一步：创建携程，吸引 IDG 第一笔投资 50 万美元。

1999 年 4 月，成立携程中国香港公司，注册资本约 200 万元人民币，公司的股权结构完全以出资的比例而定。携程香港公司成立后，以股权转让形式 100%控股携程上海公司。1999 年 10 月，在携程网站还没有正式推出的情况下，基于携程的商业模式和创业团队的价值，IDG 凭借携程一份仅 10 页的创业计划书向其投资了 50 万美元作为种子基金。作为对价，IDG 获得了携程 20%多的股份。携程获得了初期启动资金。

第二步：吸引软银等风险投资 450 万美元，携程集团架构完成。

2000 年 3 月，携程国际在开曼群岛成立，由软银牵头，IDG、兰馨亚洲、Ecity、上海实业五家投资机构与携程签署了股份认购协议。携程以每股 1.0417 美元的价格，发售 432 万股“A 类可转可赎回优先股”。本次融资共募得约 450 万美元。

携程利用这笔资金并购北京现代运通，进入宾馆预订业务，成为其第一个利润中心。随后，携程国际通过换股 100%控股携程香港。这样，携程的集团架构完成，为携程以红筹模式登陆海外证券市场扫平了道路。

第三步：引来美国凯雷集团等机构的第三笔投资。

2000 年 11 月，凯雷等风险投资机构与携程签署了股份认购协议，以每股 1.5667 美元的价格认购了携程约 719 万股“B 类可转可赎回优先股”。其中凯雷认购约 510 万股，投资额约达 800 万美元，取得约 25%的股权，其他风险投资增持。至此，携程完成了第三次融资，获得了超过 1000 万美元的投资。随后携程并购北京海岸航空服务公司，进入机票预订业务。

第四步：吸引老虎基金 PRE-IPO 投资 1000 万美元，提升国际投资者的认可度。

2003 年 9 月，携程的经营规模和赢利水平已经达到上市水平，此时取得了携程从老虎基金获得了上市前最后一轮 1000 万美元的投资，这笔投资全部用于原有股东套现退出。对于准备在美国上市的携程来说，能在上市之前获得重量级的美国风险投资机构或者战略投资者的投资，对于提升公司在国际投资者的认可度有着非常大的帮助。

2. 第二阶段：2003—2011 年，探索阶段到变革阶段。以在公开市场上进行的股权融资和债权融资为主，满足并购收购要求。

第一步：纳斯达克上市，在资本市场上公开募集资金，私募完成增值。2003 年 12 月 9 日晚 11 时 45 分，（美国东部纽约时间 12 月 9 日上午 10 时 45 分），在美林证券的帮助下，携程国际（股票代码：CTRP）以美国存托股份（ADS）形式在美国纳斯达克股票交易所（NASDAQ）正式挂牌交易。本次携程共发行 420 万股 ADS，发行价为每股 18 美元，其中 270 万股为新发股份，募集资金归携程；150 万股为原股东减持套现，募集资金归原股东。扣除承销等各项费用，携程得款 4520 万美元，占 IPO 总额的 60%；原股东得款 2511 万美元。

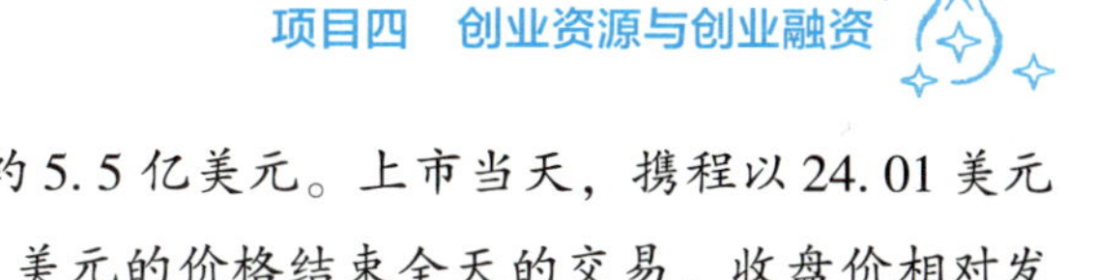

IPO 后，携程总股本 3040 万股，市值约 5.5 亿美元。上市当天，携程以 24.01 美元开盘，最高冲至 37.35 美元，最终以 33.94 美元的价格结束全天的交易，收盘价相对发行价上涨 88.56%，一举成为美国资本市场 2000 年 10 月以来首日表现最好的 IPO。至此，风险资本完成了增值目的，全部退出。

第二步：稳坐行业龙头老大，灵活的融资策略。

上市之后主要做股本进一步增发和配股募集资金。根据市场发展的周期性，灵活采取债权和股权融资，以满足企业并购收购、整合资源、扩张规模。

3. 第三阶段：2011 年至今，变革转型阶段。仍以公开市场上进行的股权融资和债权融资为主，主要目的是扩张规模，提升市场份额。

第一步：发行 8 亿可转债，一部分用于行业价格战，另一部分进行产业链业务投资或者并购。

携程 2013 年 10 月 10 日宣布，计划根据市场情况发行总价值最多 5 亿美元 2018 年到期的可转换高级债券。受益于交易启动后强劲的投资者需求，最终发行规模由 5 亿美元提高至 8 亿美元。

上述提到的 8 亿美元，相当于一个可转债加看涨期权价差，包括 1 亿美元的超额认购权，此次发行由摩根大通作为独家账簿管理人牵头执行。此次发行是 2013 年亚太地区规模最大的可转债发行。

第二步：接受 Priceline 集团 5 亿美元融资，继续扩大产业链，完成由 OTA 向 MTA 的转型。

Priceline 集团以可转债形式投资，获得携程同意在未来一年内可通过公开市场购买其股票。双方现有的商业合作起始于 2012 年，此次全球伙伴关系是对现有合作的进一步深化。此次世界最大在线旅游集团与中国最大旅游集团的强强联手将极大地推动中国的出入境旅行业务。

第三步：在线旅游进入融资旺季，接受 Priceline 集团 3 亿美元增持。

Priceline 将自此向携程的客户开放其在大中华区以外的全球超过 50 万家酒店资源，同样，携程在大中华区的超过 10 万家酒店资源也将对 Priceline 的客户开放。

携程网向美国证券交易委员会提交了 SC－13D 文件的增补信息，文件中披露，Priceline 在 2014 年 10 月 10 日至 10 月 17 日间斥资 3 亿美元，在公开市场购入约 300 万股携程美国存托股。这意味着，Priceline 累计投资携程近 10 亿美元，持股比例增至 7.9%。

（摘编自：https：//wenku. baidu. com/view/95181d96aeaad1f347933f46. html）

（二）大学生创业常见的融资渠道

创业融资的渠道

大学生创业者大多没有个人积蓄，也没有房、车等抵押财产，人脉资源也比较欠缺。因此，大学生创业时，实际能够选择的融资渠道较少。大学生进行创业融资时，要善用政策，善用金融工具，善用社会资源，善用非银行金融机构。

大学生创业的融资渠道主要包括债权融资（即向家人和亲友借款、大学生创业贷款、银行贷款）和股权融资（即创业资本融资、天使融资、私募股权投资）等。

1. 债权融资

债权融资是借款性质的融资，资金提供人为使用人提供资金，根据事先约定好的时间和固定利息收回固定报酬。资金提供人不参与企业的运营，也不承担企业的经营风险。债权融资的优点主要体现在：只要按期偿还贷款，贷方就无权过问公司的未来及其发展方向；贷款的支付金额是可以事先预测的——它不会改变公司的命运。而其缺点主要体现在：如果借方不能偿还贷款，贷方可以迫使公司破产。

（1）向家人和亲友借款

新创立的企业早期所需的资金量较少，在这一阶段，除了创业者本人的个人积蓄外，向亲人和朋友借款就是较为常见的资金来源。创业者与这些人之间有一定的亲情、友情关系，容易建立起信赖感。

（2）大学生创业贷款

大学生创业贷款是银行等资金发放机构对高校学生发放的无抵押、无担保的大学生信用贷款，帮助大学生更好地实现创业梦想。

（3）银行商业贷款

银行贷款是初创企业最常采用的融资渠道，从目前的情况来看，银行贷款主要有以下 5 种形式：担保贷款、抵押贷款、质押贷款、贴现贷款、信用贷款。

2. 股权融资

股权融资是投资性质的融资，资金提供人持有企业的股份，按照提供资金的比例享有企业的控制权，参与企业的重大决策，承担企业的经营风险，一般不能从企业抽回资金，其获得的报酬根据企业的经营情况而变化。

股权融资的优点主要体现在：股权融资往往数额大、成本低，如果公司没有利润，投资者甚至没有利润分享可言；投资者不能迫使公司破产；投资者对公司的兴旺与否更加关心，所以经常会向公司提供一些有益的建议和有价值的合同。其缺点主要体现在：股权融资伴随了企业控制权和所有权丧失问题，股权融资对于投资者风险更大。

股权融资包括创业者自己出资、争取国家财政投资、与其他企业合资、创业资本融资、天使融资、私募股权投资以及公开向市场筹集发行股票等方式。自己出资是股权融资的最初阶段，发行股票是最高阶段。

此外，对于大学生创业，还可以考虑以下几种融资渠道：高校创业基金；合理运用应收应付款；众筹集资；典当融资；设备租赁融资；等等。

（三）创业融资的策略

1. 创业融资渠道的顺序选择

对于大学生创业融资顺序的选择，先是内源融资，后是外源融资；而在外源融资中，先是债务融资，后是股权融资。

美联储官员艾伦·伯格（Allen Berger）和印第安纳大学的格雷戈里·尤戴尔（Gregory Udell）教授通过对美国小企业资本结构的考察，认为小企业在起步时期，外部债务融资优于外部股权融资，因为债务融资可以有效减少外部所有权和控制、逆向选择等问题。但是，当企业需要大规模融资时，外部股权融资就显得极为重要。

2. 合理确定融资规模和融资期限

创业企业在筹集资金时，首先要确定企业的融资规模。筹资过多，可能造成资金闲置浪费，增加融资成本，可能导致企业负债过多，使其无法承受；如果企业筹资不足，则又会影响企业投资计划及其他业务的正常开展。

至于融资期限，往往要在短期融资与长期融资两种方式之间进行权衡，作何种选择主要取决于融资的用途和融资人的风险性偏好。

从资金用途上来看，如果融资是用于企业流动资产，则由于流动资产具有周转快、易于变现等特点，宜选择各种短期融资方式；如果融资是用于长期投资或购置固定资产，则适宜选择各种长期融资方式，如长期贷款、企业内部积累、租赁融资、发行债券、股票等。

3. 时时防范和规避融资风险

融资风险是非系统风险的一种，是筹资活动中由于筹资的规划而引起的收益变动的风险。创业融资的同时，也产生了潜在的金融风险。因此，控制和防范融资风险显得尤为重要。

融资风险防范应该从以下三个方面入手。

（1）从财务分析入手，加强日常财务管理工作

比如采用资金周转表分析法，使企业关注对资金周转的计划，经常检查结转下月额

对总收入的比率、销售额对付款票据兑现额的比率、短期内应负担的融资成本以及考虑资金周转等问题，促进企业融资风险管理，保证企业的资金清偿能力，降低融资风险。

（2）从企业管理入手，加强企业投资融资项目的审核与管理

首先，进一步规范中小企业的融资风险管理工作。其次，对每一个资金运作项目都应有科学的严谨的可行性评价。越是困难的企业面对融资时越要谨慎，关注融资成本、融资顺序和融资方式。再次，加强企业信用管理。最后，建立并实施融资风险预警管理机制。

（3）从融资方式入手，加强企业发展各阶段的融资渠道

融资方式的不同所造成的资本结构的不同，给企业及投资者带来了一部分的融资风险。但这种风险并非每个创业企业都会遇到的，主要取决于企业的经营战略。因此，这部分融资风险是可以合理规避的。

融资风险的规避归根结底是体现在合理的融资决策过程中的。创业企业在融资时，要在控制融资风险与谋求企业利益最大化之间寻求一种均衡，即寻求最佳的企业资金结构，使企业在尽可能降低融资风险的同时，获得最大的财务杠杆效益，从而实现投资效益与企业价值的最大化。

（四）创业融资陷阱与应对策略

创业融资过程中，可能存在融资决策不清晰和融资谈判过程出现问题这两类陷阱。

1. 融资决策不清晰

这类陷阱主要表现特征如下。

（1）不知道公司的正确估值

可采取的克服方法是在估值时参考同类型企业的估值，重点从未来用户数、活跃用户数、单用户价值、市场份额等方面比较，或者参考未来上市或者出售时的价值，未来的潜力越大，其估值越高。

（2）不知道第一轮融资应该注意些什么

可采取的克服方法是关注公司融资需求、公司出让股份的具体份额等。

（3）不知道天使融资应该占多少股份

公司越小越要珍惜自己的股份，出让过多股份会对后期管理不利，实际比例应根据贡献分配。

（4）错过了最合适的融资时间

可采取的克服方法是提前做好公司的未来发展规划，制定每个阶段需要达到的

目标。

（5）选择了错误的融资方式

可采取的克服方法是充分了解各种融资方式的优劣，根据公司的具体情况选择合适的融资方式。

（6）不知道天使融资、风险投资、私募股权投资的作用以及介入企业的节点是什么样的

首先，用发展的眼光来看的话，天使投资介入一般是在公司初创、起步阶段，此时还没有成熟的商业计划、团队、经营模式，作用是帮助创业者获得启动资金、寻找方向、提供指导。其次，风险投资介入一般是在公司发展中早期，有了比较成熟的商业计划、经营模式、初见盈利，作用是为公司升值、获得市场认可、为后续融资奠定基础。最后，私募股权投资介入一般是在公司筹备上市阶段和公司发展成熟期，已经有了上市基础且达到了必要的营收，作用是提供上市融资前的所需要的资金，按照上市公司要求帮助公司梳理治理结构等。

（7）在没有融资的时候，不知道如何维护企业让其生存下去

可采取的克服方法是保证产品品质过硬，这样总会有资本跟着跑。但是在产品过硬之前，可能还有一段比较难过的阶段，需要企业尽量地控制成本，缩短项目开发时间，可以考虑接一些小项目维持。

2. 融资谈判过程出现问题

这类陷阱主要表现特征如下。

（1）禁不起投资人诱惑放弃底线

可采取的克服方法是坚持融资底线，作好估值和控制权出让准备。

（2）在具体谈判过程中也可能出现禁不起投资人一直追问项目等问题

可采取的克服方法是熟悉自己的创业计划书，按照投资人视角尽可能完善好创业计划书，尽可能凸显投资人可能感兴趣的点，对投资人可能的提问提前作好准备，可通过电梯演讲、模拟训练等方式练习。

创业融资是创业管理的关键内容，在企业成长的过程中和发展的不同阶段，融资是困扰创业者的一个难题。

不确定性和信息不对称从理论上阐释了创业融资难的原因。创新、潜在成长性是创业者获得外部资金支持的有利因素。

创业融资的主要渠道包括自我融资、向亲友融资、天使投资、商业银行贷款、通过担保机构融资、创业投资、通过政府的创新创业基金融资。

债权融资和股权融资各有利弊，创业者应该合理均衡债务融资与股权融资之间的比例。

创业融资不只是一个技术问题，还是一个社会问题，不可能一蹴而就，应至少从以下四个方面做好准备：建立个人信任、积累人脉资源、写好创业计划书、测算好不同阶段资金需求量。

思考题

1. 为什么融资是创业的一大难题？
2. 创业融资需求有什么特点？
3. 从资金的性质来看，资金主要可以分为哪几种类型？
4. 创业融资的渠道主要有哪些？
5. 为什么初创企业的资金大部分来自个人资金？
6. 天使投资与创业投资有什么不同？
7. 要想顺利地获得创业资金，创业者在平时要注意哪些问题？
8. 如果你是一个创业者，写出你可能的融资渠道。

项目五

商业模式与创业计划书

①了解商业模式的定义、本质与构成要素，了解商业模式的盈利逻辑。

②掌握商业模式设计与创新的思路方法，掌握评估商业模式的方法。

③掌握商业模式的演变与创新。

④掌握《创业计划书》的编写步骤。

⑤掌握路演的步骤与技巧。

①引导学生认识到资本的重要性及局限性，反思正确的商业创业模式特点。

②能够关注现实问题，思考企业的社会价值。

③能够根据创意进行商业模式的设计，并尝试编写《创业计划书》和路演 PPT，提高学生的创业素质与创业能力。

引导案例

360公司的商业模式

在今天，很多人可能对360公司和它的免费软件360安全助手、360软件管家等产品耳熟能详。但在360创始人周鸿祎创业之前，杀毒软件还处于收费时代，市场由瑞星、金山等公司占据。

周鸿祎“无视”行业规则，推出360安全助手，该软件供用户免费下载和使用，并且其性能可靠，凭借免费策略，360安全助手很快拿下几个亿的安装量，打垮了许多对手。但是，由于免费，周鸿祎靠360安全助手一分钱也赚不到，而且为了维护好这几个亿的免费用户，还要大量烧投资人的钱。

周鸿祎发现在360软件管家提供的软件里，最受欢迎的是360浏览器。通过浏览器，360终于找到了能够带来盈利的利器——导航和搜索。接下来就很简单了，360浏览器默认的首页是360网址导航，360网址导航上面布满了密密麻麻的广告位，在导航页最显眼的位置是360搜索框，因为360安全助手和360软件管家所积累的巨大用户流，360网址导航的广告位受到了各大广告商的热烈追求。周鸿祎将360网址导航变成了一个聚宝盆，不仅一举扭转了公司的亏损，还让360公司迈入了行业前列。当时赫赫有名的收费杀毒软件瑞星，在2011年也被迫放弃了收费模式，但市场份额流失过大，如今已经基本退出了个人用户计算机防护领域。

完美世界控股集团董事、纵横文学首席执行官张云帆将360这种商业模式称为“3级火箭”，意思是像火箭发射一样，前两级火箭只是为了给最后一级火箭提供动力，将最后一级火箭助推送入太空。在360的商业模式中，就是用360安全助手（第一级火箭）吸引巨大流量，然后用360软件管家（第二级火箭）增加用户黏性，最后用360浏览器的广告位（第三级火箭）实现变现。

（摘编自 http：//www.gcmag.cn/old/zznr/wzxx.asp？id=2246）

请思考：

①360公司为什么不直接用杀毒软件赚钱?

②360公司如果跳过前两级火箭直接推出360浏览器能成功吗?

③你还知道哪些“3级火箭”式的商业模式?

任务一　商业模式

一、什么是商业模式

商业模式概述

（一）商业模式的定义

商业模式这个名词第一次出现是在20世纪50年代，但直到90年代才开始被广泛使用和传播，而且已经成为挂在创业者和风险投资者嘴边的一个名词了。过去的几十年，计算机和通信技术日新月异，时代在变迁，商业环境不确定性也随之增大，几乎每个人都确信，决定企业成败的最重要因素可能不再是技术，而是商业模式。商业模式创新被赋予了比技术创新更重要的地位。那么，什么是商业模式呢?

商业模式是企业在一定的动态环境中，为实现企业价值最大化，把能使企业运行的内外各要素整合起来，形成一个完整的高效率的具有独特核心竞争力的运行系统，并通过最优实现形式满足客户需求、实现客户价值，同时使系统达成持续盈利目标的整体解决方案，它包含了特定企业的一系列管理理念、方式和方法。

或者说，商业模式就是一个企业满足消费者需求的系统，这个系统组织管理企业的各种资源（包括资金、原材料、人力资源、销售方式、创新力等），形成能够提供消费者无法自给自足而必须购买的产品或服务，因此，具有自己能复制而别人不能复制，或者自己在复制中占据市场优势地位的特性。这是对商业模式的新解。

阅读材料5-1

关于商业模式不同定义的研究

商业模式描述了企业如何创造价值、传递价值、获取价值的基本原理。创造价值就是公司提供的产品或者服务为特定的消费群体带来核心价值；传递价值就是通过各种渠道让目标消费群体知道产品或服务的价值，比如，耐克、李宁等公司赞助体育明星；获取价值是指尽可能地从为客户创造的价值中获取最大的回报。

商业模式的本质是关于利润产生的逻辑，直白点讲，就是公司通过什么途径或方式来赚钱，即价值创造的内部过程，如图 5-1 所示。

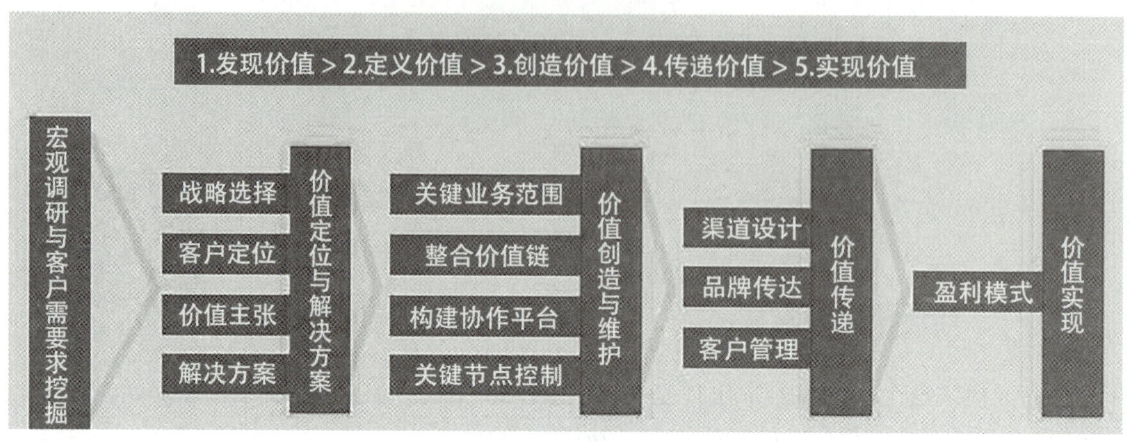

图 5-1 商业模式的本质

现代管理学之父彼得·德鲁克认为，今天企业之间的竞争已经不是产品和服务之间的竞争，而是商业模式之间的竞争！创业者必须探索并建立一个适合自己的、有效的、能与机会相匹配的商业模式，把各种有形和无形的资源都整合其中，并且随着客观情况的变化不断对其加以创新，这样才能获得持续的竞争优势。

一个可行、有投资价值的商业模式是创业者需要在商业计划书中强调的首要内容之一。事实上，没有商业模式，创业就只是一个梦想。

创业箴言

商业模式就是一个企业如何赚钱的故事。与所有经典故事一样，商业模式的有效设计和运行需要有人物、动机、场景、时间和情节。为了使商业模式的情节令人信服，人物必须被准确安排，人物的动机必须清晰，最重要的是情节必须充分展示新产品或服务是如何为顾客带来了实惠和便利，同时又是如何为企业创造了利润。

——《什么是管理》（玛格丽塔）

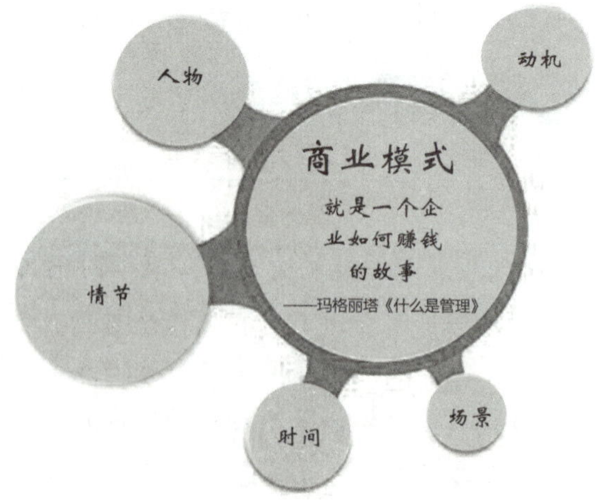

（二）商业模式的构成要素

1. 魏朱（Wei-zhu）六要素商业模式模型

魏炜、朱武祥两位北大清华教授合作推出的《发现商业模式》提到，好的商业模式可以举重若轻，化繁为简，在赢得顾客、吸引投资者和利润创造等方面形成良性循环，使企业经营达到事半功倍的效果。商业模式是利益相关者的交易结构，包括定位、业务系统、关键资源能力、盈利模式、自由现金流结构和企业价值六个方面。六个方面相互影响，构成有机的商业模式体系，如图 5-2 所示。

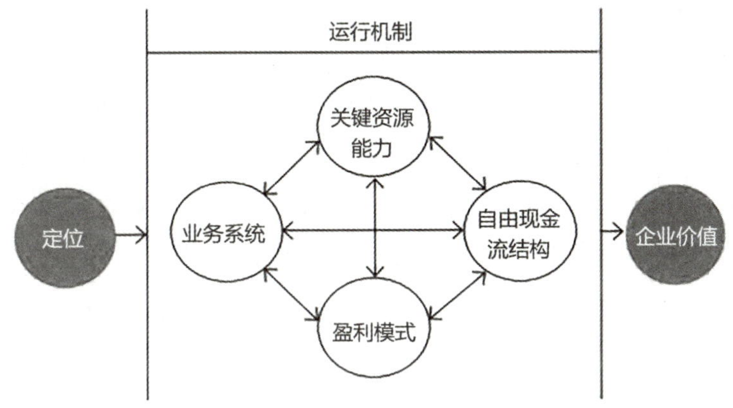

图 5-2　魏朱（Wei-Zhu）六要素商业模式模型

（1）定位

定位就是企业应该做什么，它决定了企业应该提供什么特征的产品和服务来实现客户的价值。定位是企业战略选择的结果，也是商业模式体系中其他有机部分的起点，主要内容包括提供什么样的产品或服务，进入什么样的市场，深入行业价值链的哪些环节，选择哪些经营活动，与哪些企业建立合作关系，怎样分配利润等。

（2）业务系统

业务系统是指企业达成定位所需要的业务环节、各合作伙伴扮演的角色以及利益相关者合作与交易的方式和内容，是商业模式的核心。高效运营的业务系统不仅是赢得企业竞争优势的必要条件，而且有可能成为企业竞争优势本身。将内外部各方利益者连成一个有价值的网络，明确用户、供应商和其他合作伙伴所扮演的角色。

（3）关键资源能力

关键资源能力是让业务系统运转所需要的重要的资源和能力。业务系统决定了企业所要进行的经营活动，而要开展这些活动，企业需要拥有必要的有形和无形资产。构建商业模式时，要充分了解企业所需要的资源和能力有哪些、是如何分布的以及如何才能获取这些资源和能力。不是所有的资源和能力都同等重要，只有和定位、业务系统、盈利模式、自由现金流结构相契合的，并能相互强化的资源和能力才是企业真正需要的，才是关键资源能力。

（4）盈利模式

盈利模式主要是指企业分摊成本、赚取利润的方式，即企业的收支来源和收支方式。收支来源即谁给谁钱，收支方式包括固定性质的租金、剩余性质的价差、分成性质的佣金，以及拍卖、顾客定价、组合计价等。良好的盈利模式不仅能为企业带来利润，而且能为企业编织一张稳定、共赢的价值网。一个企业可以采用多种收益和成本分配机制，而好的盈利模式往往可以产生多种收入来源。

（5）自由现金流结构

自由现金流结构是指公司现金中满足以资本成本进行折现后净现值大于零的所有项目所需资金后的那部分现金流量，表明了这个交易结构在时间点上的流入、流出的结构、比例和在时间序列上的分布。不同的现金流结构反映了企业在定位、业务系统、关键资源能力以及盈利模式等方面的差异，体现了企业商业模式的不同特征，并影响企业的成长速度，决定企业投资价值的高低、投资价值递增速度以及受资本市场青睐的程度。

（6）企业价值

企业价值，即企业的投资价值，是企业预期未来可以产生的自由现金流的贴现值。企业的投资价值由其成长空间、成长能力、成长效率和成长速度决定。

我们看到，定位是商业模式的起点，企业价值是商业模式的归宿，是评判商业模式优劣的标准。企业的定位影响企业的成长空间，业务系统、关键资源能力影响企业的成长能力和效率，加上盈利模式，就会影响企业的自由现金流结构。不同的商业模式，有不同的结果。好的商业模式可以做到事半功倍，即投入产出高、效果好、投资少、运营成本低、收入的持续增长能力强等。

同时，商业模式与企业管理视角比如战略视角、营销视角、运营视角等有很大的不同，但又与这些已有的管理概念是互补的。用商业模式视角来分析企业，更有利于企业的规划与发展。

魏朱商业模式模型给商业模式下了一个精辟的定义：商业模式是利益相关者的交易结构。这个定义非常到位，让这个模型六要素之间建立起很强的关联，是一套很好的工具和方法论。

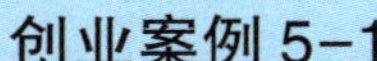

创业案例 5-1

魏朱商业模式模型分析盒马鲜生

	盒马鲜生	
	现在的商业模式	未来的商业模式
定位	线上与线下一体化的连锁超市：B2C	新零售服务提供商与大供应链平台服务商：S2B
业务系统	1. 采购与供应链 2. 仓储与物流 3. 零售服务	1. 供应链赋能 2. 数据赋能：模式、流量、IT 3. 资本化赋能
关键资源能力	1. 供应链管理能力 2. 物流配送能力 3. 零售管理与服务能力 4. 全数字化业务流程 IT 系统 5. 实体门店的优质场地	1. 供应链管理能力 2. 新零售平台管理能力（模式、IT、管理） 3. 资本运作能力
盈利模式	1. 收入来源：从消费者获取商品销售收入和餐饮加工服务收入、从餐饮企业获取场地租金 2. 成本结构：场地成本、商品采购和货运成本、IT 成本、人力成本	1. 收入来源：从超市获取商品采购与物流服务收入、从超市获取零售服务收入（咨询、改造、IT 服务等），从超市获取投资收入 2. 成本结构：供应链服务成本、IT 服务成本、投资
自由现金流结构	实体门店一次性投入较大；管理费用、财务费用、员工工资、资产折旧等平稳；运营费用较高、利润薄	超市服务收入；管理费用、员工工资、资产折旧等平稳；运营费用不高、利润可观
企业价值	重资产模式，大规模开店，统一采购，实现线性增长	轻资产模式，通过对实体商超入股与改造，打造新零售生态圈，形成 S2B 模式，实现指数级增长

（摘编自 https：//www. sohu. com/a/216510806_ 787425）

2. 商业模式画布模型

亚历山大·奥斯特瓦德是商业模式创新领域的作家，他在 2008 年与伊夫·皮尼厄合作出版《商业模式新生代》，提出了商业模式画布模型。他们认为，商业模式描述的是一个组织创造价值、传递价值以及获得价值的基本原理，并将商业模式分为九大模块，具体包括客户细分、价值主张、渠道通路、客户关系、收入来源、核心资源、关键业务、重要合作、成本结构。这涵盖了一个企业的四大功能（客户、产品/服务、基础设施、金融能力），可以很好地描述并定义商业模式。

商业模式画布最大的特点是，这是一个视觉化的商业模型架构和分析工具，让大家用统一的语言、九大模块来描述和讨论一个商业模式，操作性很强。另外，创造价值、传递价值以及获得价值的描述也体现了一个商业模式的核心内涵。

简单来说，商业模式画布的九大模块更清晰，可操作性更强，而魏朱商业模式模型更强调六要素之间的内在关系，两个工具相互借鉴，会有更好的效果。

在研究分析商业模式时，目前普遍采用的工具是商业模式画布，如图 5-3 所示。

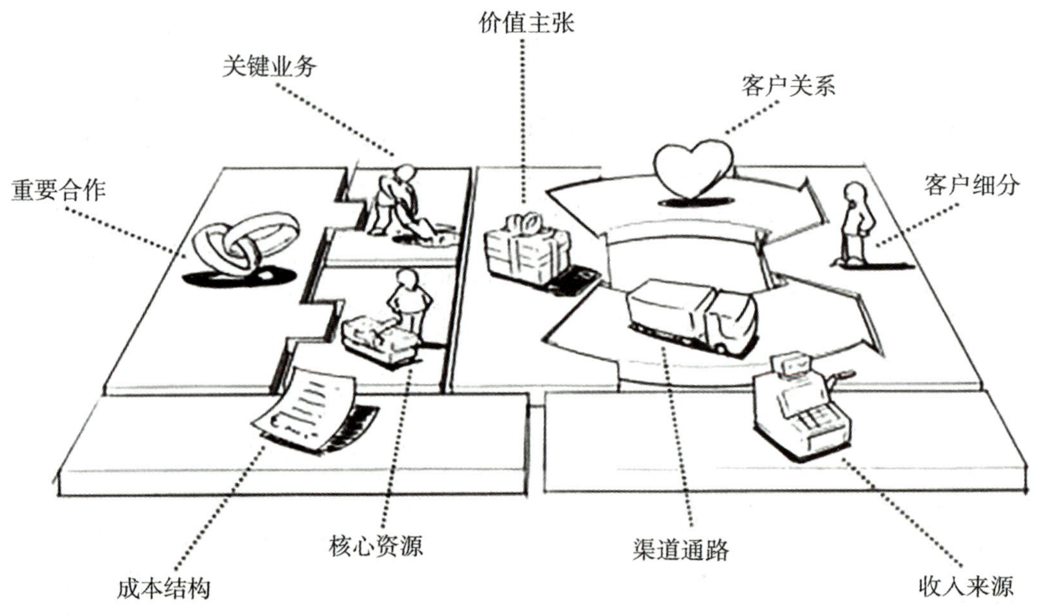

图 5-3　商业模式画布

(1) 价值主张

价值主张解释了客户为什么选择了你而不选择别人，即公司通过其产品和服务能向消费者提供何种价值。价值主张确认了公司对消费者的实用意义，因为解决了客户的问题或者满足了客户的需要，通过产品或服务的捆绑迎合了特定客户群的需求。有些产品是创新或者破坏性的，有些是在现有产品上增加了新的特性或属性，主要表现为标准化/个性化的产品/服务/解决方案、宽/窄的产品范围。

需要思考的问题包括以下内容。

①我们向客户交付了什么价值？

②我们正在帮助客户解决哪些问题？

③我们满足了哪些客户的需求？

④我们向这些客户群提供了什么产品和服务？

客户在购买产品或服务时，往往依赖其思维判断。客户生活在社会中，其思维判断不但取决于其本身愿望，还受到所处环境与社会关系的影响。虽然有时客户会明确表达其需求，但有时客户需求是只可意会不可言传的，因此，在构建价值主张时，可以从客户五色思维的角度来分析其需求特性，特别是其内心深处的需求特性，进而导出满足客户需求的产品或服务价值，如表 5-1 所示。

表 5-1　从客户五色思维的角度导出价值主张

思维	需求特性	产品或服务的价值
生命思维	健康	有利于人的身心健康发展
	尝试	满足顾客从未感受和体验过的全新需求
	可持续	能源资源节约与环境友好
	低风险	帮助顾客抑制风险
批评思维	真实	依据事实进行判断与决策
	改变	不断改善产品和服务性能
	颠覆	对旧模式的根本改变
设计思维	新颖	形式活泼而有活力
	简单	外观与形式简单明快
	设计	产品因优秀的设计脱颖而出
	便利性	使用起来更方便
	实用性	操作起来更简单
经济思维	回报	能够帮助顾客获得更高回报
	价格	以更低的价格满足顾客需求
	成本低	帮助顾客削减成本
	可达性	让顾客更容易掌握、理解，并可以用来完成目标
美学思维	感人	能够让顾客产生感动与共鸣
	定制化	以满足顾客个体或细分群体的特定需求
	品牌	顾客通过使用和显示某一特定品牌而彰显身份地位
	自然	产品或服务自然并让顾客感觉舒适亲切

(2) 客户细分

这是商业模式的核心。即公司经过市场划分后所瞄准的消费者群体（Target Customer Segments），这些群体具有某些共性，从而使公司能够（针对这些共性）创造价值。定义消费者群体的过程也被称为市场划分（Market Segmentation）。表现为本地区/全国/国际、政府/企业/个体消费者等。

(3) 渠道通路

渠道通路描述的是价值如何传递给客户。描绘公司用来接触、将价值传递为目标客户的各种途径。这里阐述了公司如何开拓市场。它涉及公司的市场和分销策略。表现为直接/间接、单一/多渠道。

需要关注的问题如下。

①客户想通过哪些渠道和我们接触？

②我们目前是怎么与他们接触的？

③我们的渠道是如何整合的？

④哪种方式最好？

⑤哪种方式最高效？

⑥如何与客户的例行程序整合？

(4) 客户关系（Customer Relationships）

客户关系描述的是如何让客户掏钱。阐明公司与其客户之间所建立的联系，主要是信息沟通反馈。表现为交易型/关系型、直接关系/间接关系。

客户关系需要关注以下问题。

①客户希望我们跟他们建立和维持哪种类型的关系？

②哪些关系我们已经建立了？

③代价如何？

④这些客户关系与我们的商业模式是如何整合的？

(5) 收入来源（或收益方式）

收入来源描述公司将怎样从其提供的价值中取得收益。表现为固定/灵活的价格、高/中/低利润率、高/中/低销售量、单一/多个/灵活渠道。

收入来源需要关注以下问题。

①什么样的价值能让客户愿意付费？

②他们现在付费买什么？

③他们是如何支付费用的？

④他们更愿意如何支付费用？

⑤每个收入来源占总收入的比例是多少？

（6）核心资源

核心资源概述公司实施其商业模式所必需的最重要的资源和能力，是企业所能控制的、能够使企业构思和设计好的战略得到实施从而来提高企业经营效果和效率的特性，包括全部的财产、能力、竞争力、组织程序、企业特性、数据、信息、知识等。表现为技术/专利、品牌/成本/质量优势。

（7）关键业务（或企业内部价值链）

关键业务描述业务流程的安排和资源的配置。表现为标准化/柔性生产系统、强/弱的研发部门、高/低效供应链管理。

需要关注以下问题。

①我们的价值主张、渠道通路需要哪些关键业务？

②有关键业务如何才能存活下去？

（8）重要合作

重要合作即公司同其他公司为有效提供价值而形成的合作关系网络。表现为上下游伙伴、竞争/互补关系、联盟/非联盟。

需要关注以下问题。

①我们的重要伙伴是谁？

②谁是我们的重要供应商？

③我们正在从伙伴那里获取哪些核心资源？

④合作伙伴都执行哪些关键业务？

（9）成本结构

即运用某一商业模式的货币描述。表现为：固定/流动成本比例、高/低经营杠杆。

需要关注以下问题。

①我们商业模式中最重要的固有成本是什么？

②哪些核心资源以及关键业务花费最多？

3. 三维立体模式

任何一个商业模式都是一个由客户价值、企业资源和能力、盈利方式构成的三维立体模式。

由哈佛大学教授约翰逊（Mark Johnson）、克里斯坦森（Clayton Christensen）和 SAP 公司的 CEO 孔翰宁（Henning Kagermann）共同撰写的《商业模式创新白皮书》把这三个要素概括为：“客户价值主张”，画在一个既定价格上，企业向其客户或消费者提供服务或产品时所需要完成的任务；“资源和生产过程”，即支持客户价值主张和盈利模式的具体经营模式；“盈利公式”，即企业用以为股东实现经济价值的过程。

长期从事商业模式研究和咨询的公司认为，成功的商业模式具有三个特征。

（1）成功的商业模式要能提供独特价值

有时候这个独特的价值可能是新的思想；而更多的时候，它往往是产品和服务独特性的组合。这种组合，要么可以向客户提供额外的价值；要么使得客户能用更低的价格获得同样的利益，或者用同样的价格获得更多的利益。

（2）成功的商业模式是难以模仿的

企业通过确立自己的与众不同，如对客户的悉心照顾、无与伦比的实施能力等，来提高行业的进入门槛，从而保证利润来源不受侵犯。比如，直销模式（仅凭“直销”一点，还不能称其为一个商业模式），人人都知道其如何运作，也都知道戴尔公司是直销的标杆，但很难复制戴尔的模式，原因在于“直销”的背后，是一整套完整的、极难复制的资源和生产流程。

（3）成功的商业模式是脚踏实地的

企业要做到量入为出、收支平衡。这个看似不言而喻的道理，要想年复一年、日复一日地做到，却并不容易。现实当中的很多企业，不管是传统企业还是新型企业，对于自己的钱从何处赚来，为什么客户看中自己企业的产品和服务，乃至有多少客户实际上不能为企业带来利润、反而在侵蚀企业的收入等关键问题，都不甚了解。

（三）商业模式的演变与创新

1. 店铺模式

一般地说，服务业的商业模式要比制造业和零售业的商业模式更复杂。最古老也是最基本的商业模式就是“店铺模式（Shopkeeper Model）”，具体点说，就是在具有潜在消费者群的地方开设店铺并展示其产品或服务。

2. “饵与钩”模式

随着时代的进步，商业模式也变得越来越精巧。“饵与钩（Bait and Hook）”模式，又称为“剃刀与刀片”（Razor and Blades）模式，或是“搭售”（Tied Products）模式，出现在20世纪早期。在这种模式里，基本产品的出售价格极低，通常处于亏损状态；而与之相关的消耗品或是服务的价格则十分昂贵。比如说，剃须刀（饵）和刀片（钩）、手机（饵）和通话时间（钩）、打印机（饵）和墨盒（钩）、相机（饵）和照片（钩）等。这个模式还有一个很有趣的变形：软件开发者们免费发放他们文本阅读器，但是对其文本编辑器的定价却高达几百美金。

3. 硬件+软件模式

苹果以其独到的 iPod+iTunes 商业模式创新，将硬件制造和软件开发进行结合，以软件使用增加用户对硬件使用的黏性，并以独到的 iOS 系统在手机端承载这些软件，此时消费者在硬件升级时不得不考虑软件使用习惯的因素。

4. 其他模式

20 世纪 50 年代，新的商业模式是由麦当劳（McDonald's）和丰田汽车（Toyota）创造的；60 年代的创新者则是沃尔玛（Wal-Mart）和混合式超市（Hypermarkets，指超市和仓储式销售合二为一的超级商场）；到了 70 年代，新的商业模式则出现在 FedEx 快递和 Toys RUS 玩具商店的经营里；80 年代是 Blockbuster、Home Depot、Intel 和 Dell；90 年代则是西南航空（Southwest Airlines）、Netflix、eBay、Amazon 和星巴克咖啡（Starbucks）。

大多数的商业模式都要依赖于技术。互联网上的创业者们发明了许多全新的商业模式，这些商业模式完全依赖于现有的和新兴的技术。利用技术，企业可以以最小的代价，接触到更多的消费者。

目前，新型互联网商业模式主要有以下几种。

（1）实物商品的商业模式

如果你的产品是某种实体物品，用户可以直接持有和使用你这个物品，也就是通常意义上的商品/货物，那么你的商业模式就很简单，基本上就是以下四个套路。

①自己生产、自己销售：自己直接生产，直接销售给用户。

②外包生产、自己销售：把生产环节外包出去，自己负责直接销售给用户。

③只生产、不销售：自己负责生产，交给分销商销售。

④只销售、不生产：自己作为分销商，或者提供销售商品的交易市场。亚马逊、京东等电子商务网站，就是前面的第 4 种商业模式。

（2）交易平台模式

①实物交易平台：用户在你的平台上进行商品交易，通过你的平台支付，你从中收取佣金。天猫就是最大的实物交易平台，佣金是其主要的收入来源。

②服务交易平台：用户在你的平台上提供和接受服务，通过你的平台支付，你从中收取佣金。Uber 的盈利模式也是收取司机车费的佣金。

③沉淀资金模式：用户在你的平台上留存有资金，你可以用这些沉淀的资金赚取投资收益回报。传统零售业用账期压供应商的货款，就是为了用沉淀资金赚钱。现在这个

套路也用到互联网行业了，很多互联网企业，也是寄希望于这个模式。

（3）免费增值商业模式

免费增值商业模式就是让一部分用户免费使用产品，而另外一部分用户购买增值服务，通过付费增资服务赚回成本和利润。不过通常一般采取免费增值模式的产品，可能只有0.5%~1%的免费用户会转化为付费用户。

每一次商业模式的革新都能给公司带来一定时间内的竞争优势，但是随着时间的改变，公司必须不断地重新思考它的商业设计。随着（消费者的）价值取向从一个工业转移到另一个工业，公司必须不断改变它们的商业模式。一个公司的成败最终取决于它的商业设计是否符合了消费者的优先需求。

（四）关于商业模式的评估

现代企业管理学之父彼得·德鲁克说："当今企业之间的竞争，不是产品服务之间的竞争，而是商业模式之间的竞争！"商业模式是关系到企业生死存亡、兴衰成败的大事，企业要想获得成功就必须从制定成功的商业模式开始，新成立的企业是这样，发展期的企业更是如此，商业模式是企业竞争制胜的关键，是商业的本质。

要如何知道商业模式到底靠不靠谱呢？那就需要对商业模式进行评估了。

1. 客户价值与需求创新

所有优秀的商业模式一定是抓住了目标客户的隐性核心需求。很多创业伙伴经常犯的一个错误是，他们只锁定了目标人群，但并没有深入到用户群体客户素描核心的画面，也就是我们所说的应用场景。

2. 收入突破模式

现在很多创业者认为一个好的点子、想法就决定了一切，实际上并不是。在如今每人的想法都趋同的环境下，你的商业模式如何能够脱颖而出呢？如果你要去实现今年比去年增长200%，明年还要比今年增长200%，这一定是你通过商业模式盈利模型的重组和创新才能够得到的。

（1）不同产品的组合盈利

举个例子，沃尔玛应该是20世纪70年代开始高速发展，它到底有什么特点？直到今天，沃尔玛的大牌子上写的一直是"天天平价"，这是沃尔玛发家的一个非常核心的广告诉求——就是便宜。可能很多中国企业家看当年世界第一企业是这么干的，也跟着学，就告诉大家他不赚钱，于是就有了当年中国制造业的血流成河。因为他们只看到了表象，却没有看到本质。

当然真正优秀的商业模式，应该是一听就听得懂，一想就想不到尽头。比如沃尔玛天天说他平价，其实根本就不平价。为什么？因为沃尔玛有它的自营业务。虽然沃尔玛里的红牛、康师傅比别家都便宜，但是沃尔玛自营产品的毛利在40%左右。加上沃尔玛周转速度非常快，钱就这么进了口袋。

（2）盈利环节的重组和改变

送给大家一句话：将他人的主要价值，变为你的附加价值。星巴克在咖啡连锁经营行业内，可以讲是战无不胜。但在很多年前，在中国台湾却被一家当地企业在经营数据上打败，这家企业叫85℃。在盈利环节上，星巴克卖品质非常好的醇正咖啡，每杯售价30多块钱。但星巴克门面面积很大，考虑平效的话，一杯咖啡的毛利并不是非常高的。因为主要是通过销售咖啡去盈利，咨询团队想过，要不要去拓展不同盈利产品，比如说卖面包等。但星巴克认为面包的香味或者其他食物的香味会影响咖啡的味道，所以直到今天，星巴克只有没味道的、冷藏的面包。但是看看85℃先用10平方米的店面，把平效做上去，把人流动起来，而不是坐在那儿喝咖啡，成本降下去。85℃又做了一个盈利环节重组，一杯跟星巴克差不多的咖啡只卖8块钱。8块钱一杯的咖啡也就是打平，把星巴克主要价值变成了附加价值。85℃更多是在卖自己的面包，一个面包卖10块钱，而面包的成本比咖啡低得多。就这样，85℃在区域市场击败了世界500强。

（3）突破性创新

简单地说，就是抛开产品、抛开原有模式，在盈利的模式上进行突破性创新，达到盈利倍增的顶峰。举个例子，盛景网联，没有一个人想到一家做培训起家的公司能够做到新三板定增的150亿市值，也没有一个人会想这家公司能够去设立一个百亿的母基金。大概8年前，当时只有“鼎晖”“达成”这样一些机构，天使投资几乎没有。在那个时候，最先要做的就是要让这批高净值人群和有融资需求的企业家去了解融资，所以产品本身不光赚了培训的钱。因为培训大家都知道很难复制，很难规模化，还改变了这一部分人群的思路。一拨人把自己财富积累十几年的资金全部交予基金管理，一部分人还通过基金孵化了很多好的项目，最终再往上叠加成立母基金，让中国所有基金为这个生态系统打工。所以这是一种商业模式的设计，它跑得很快。这种模式区别于传统的培训和咨询公司，规模承载得也就更大。

3. 革命性降低成本

真正好的商业模式不光是收益倍增了，还想着要革命性降低成本。革命性降低成本，并不是指去把员工的工资降一降，把日常的运营成本降一降，把该发的年终奖扣一扣，最后，只获得20%到30%的成本下降。我们思考商业模式，都必须有倍增的思路去面对我们的工作。

只有彻底去除成本，或者将成本降低到只剩20%，那样才叫真正的革命性。餐饮公司是房租成本最大吗？餐饮公司是品牌宣传成本最大吗？其实都不是，餐饮公司最大的成本之一是厨师的成本，如果没有厨师，餐饮公司就无法营业。因此，当用火锅这个方式去实现连锁运营的时候，在成本上实现了革命性降低成本，所以更有可能成功。再比如如家，如家革命性降低成本不只是去除了大堂，还去掉了酒店会议室。如家只干两件事：不同的城市一样的家和睡好。

4. 可复制性与可扩张性

一个企业可以被称为企业，是一定可以复制自己的，不断增长的。但更核心的一点就是要去想如何在复制自己的同时而别人复制不了你。如果能做到这一点，那么离你成为独角兽就不远了。

自己可以复制自己，别人复制不了你。其实有很多种别人不能复制你的做法，比如思科就是做技术壁垒。当年思科的一台设备毛利估计有70%~80%。同期，清华紫光也曾风光一时。当时路由器非常火，一帮清华人出来踌躇满志地说我们要研发超一代的路由器，紫光投资好几个亿，用了一年多时间，终于研发出来一台路由器，甚至说超越思科已发布的最尖端的路由器半代以上，清华紫光马上说市场属于我们了，中国的民族品牌有希望了，然后去召开了新闻发布会，在新闻发布会当天，思科同时发布一条消息，正式推出5代路由器。正如思科从来都不是把自己最尖端的产品推出市场，包括因特尔，技术壁垒永远储存三代以上。这就是大厂商他们商业模式当中的技术壁垒，掌握核心技术，让别人复制不了你。

5. 控制力与定价权

真正优秀的商业模式不光让竞争对手进不来，让大的产业资本进不来，还需要对客户实施控制力与定价权。

举例说明：去年你卖给客户10元，今年你能卖20元，明年你能卖80元，这一听觉得肯定就是奸商啊！但有一个东西叫东阿阿胶。叫阿胶的品牌很多，叫东阿阿胶的就是它。实际上，东阿阿胶过去每一年都会提价，比黄金还贵。它其实一直在做一件事——养驴。中国可用于阿胶的驴的围栏数，最鼎盛时期它占到了70%左右。当这种上游资源被它牢牢控制的时候，价格定价权就在它身上。还有像宝洁公司，超市货架上飘柔、海飞丝、沙宣都是它家的，你买洗发水，市场上的产品都被它占据了。因此从这些个角度我们要去设定，未来怎么去实现定价权，但它是一件非常高级别的事。

6. 产业布局能力——系统性价值链

首先，要具备平台思维，然后从平台思维发展生态思维，构筑系统性价值链，即生态思维。小米生态、BAT各种生态，都是在做布局。

创业者一定要去思考，如何从应用思维上关注客户痛点的功能性，到平台思维帮助你所在行业，再到生态思维。苹果就有软件+硬件商业模式，通过软件做切口，把用户绑定；通过 AppStore，让每一个客户的应用需求在自己的生态里面得到满足。如果你只是切入到某一类需求，比如淘宝就叫平台，而不是生态。生态是延展到你生活的各种产品。所以一种能够真正将我们的客户绑定在平台，同时能够去左右其他应用场景，这是非常关键的，也是非常具有想象空间的。再比如，无论是做媒体类，还是做产品类，我们一开始也需要具备这样的一种从应用思维到平台思维，再到生态的思维。

每家企业都有自己的商业模式，而且每家企业的商业模式都不一样。那么，到底什么样的商业模式，才是一个好的商业模式呢？

任何一家公司只有度过了创业期，形成了相对稳定的现金流，才拥有了自己的商业模式。商业模式的优劣决定了企业经营效果的好坏。但随着商业环境的变化，过去先进、有效的商业模式也会逐步被替代，这是个客观规律。

阅读材料 5-2

商业模式测评

下面这个测试，可以帮助你测试企业的商业模式是否依然足够好。如果结果足够好，那么不用变革，或者只需要微调；如果商业模式不好，就需要思考并作出改变。

以下是测试商业模式的 8 个标准，8 道题，如果答案是“是”，得 1 分，“不是”，得 0 分。

①你的商业模式能让你避开竞争吗？

②你的商业模式自己很容易复制吗？

③你的商业模式一说别人就能听懂，但却很难模仿吗？

④你的商业模式能让企业“按计划”获取销售额、利润吗？

⑤你的商业模式能在一个运营系统下产生多个收入层次吗？

⑥你的商业模式会有很多“利益方”依附其上发展自己的生意吗？

⑦你的商业模式让你现金充沛吗？

⑧你的商业模式所产生的利润率远高于同行吗？

最后的得分评判标准分为三档：

第一档：0~3 分

原有的商业模式已经难以持续。这个阶段的企业，最大特点是负责人很焦虑，因为自己心里明白，不管怎么努力，企业都前途堪忧。如果计算 EVA（EVA＝投资回报率－同期国债率），很可能是负数，不但没有创造价值，更可能消耗了价值。这时企业需要果断踩刹车，检查反思。

处于这个区间的企业有两条路可以走：一条是停掉原来的业务，另起炉灶，这基本算是重新创业，风险极高；另一条是在企业原有的人员、设备和客户基础上，根据企业自身基因，优化或设计全新的商业模式。

第二档：4~6 分

商业模式依然有效，企业的战略方向、竞争力内核都没有问题，但还有很多不顺畅的地方，负责人会觉得做得很辛苦。典型特征是销售增长和利润率只能保一样，要么利润率尚可，但销售额已经停滞甚至下滑，要么销售额还能增长，但利润率下滑。处于这个分数区间的企业，在原有商业模式上做一些优化，很容易短期见效。

这时的企业可比作一只木桶，木桶是好的，所在的市场也有足够的水，但木桶上有一条特别短的短板，导致打水的时候看起来满满一桶，拎回去就发现只剩半桶了。这根特别短的短板就是商业模式上的漏洞，没有经过精心设计、自然形成的模式往往都会有这样的漏洞。商业模式的优化就是找到这根短板，并且找出弥补的方式。

第三档：7~8 分

商业模式非常匹配企业现状，企业上下士气高昂，销售额迅速增长，扣除投资的利润率也相当不错，此时企业应该把握时机，尽快把当前的商业模式做到极致。

这个阶段的企业需要预防的问题有两类：

①价值空间被侵入，或濒临饱和：企业活得最好的时候，有可能就是最危险的时候，必须优化自身的创新管理流程，不断储备新的价值空间。

②成长速度和管理资源不匹配，导致出现运营失误，就好比开着跑车上了高速公路，车好、路也好，但有三个错误不能犯：超速、没油、错过路口。企业需要的就是给自身做一个 3 年左右的成长规划，跟着这个规划走，保证没有超速（避免客户体验下降）、油料充足（恰当时机取得融资）、不走错路（模式没有走形）。

（资料来源链接：http：//www. 360doc. com/content/16/1120/07/4322846_ 607892281. shtml）

二、如何打造自己的商业模式

（一）商业模式设计的基本要求

对于初创企业来说，设计出一个能与机会相匹配的商业模式是重中之重。一个好的商业模式可以帮助企业更高效地赢得市场竞争，实现快速增长。

在设计商业模式时，企业应重点从以下四个方面入手。

1. 定位精准

大而全的思想不适合初创企业，初创企业定位的核心是寻找到一个细分垂直市场，并为这个市场提供满足需要的、有价值的、独特的产品。定位细分市场可以更好地作好消费者体验，节省推广成本，也可以让消费者更方便快捷地找到想要的信息，让消费者愿意为此买单。但并不是随意找一个细分市场并提供优质的产品和服务就可以成就一个优秀的市场定位，关键在于，要寻找一个持续增长、大规模、快捷的市场。

2. 扩展快

这里的扩展快主要是指关键资源的扩展。关键资源是否快速扩展，是衡量商业模式能否迅速做大及其盈利能力的关键因素。任何企业的收入规模根本上都取决于消费者数量及平均消费额两个因素。要想快速增长，就要设计能快速增加付费消费者数量的各种策略，或者，提高平均消费额（客单价）。

3. 壁垒高

好的商业模式一定要和自身的优势紧密结合起来，最好是自己的独有优势，构筑出较高的竞争壁垒。否则，竞争对手既能轻易模仿你的商业模式，也能轻易分走你的市场和流量，这对于企业来说是致命的。

4. 风险低

设计商业模式还有综合评估企业可能面临的各种风险，这里的风险包括政策及法律风险、行业竞争风险、潜在的替代品威胁、价值链龙头威胁等。评估风险的最终目的是要识别出所有可能的风险，制定相应的应对策略，使风险保持在合理范围，可控和被管理。

（二）新商业模式的设计方法

创业者如何打造自己的商业模式呢？

1. 客户洞察（Customer Insights）

企业在市场研究上投入了大量的精力，然而在设计产品、服务和商业模式上却往往

忽略了客户的观点。良好的商业模式设计应该避免这个错误，需要依靠对客户的深入理解，包括环境、日常事务、客户关心的焦点及愿望。

正如汽车制造商亨利·福特曾经说过的那样："如果我问我的客户他们想要什么，他们会告诉我'一匹更快的马'。"

另一个挑战在于要知道该听取哪些客户和忽略哪些客户的意见。商业模式创新者应该避免过于聚焦于现有客户细分群体，而应该盯着新的和未满足的客户细分群体。许多商业模式创新的成功，正是因为它们满足了新客户未得到满足的需求。

采用客户视角是整个商业模式设计过程的指导原则，应该用客户视角来指引我们关于价值主张、渠道通路、客户关系和收入来源的选择。

例如，苹果公司的 iPod 就是一个很好的洞察客户需求打造商业模式的例子。

苹果公司站在客户的角度思考，认为人们实际上并不是对数字媒体播放器感兴趣。消费者需要的是能够无缝地搜索、下载和收听数字内容，其中包括音乐。并且，消费者也愿意为这样的解决方案付费。当时，苹果公司的这种观点是很独特的。那时候大多数公司都认定没有人愿意付费购买在线数字音乐，然而苹果公司摒弃了这些观点，为客户创造了一种无缝的音乐体验。它将 iTunes 中的音乐媒体、iTunes 在线商店和 iPod 媒体播放器整合在一起。凭借以这一价值主张为核心的商业模式，苹果公司很快主宰了在线数字音乐市场。

2. 创意构思（Ideation）

绘制一个已经存在的商业模式是一回事，设计一个新的创新商业模式是另一回事。设计新的商业模式需要产生大量商业模式创意，并筛选出最好的创意，这是一个富有创造性的过程。这个收集和筛选的过程被称作创意构思，如图 5-4 所示。

团队构成
- 我们的团队是否有足够的多样性来创造新的商业模式构想？

全情投入
- 在创造新的商业模式创意前，我们需要研究哪些要素？

扩展
- 针对商业模式的每个构造块，我们都能想到哪些创新？

条件筛选
- 什么是我们商业模式创意排序的最重要准则？

原型制作
- 每个入围创意的完整商业模式是什么样子？

图 5-4　创意构思的过程

当设计全新的商业模式时，我们所面对的一个挑战是忽略现状和暂停关注运营问题，这样我们才能得到真正的全新创意。

商业模式创新不会往回看，因为对未来商业模式是什么样而言，过去的经验参考价值极为有限。商业模式创新也不是参照竞争对手就能完成的，因为商业模式创新不是复制或标杆对比的事情，而是要设计全新的机制，来创造价值并获取收入的事情。更确切地说，商业模式创新是挑战正统，设计全新的模式，来满足未被满足的、新的或潜在的客户需求。

为了找到更新、更好的选择，你必须想象一个装满创意的“摸彩袋”，然后再把它们缩减到一个可能实现选择方案的短名单。因此，创意构思就有了两个主要阶段：创意生成，这个阶段重视数量；创意合成，讨论所有的创意，加以组合，并缩减到少量可行的可选方案。这些可选方案不一定要代表颠覆性的商业模式，也许只是把你现有的商业模式略做扩展，以增强竞争力的创新。

3.“假如”（What if）提问的力量

我们在构思新的商业模式的时候总会遇到困难，因为我们都会被现状限制自己的思维，而现状遏制了想象力。克服这个问题的方法之一就是利用“假如”问题挑战传统假设。有了商业模式构成正确认知，那些我们认为不可能的事情也许就恰恰可行了。

“假如”问题只是个开始，这些问题将帮助我们发现能够使假设问题成立的商业模式。有些“假如”问题可能得不到答案，因为它们太有挑战性了。而有些可能仅仅需要正确的商业模式就可以把它们变成现实。

4. 可视思考的价值（Visual Thinking）

所谓可视思考，是指使用诸如图片、草图、图表和便利贴等视觉化工具来构建和讨论事情。因为商业模式是由各种构造块及其相互关系所组成的复杂概念，不把它描绘出来将很难真正理解一个模式。

事实上，通过可视化地描绘商业模式，人们可以把其中的隐形假设转变为明确的信息，这使得商业模式明确而有形，并且讨论和改变起来也更清晰。

5. 原型制作（Prototyping）

对于开发创新的全新商业模式来说，原型制作与可视思考一样，可以让概念变得更形象具体，并能促进新创意的探索。我们把原型看成未来潜在的商业模式实例（原型作为用于达到讨论、调查或者验证概念目标的工具）。商业模式原型可以用商业模式画布简单素描成完全经过深思熟虑的概念形式，也可以表现为模拟了新业务财务运作的电子表格形式。

重要的是我们要明白，不必把商业模式原型看成某个真正商业模式草图。相反，原型是一个思维工具，可以帮助我们探索不同的方向——那些我们的商业模式应该尝试选择的方向。如果我们增加另一个客户细分群体会对商业模式意味着什么？消除高成本资源将是怎样的结果？如果我们赠送一些产品或服务，并且用一些更具创新性的产品或服务替代现在的收入来源又将会意味着什么？

商业模式的原型既可以是画在餐桌上的草图，也可以是具体到细节的商业模式画布，还可以是一种可以实地测试的成型商业模式。原型制作不仅与勾绘商业模式想法有关，也与真正实现这个构想有关。原型制作通过添加和移除每个模型的相关元素，来探索新的、可能是荒谬的甚至不可能的构想。你还可以用不同层次的原型做试验。

6. 故事讲述（Storytelling）

为什么讲故事？让新创意不再抽象，商业模式不再抽象，调动员工的积极性。新颖而富有创意的商业模式经常是晦涩难懂的，强迫观众听，会有抵触情绪。

形容一个全新的、未经考验的商业模式就如同只用单薄的文字去描述一幅画作。但是讲一个故事告诉我们这个商业模式是如何创造价值的，就如同用色彩来装饰画布。就这样，新概念就又变得有形起来，而不再抽象了。

讲一个故事来描述你的商业模式是如何为客户解决问题的，可以清楚明白地把你的整个想法介绍给听众。故事为下一步详细地介绍你的商业模式提供了很好的支持和认同。

比起逻辑，人类更容易被故事打动和吸引。将你的模式所包含的逻辑融入有趣的故事叙述，能更容易地将听众引入新的未知领域。

讲故事的目的，是要把一种新的商业模式以形象具体的方式呈现出来。故事的内容一定要简单易懂，主人公也只需要一位。结合观众的实际情况，你可以从不同的视角塑造一位不同的主人公。要把故事讲得吸引人的技巧有许多，每种技巧也有其优势和劣势，适用于不同的场合和听众。在了解了谁是你的听众、你会出席什么场合后，再来选择一种匹配的技巧。

7. 情景推测（Scenarios）

在新商业模型的设计和原有模型的创新上，情景推测把抽象的概念变成具体的模型。它的主要作用就是通过细化设计环境，帮助我们熟悉商业模型设计流程。

在商业模型的创新中，运用这种情景规划技巧迫使我们去思考商业模式在特定的环境下可能的演变趋势，这样加深了我们对于模式的认知和可能有必要调整的理解。

最为重要的是，它帮助我们更好地迎接未来的商业环境。

（三）新商业模式设计的五大步骤

商业模式的设计，一般分五个步骤。

1. 行业扫描、画像描述

行业扫描是针对企业自身、竞争对手、标杆企业进行描述。

画像描述就是首先描述要进入到某一个行业、进入到某一个商业生态的企业（焦点企业）的现有商业模式或设想的商业模式，描述竞争对手或其他行业中的一些标杆企业的商业模式，对这类企业的商业模式进行扫描，或者说，要对它们的商业模式进行描述。

2. 模式分析、洞见

通过扫描，让我们发现自身或者竞争对手现有的模式存在哪些痛点和盲点，存在哪些创造、改进的机会点。具体办法有“三镜”：广角镜、多棱镜和聚焦镜。其中，广角镜是指在可能交易的利益主体（个人、企业或其他组织）一定的情况下，我们能否把这个行业或者其他生态系统中的利益相关方拉进这个交易？当然利益相关方是有一定资源和能力禀赋的，包括一些基于新技术所能带来的业务活动（利益主体可以从事的新角色），我们能不能把它们涵盖到现有的交易当中？通过广角镜的视角，我们可以发现更多潜在的利益相关方和潜在的支持交易的技术。

所谓多棱镜，就是企业要从不同的角度去审视我们的利益相关者。它到底拥有哪些资源？哪些已经进入了交易场景，哪些尚未进入？它有哪些能力？这些能力需要通过什么样的交易方式去体现？这些，都需要把它盘点出来。在现实当中，每一个利益主体的资源能力都是多维度的，而它参与的现有交易可能只用到了这些资源能力当中的一部分，而另一部分资源能力并没有进入当下的交易场景当中。比方说，一个用户以前是某一需求的购买方，但实际上它可能也有这个需求的设计能力，也可能拥有相应的口碑和影响力，那么，我们能否通过构建一个交易结构，把这个设计能力和影响力涵盖进来，使其能够创造出新的价值？再如，一家拥有很大流量的酒店或商场，其流量资源是没有变现的，那么开新店时如果租赁更大的面积并租给其他商户就可以成为一个新商业模式。

通过广角镜和多棱镜，实际上我们就拥有了更多的交易场景，或者说拥有了基于交易结构的，创造价值的新机会。

聚焦镜是说，当企业通过前述两镜发现了更多的利益相关方，或者发现了更多利益相关方的资源能力之后，去重组利益相关方和它们的交易结构。通过这种方式，我们可以产生很多新的不一样的交易结构，甚至同样一组利益相关方也可以因为这个交易结构的变化而创造出不一样的价值。

3. 模式设计

当我们把利益相关方以及其资源能力挖掘出来之后，就可以用魏朱商业模式模型或者商业模式画布，进行重新排列、组合或构造，从而设计出一些创新的商业模式方案。

4. 评价决策

当有了很多新的备选方案之后，就可以进入评价决策的环节。针对备选方案，从两个维度进行评价决策。第一个维度是结果类的评价指标。比方说，新商业模式企业的投资回报率，收入增长率或者利润增长率，流量、用户数的增长率以及用户的规模等。

因为商业模式涉及内部和外部两种不同的利益相关方，所以，在进行商业模式设计的时候，除了要考虑传统的企业边界内的效率之外，还要考虑到和外部利益相关方所构建的生态系统的效率。

因此，当我们讲到结果类的评价指标的时候，它实际上涵盖了两个主体：一个是焦点企业自身，另一个是焦点企业所在的生态系统。

第二个维度是过程类的评价指标，包括利益相关方参与的动力、投入度、资源能力以及其资源的利用效率等。通过这样评价，我们可以从诸多备选方案当中选择一个相对较好的商业模式。

5. 执行反馈

设计一个商业模式就如同设计一个建筑群或者是一个舰队，在设计好了之后，还要进行建造。一般来说，构建一个全新的商业模式，我们主张先进行小规模的实验，并将实验验证成功的模式进行放大，进行大规模的复制。

因此，商业模式有两个非常重要的环节——设计和建造。但是，因为新的商业模式是一个复杂的物种，它能否与环境相适应，是设计过程所不能100%预测和解决的。那么，在设计和建造之间，还要有一些实验的过程。一定要在实验当中去试错，然后才有可能以最快的速度找到那个最好的、可以大规模复制的商业模式。

反观商业模式设计的五个基本步骤。虽然我们在第一步的时候就已经预测了市场的容量和价值的空间，并且通过画像描述的方式进行了模式的洞见，也有了模式设计的评价、决策和执行反馈，但是在现实当中，我们也不必拘泥于它的次序，可以结合自身的情况，从任何一个步骤先行入手。但是在一般情况下，这几个环节都要经历才行。

阅读材料 5-3

十大创新商业模式案例

1. 大疆——消费级无人机市场的霸主

企业介绍：深圳市大疆创新科技有限公司（DJI-Innovations，DJI），成立于 2006 年，是全球领先的无人飞行器控制系统及无人机解决方案的研发和生产商，客户遍布全球 100 多个国家。它占据着全球 70%的无人机市场份额。

创新性：无人机以前主要是应用在军事方面，而大疆是第一个将无人机应用在商业领域并获得成功的企业。大疆无人机如今已被应用在军事、农业、记者报道等方面，是可以“飞行的照相机”。

案例解读：大疆汪滔，遥控无人机王国的“愚者”。

短评：这家公司将目标受众从业余爱好者变成主流用户，而且它在这一过程中还能占据市场的主导地位，这种成功的案例在科技行业发展史上实属罕见。创新指数：5 颗星。

2. 滴滴巴士——定制公共交通

企业介绍：2015 年 7 月 15 日，继快车、顺风车之后，滴滴快的旗下巴士业务“滴滴巴士”也正式上线。目前滴滴巴士已经在北京和深圳拥有 700 多辆大巴、1000 多个班次。

创新性：滴滴巴士是第一个尝试将巴士进行多场景应用的定制巴士。滴滴巴士是关于定制化出行的城市通勤定制服务。它根据大数据测算并推出城市出行新线路。滴滴巴士还将巴士进行多场景应用，比如旅游线路定制、商务线路定制等扩展了巴士出行的场景。

案例解读：百花齐放的共享巴士，还是捉对厮杀的共享巴士？

短评：城市通勤定制服务出现的时间并不长，却发展很快。它是关于定制化出行的一种初步尝试。事实上，做定制服务的门槛其实是极高的，而滴滴巴士母公司滴滴出行的互联网技术和用户基础为其创造了有利条件。

3. 百度度秘——表面它陪你聊天，其实你赔它消费

企业介绍：度秘（英文名：duer）是百度在 2015 年世界大会上推出的、为用户提供秘书化搜索服务的机器人助理。

创新性：度秘将人工智能带到了可以广泛使用的场景中，是百度强大的搜索技术和人工智能的完美结合体，可以用机器不断学习和替代人的行为。

案例解读：李彦宏“索引真实世界”，度秘时代来了，你跟得上吗？

短评：提起百度就是竞价排名，如今度秘终于可以升级这个原始的广告模式了。百度推出的度秘是聊天机器人+搜索引擎+垂直类 O2O 的整合型产品。它把现在互联网最热、最精尖的技术全集合在了一起，百度大动干戈在百度世界大会上发布这款产品，将生态完善化繁为简，满足了“懒人”生平夙愿。

4. 人人车——“九死一生”的 C2C 坚挺地活了下来

企业介绍：人人车是用 C2C 的方式来卖二手车，为个人车主和买家提供诚信、专业、便捷、有保障的优质二手车交易。

创新性：它首创了二手车 C2C 虚拟寄售模式，直接对接个人车主和买家，砍掉中间环节。该平台仅上线车龄为六年且在 10 万千米内的无事故个人二手车，卖家可以将爱车卖到公道价，买家可以买到经专业评估师检测的真实车况的放心车。

案例解读：李成东对话人人车李健：二手车就应该这么卖！

短评：C2C 虚拟寄售的模式被描述为“九死一生”，是因为：第一，二手车属非标品；第二，卖车人和买车人两端需求是对立的；第三，国内一直缺乏第三方中立的车辆评估，鱼龙混杂。因此，二手车 C2C 交易困难重重、想法大胆又天真。人人车不被看好却能逃过“C 轮死”的魔咒，是因为其省去所有中间环节，将利润返还与消费者。创始人李健说：“如果我能成功，B2C 都要失业了。”

5. e 袋洗——力图用一袋衣服撬动一个生态

企业介绍：e 袋洗是由 20 余年洗衣历程的荣昌转型而来的 O2O 品牌，采取众包业务模式，以社区为单位进行线下物流团队建设，即在每个社区招聘本社区中 40、50、60 个人员作为物流取送人员。

创新性：e 袋洗是第一个以洗衣为切入点进入整个家政领域的平台。e 袋洗的顾客主要是 80 后，洗衣按袋计费：99 元/袋。按袋洗，装多少洗多少。e 袋洗致力于将幸福感作为商业模式的核心和主导，推出了新品小 e 管家，通过邻里互助去解决用户需求，满足居民幸福感。小 e 管家在小 e 管洗、小 e 管饭的基础上，计划推出小 e 管接送小孩，小 e 管养老等服务，以单品带动平台，从垂直生活服务平台转向社区生活共享服务平台，以保证 C2C 两端供给充足。

案例解读：e 袋洗陆文勇，怎么把洗衣服变成互联网产品？

短评：e 袋洗在搭建成熟的共享经济平台后，不断延伸出更多的家庭服务生态链，打造一种邻里互动服务的共享经济生态圈。集合社会上已有的线下资源，通过移动互联网实现标准化、品质化转变，帮助人们在生活中获得更便利、个性的服务。

6. 实惠 App——团购不彻底，直接免费

企业介绍：“实惠 App”是一款基于移动端、主打社区的生活服务类 App。

用户通过入驻实惠App上自己工作的写字楼或居住的社区，可以领取实惠或商家提供的优惠礼品，享用身边的生活服务和便利商品，同时进行邻里间的社交，让用户生活更便捷更实惠。

创新性：实惠商业模式的创新之处是做免费的团购——颠覆团购低价模式直接0元团购。通过平台将商家提供的免费福利，派发给参与中奖的用户。它以城市的上班族为主要的对象，可以在写字楼或者社区的位置信息中录入其位置附近的商家名称和商品的福利活动，并通过附近福利、免费抢福利、幸运老虎机、品牌大乐透等趣味方式推送给用户，使用户既能得到实惠，又能得到良好的游戏体验。

案例解读：【CXO说】实惠杨熙，免费社区App的“不断增重”跟讨巧省钱之法。

短评：实惠App开启的创新“免费O2O”模式促进了商家和用户的良性互动，实惠把用户、商户、物业连成一个有机整体，不仅和大型商户开展合作，更包含在社区间的居民、商户、物业等基于地理位置的连接，可看成一个小的社群系统，并围绕这个小的系统展开的线上订单和线下服务。

7. 干净么——餐饮界的360，免费还杀毒

企业介绍：干净么是一个互联网餐饮安全卫生监管平台，基于移动互联网并连接各个环节、各个部门的第三方卫生监管平台，同政府、媒体、商家、用户等多方互动来进行监管。目前在干净么的App上有几百万条数据、15万家餐厅的食品安全等级评价。

创新性：它是第一家利用互联网思维来打食品安全这场仗的第三方平台，不仅对餐饮商家进行测评、监管，还将学校、幼儿园、单位食堂等包含在内，用户可以查阅自己感兴趣商家的卫生安全等级，从而判断是否就餐。

案例解读：“干净么”亮剑，剑指大众点评、美团、饿了么三巨头。

短评：“干净么”就好比餐饮界的360，免费还杀毒，目标就是通过扬善惩恶使餐饮行业进入良性竞争循环。食品安全需要社会共治，干净么就是连接政府、媒体和消费者的一个纽带。

（资料来源链接：https://news.newseed.cn/p/1322988）

8. 很久以前——不久的将来给小费将成为常态

企业介绍：很久以前是北京簋街一家烧烤店，店内推出的打赏制度被各大餐饮集团引用。

创新性：第一家将餐厅给小费的形式进行互联网思维改良的餐厅。打赏制度：打赏金额为4元，打赏人是到店里用餐的顾客，被打赏人是前厅员工，包括服务员、传菜工、保洁人员、炭火工。打赏规则：①前厅员工可以向顾客介绍打赏活动，但只能提一次；②前厅员工不能向顾客主动索取打赏。展现形式：店内、餐桌展示牌及员工胸牌上

印有活动内容——“请打赏：如果对我的服务满意”，吸引顾客眼光。

案例解读：打赏制对于餐饮行业的意义？

短评：可别小看了打赏这个小制度，已经有很多的餐饮连锁巨头开始使用这个制度了。4 元钱顾客买不了吃亏，买不了上当，却买了一个好的服务，也给服务员多一个收入途径。你别嫌少，积少成多可是大大提升了服务员的积极性。

9. 多点（Dmall）——不是多点少点的问题而是快点

企业介绍：多点是一个以超市为切入口的 O2O 生活服务平台，将日常生活消费和生鲜产品作为突破口。

创新性：多点的创新点与京东到家、天猫超市等截然不同。它与商超之间完成系统上的对接：可以通过深度整合的系统动态地获取商超库存价格等重要数据，同时，多点通过数据分析及供应链控制能力，将 C2B 模式引入商超可以解决其生鲜进销问题。同时，多点自建物流，有自己的配送员。在用户下单后，多点会和合作商家一起分拣货物，然后送货上门。

案例解读：多点 Dmall 韩鑫，新时代电商的发展要连接传统商超。

短评：用户从下单到收获，全程所花时间不超过 1 小时，多点可以说是用户的网上超市，只不过模式比较轻，也比较快。

10. 云足疗——上门服务中的垂直环节

企业介绍：云足疗于 2015 年 1 月正式上线。用户通过云足疗 App 或微信、电话预约，可以随时随地享受足疗、修脚、理疗服务。用户可以根据云足疗平台上的项目、价格、距离、籍贯等信息，选择符合自己要求的服务项目、服务师傅。

创新性：云足疗是第一家也是唯一一家上门足疗 O2O 平台。云足疗砍掉了足疗店等中间环节，让技师和顾客实现无缝对接，不仅解放了长期局限在足疗店的技师们，让他们获得了比同行更高的薪资，同时也让顾客体验到低价便捷的优质上门养生服务。云足疗率先实现了上门足疗服务的标准化，平台通过面试、实名认证、技能考核、系统培训等严格筛选，来保障上线的技师的专业技能和高服务水准。

案例解读：【CXO 说】云足疗李智永，给产品做减法，用足疗进行单点突破。

短评：云足疗属于上门服务中的垂直环节，在 O2O 垂直领域是值得开发的沃土。团队 15 年服务行业的线下实体店的经验，是其能够在资本寒冬中获得融资的关键。

（摘编自百度文库，链接：https：//wenku. baidu. com/view/67ba8dcc514de518964bcf84b9d528ea81c72fde. html？_ wkts_ =1679657987416）

（四）商业模式陷阱与应对之策

在设计商业模式过程中，可能存在以下三类陷阱。

1. 认为商业模式等同于盈利模式

主要的表现特征是认为商业模式就是赚钱。可采取的克服方法是创业者要认识到完整的商业模式要讲清楚价值发现、价值创造和价值占有问题，要从企业价值系统完整认识，赚钱仅仅是价值占有问题。

2. 不会使用商业模式画布

主要的表现特征是在日常创业中不能灵活使用创业画布。可采取的克服方法是先弄懂商业模式九要素以及九要素之间的关系，还要理解某一要素的变动会影响其他要素的变化，商业模式设计就是要寻找一个满意的结果而不是最优的结果。

3. 商业模式创新不够

主要的表现特征是认为市场有的商业模式才是靠谱的，不敢在商业模式上作出更多的变化。可采取的克服方法是大胆创新。比如在价值发现上，要更多关注个性化、最终解决方案等新的客户价值；在价值创造上，要更多关注 C2B；在价值占有上，要学习和应用免费商业模式。

任务二　创业计划书

引入案例

高中组建便利店凭创业计划书获实习机会

凭着一本小小的商业计划书和从学校借来的 3300 元钱，她组建起了高中校园里的第一个“小海龟便利店”。第一次自己进货，第一次学会讲价，第一次自己买冰柜……她凭着独特的商业视角，带着一拨志同道合的同学，在一年半的时间里，不仅还清了从学校借来的 3300 元，还盈利了 10000 多元。

她叫胡乃丹，毕业于牛津国际公学成都学校，现在美国布林茅尔学院攻读数学和经济专业双学士。在国外，她也没有闲着，参加金融社团，申请专业实习，甚至还担任起了高中的校园文化大使，与美国高中学校洽谈建立交换生项目……

对于坚持“女生也要经济独立”理念的胡乃丹来说，商业头脑和商业视角是她最值得骄傲的地方。高中来到牛津国际公学成都学校不久，胡乃丹便发现校园中缺少一个很重要的生活站——校园便利店。

“以前学校每周还有两次机会，让学生出校门采购，但是考虑到安全问题就取消了。”胡乃丹说，一想到同学们都断了补给，自己开办便利店的想法一下就冒出来了。“首要的困难就是没钱，所以我们就只好大胆向学校提出借款申请。”

没想到的是，学校校长不但没有拒绝胡乃丹和组员的要求，还欣然答应了下来，只是给同学们提出了一个要求——上交一份正式的商业计划书。“我当时都蒙了，因为我根本不知道商业计划书怎么写，这完全是对大学生提出的要求。”

查资料、学商业计划书写作、和组员讨论方案可行性、请教经济课老师……带着一份长达 9 页的全英文的商业计划书来到校长面前做了关于项目可行性的精彩演讲，胡乃丹和组员们也成功拿到了 3300 元的借款，开始筹备起校园里唯一一家“小海龟便利店”。

与此同时，今年她还成功获得了位于美国华盛顿的一家风险投资金融机构的实习机会，“一般美国金融机构都会选择大二年级的同学，但可能是由于我高中就经过了语言过渡期，英语水平还不错，同时又有组建便利店的经历，所以才会大一就获得实习机会”。胡乃丹说，在面试的时候，面试官还特别看了她高中时的商业计划书和进货成本单，这才决定给她实习机会。同时她今年也获得在上海股权托管交易中心的实习机会。

（资料来源：https：//www. 163. com/news/article/ARVD31C500014AED. html）

一、创业一定要写创业计划书吗

创业计划

（一）创业计划的定义

俗话说“预则立，不预则废”。美国硅谷著名的投资家尤金·克莱尔说过：“如果你想踏踏实实地做一份工作，那么请写一份创业计划。它能迫使你进行系统的思考。有些创意听起来很棒，但当你把所有的细节和数据写下来的时候，自己就崩溃了。”

创业计划（Business Plan），又称为创业计划书，作为投资人见面的敲门砖、项目自我梳理的低成本手段、帮助投资者决定是否投资的重要参考，是创业者在创业初期为企业勾画的蓝图，是创业者计划创立的业务的书面摘要。它以描述与拟创办企业相关的内部环境、外部环境条件和要素特点为业务的发展指南，是衡量业务进展情况的标准。创业计划书要能明确地回答为何能盈利、怎么盈利、何时能盈利和能盈多少利，是市场营销、财务、生产、人力资源等职能计划的综合。

由于大学生大多没有接受过编写创业计划书的专业指导，编制出来的计划书所出现的主要问题表现在以下几个方面：创业项目的产品与服务描述不清楚；创业项目的市场竞争态势分析不深入；创业项目三年规划不切合实际；创业项目需要的启动资金数额较大无法筹集；创业项目的市场运营计划不全面；创业项目的商业盈利模式没有特色；创业项目的市场运营计划不全面；创业团队的人员结构不理想；创业项目的服务特色描述不清楚；创业项目风险分析与控制较差；创业项目的 SWOT 分析不全面。

（二）创业计划的作用

创业计划书是商业模式的书面体现，是呈现创业构想的载体，也是展现创业者如何实现创业过程的一份资料。一份好的创业计划书，是未来创业行动的指南，同时也为企业获得贷款、融资等带来方便。

1. 创业者把握企业发展的总纲领

创业计划的第一位读者应该是创业者自己。办企业不是“过家家”，创业者应该以认真的态度对自己所有的资源、已知的市场情况和初步的竞争策略做尽可能详尽的分析，并提出初步的行动计划，通过创业计划书使自己心中有数。

另外，创业计划还是创业资金准备的依据和风险分析的必要工具。对初创的风险企业来说，创业计划的作用尤为重要，一个酝酿中的项目，往往很模糊，通过制订创业计划，把正反理由都列出来，然后再逐条推敲，创业者就能对这一项目有更加清晰的认识。

2. 投资者决定是否投资的重要参考

对于投资者来说，他不一定很了解创业者，也不一定很了解创业者的企业，即使了解，投资者也未必清楚创业者的经营之道。而创业计划可以作为投资者决定是否进行投资的重要参考。

一份好的创业计划包含投资者关心的每个重点，包括企业的目标、企业的竞争力、企业管理层的能力等。归根结底，好的创业计划可以说服投资者：这是一个优质的潜力股，投资这个企业可以获得丰厚的利润，企业的创始者有能力让投资人获得丰厚的回报。只有能说服投资人投资的创业计划才是出色的创业计划。

3. 创业团队及合作者共同奋斗的动力和期望

创业计划可以增强创业者的自信，使创业者对经营更有把握。因为创业计划既提供了企业的现状和未来发展的方向等方面的信息，也为企业提供了良好的效益评价体系和管理监控指标，使创业者在创业实践中有章可循。创业计划通过描绘新创企业的发展前景和成长潜力，使管理层和员工对企业及个人的未来充满信心，并明确了要从事的项目和活动，从而使大家了解将要扮演什么角色、完成什么工作以及自己是否胜任这些工作。因此，创业计划书对于吸引所需要的人力资源、凝聚人心，具有重要作用。

4. 为企业经营活动提供依据与支撑

在具体的企业经营中，创业计划可以起到指引和规范的作用，为企业各项经营活动的开展提供依据。在创业初始甚至在创业之前，创业者的脑海里就应该有一个包含企业的总纲领、企业的性质、企业的目标、企业经营的方式四个方面内容的蓝图，这是创业企业具体经营实践的指南。只有创业计划真正形成，创业之路才算真正开始。

（三）创业计划书的特点

创业计划书

创业计划书编写是为创业融资、产品宣传提供依据的，同时作为创业实施的规划方案，因此，创业计划书的编写除了尽可能地展现创业项目的前景及收益水平外，还要展现出创业项目的可实现性。

1. 简洁完整，突出重点

为了让投资者和读者了解创业的过程，创业计划书要对创业的目的、过程、预期结果进行描述。同时，为了引起投资者的兴趣，更要注重行文的简洁和实效，突出重点，显示出独特优势及竞争力。

2. 语言通畅，表述精确

计划书的写作是为了让读者获知计划书所表述的内容，因此，无须用华丽的辞藻对内容进行过度美化。比如，在财务分析时，尽量用形象直观的图表进行描述。

3. 数据翔实，尊重事实

计划书中的数据，应该基于前期认真的市场调研和分析，财务预测等应有财务专业人士协助完成。这样才不至于高估市场需求和创业成功率，忽视竞争威胁和重大风险，也让投资者降低或丧失信任。

4. 保护产权，以防泄密

知识产权是企业的生命，要注重对知识产权的保护，把最核心的技术用专利保护起来。在编写计划书时，不要过于详细地描述核心技术，实在无法回避详细描述或必须展示核心技术产品时，要和阅读计划书的投资者签署保密协议，以防商业机密泄露造成不可挽回的损失。

5. 团队合作，优势互补

投资者很多愿意投资在人才上，因此，计划书中要详细介绍创业团队中核心人物的技术和能力以及团队成员间的优势互补，这样更能获得投资者的青睐。

二、创业计划书的核心要素有哪些

（一）创业计划书的内容

1. 战略计划

战略计划是与企业创建有关的各项事宜的总体安排，主要包括以下几个方面。

（1）企业概述

包括企业成立时间、形式，创业者、创业团队简介、企业发展概述。

（2）企业目标

即企业奋斗的方向和所要实现的理想。

（3）产品或服务介绍

主要指产业发展，产品或服务的开发过程以及产品或服务的特性、优势、不足等方面的阐述。

（4）进度安排

公司的进度包括以下领域的重要事件：收入、市场份额、产品开发介绍、合作伙伴、融资计划。

2. 营销计划

（1）市场分析

这一层面主要描述过去、现在和未来的市场需求，分析市场潜力，预测市场价格发展趋势，列举市场主要竞争者的优势，明确竞争策略。

（2）运营计划

运营计划提供了有关产品生产和服务开发方面的信息，具体包括厂房设计、原材料需求、设备规格、生产方法、制造流程、产品包装、成本预算、生产计划、融资计划、投资者渴望获得的投资回报等方面的内容。

（3）销售计划

主要说明未来的销售策略（销售方法、促销手段、定价策略）、销售计划、宣传计划与成本预算。

3. 组织与管理计划

组织与管理计划是指企业的组织结构以及可能的变动，营销团队与管理团队的基本资料、专长和工作理念，企业薪资结构，人才需求计划和培训计划等。即企业的组织结构及其关键人物背景资料的说明。

4. 财务计划

财务计划要包括企业过去财务状况、融资计划、融资后财务预算与评估及未来五年的损益平衡分析。其中，过去财务状况主要指资产负债表和损益表，融资计划主要是指融资用途、时机与金额。

鉴于创业计划在创业过程中的战略性地位，创业者在制订计划时，应当从上述几个方面入手，充实内容，力争详备，有理有据。但有两点需要注意，一是不可能面面俱到，要重点突出、详略有度；二是不能千篇一律，要体现特色、彰显风格。

（二）创业计划书的基本结构

1. 封面与标题

封面是创业计划书的脸面，如同大学生的求职简历，它首先呈现在读者面前，一定要有独特的风格。创业计划书的封面重在设计，要求设计者要有一定的审美能力和艺术天赋。封面一般以简约、明确为主，忌晦涩怪异。

标题明确创业项目名称，体现企业的经营范围。标题一般在封面以醒目的字体标示出来，比如《××创业计划书》。

2. 目录

目录是正文的索引。这里需要按照章节顺序逐一排列每章大标题、每节小标题以及章节对应的页码。

3. 正文

正文是创业计划书的主要内容，包括摘要、主体和结论三大部分。

（1）摘要

摘要既是创业计划书的引文，引起读者的阅读兴趣；又是创业计划书的纲领，提纲挈领，让读者对创业计划书的内容有一个整体的认知。摘要一般包括以下信息。

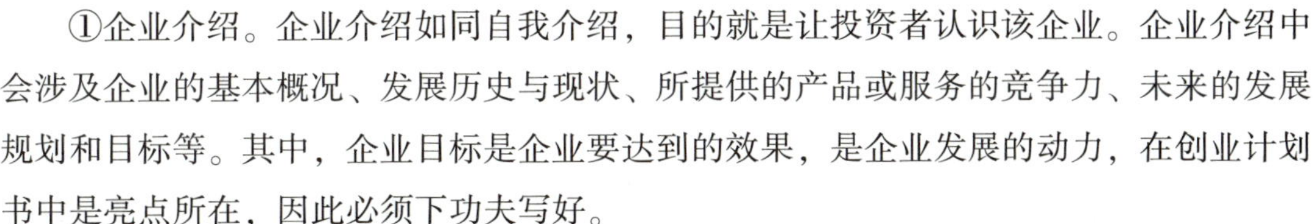

①企业介绍。企业介绍如同自我介绍，目的就是让投资者认识该企业。企业介绍中会涉及企业的基本概况、发展历史与现状、所提供的产品或服务的竞争力、未来的发展规划和目标等。其中，企业目标是企业要达到的效果，是企业发展的动力，在创业计划书中是亮点所在，因此必须下功夫写好。

②创业及其团队介绍。列举管理团队核心成员的行业背景、相关经验和以往的主要工作业绩。

③产品和服务。产品介绍包括产品的名称、特性、市场竞争力、研发过程、品牌、专利、市场前景等。其中，产品的特性是不同产品之间或同类产品之间相互区别的标志，因此，一定要详细且通俗易懂地表述出你提供的产品或服务与同类产品或服务相比有哪些独特之处。

④市场分析。描述产品或服务所针对的目标市场和所处的市场地位。比如你的细分市场是什么、你所拥有的市场有多大、你的市场份额是多少、你的目标顾客群是哪些或哪类人、你的五年生产计划、收入和利润是多少等。

⑤营销策略和计划。在创业计划书中，营销策略应包括市场机构和营销渠道的选择、营销队伍建设和管理、促销计划和广告策略、价格决策等。对于创业企业来说，由于产品和企业的知名度低，很难进入其他企业已经稳定的销售渠道中去。因此，企业不得不暂时采取高成本、低效益的营销战略。

⑥财务计划。强调企业财务分析的客观性和可行性，包括历史经营状况数据和未来财务整体规划。创业者应提供过去三年的现金流量表、资产负债表和损益表；论述未来3~5年内的生产运营费用和收入状况，将具体财务状况以财务报表的形式展示出来。

⑦资金需求。明确资金需求量和资金使用计划。

⑧风险分析。列举可能遇到的风险，比如市场风险、技术风险、资金风险、管理风险等，并给出应对措施。

因此，摘要是整个创业计划书的精华和亮点。它涵盖了创业计划书的精髓，是企业基本情况、企业竞争能力、企业市场地位、企业营销战略、企业管理策略、创业项目的投资前景以及风险预测等方面的综合概述。

鉴于摘要在创业计划书中的重要地位，摘要一定要简明生动，精练贴切，不用面面俱到。可以试想一下，如果投资者在摘要中没有看到闪光点，创业计划书就有可能是一沓废纸，扮演不了帮助创业者引资成功的角色。而摘要部分写得赏心悦目就能吸引人继续读下去，同时也就会让创业者有希望成功融资。可见，摘要是整个创业计划书精华的总结，所以通常在计划书的主体完成后撰写。一份出色的摘要需简短而精练，1~2页纸即可。

（2）主体

主体是对摘要的具体展开。为了让读者一目了然，一般采取章节式、标题式的方式逐一描述。这里集中了企业战略计划、运营计划、组织与管理计划和财务计划的方方面面。具体包括企业介绍、市场分析、产品（服务）介绍、组织结构介绍、前景预测、营销策略描述、生产计划展示、财务规划和风险分析。只要执笔者能够条分缕析，各章节的具体顺序可以自行调整。但是执笔者应该抓住编写创业计划书的关键要素。

（3）结论

结论是对整个创业计划书内容的总结式概括。它与摘要首尾呼应，体现文本的完整性。

4. 附件

附件是对主体部分的补充。受篇幅限制，不宜在主体部分过多描述，或不能在一个层面详细展示的，或需要提供参考资料、数据的内容，一般放在附录部分，以供参考。

技能训练

获奖创业计划书的学习

从网上至少搜集一份获奖的创业计划书，阅读后讨论其获奖的原因。

三、如何撰写创业计划书

（一）创业计划书撰写的原则

1. 市场导向原则

创业计划书的编写要目标明确，既要追求企业的发展，还要突出对经济效益（利润）的追求。而经济利润来自市场的需求，没有明确的市场需求分析作为依据，一切都是空谈。因此，创业计划书应遵循市场导向原则，要充分显示对市场现状的把握与对未来发展的预测，同时要表明市场需求分析所依据的调查方法与事实依据，明确指出面临的市场机遇与存在的威胁挑战等。

2. 文字精练原则

创业计划书应避免那些与主题无关的内容，要开门见山、直切主题，清晰明了地把自己的观点和优势亮出来。风险投资者没有那么多时间，也不愿意花过多的时间来阅读一些对他来说毫无意义的东西。因此，文字精练、直奔主题，才能吸引投资者的兴趣，从而提高成功融资的概率。

3. 一致性原则

创业计划书的内容比较繁杂且多，很容易出现前后不一、自相矛盾的情况。因此，在编写创业计划书时，要遵循一致原则，即风格统一、前后一致、完整一致，前后基本假设或预估要相互呼应、逻辑合理并保持一致。

4. 突出竞争优势原则

创业计划书是投资者决定是否投资的重要参考，因此，创业计划书中要突出企业自身的独特的竞争优势，显现出创业者创造利润的能力，并明确指出投资者预期的报酬，同时也说明可能遇到的风险，做到详略得当。

5. 便于操作原则

创业计划书是创业者在创业初期为企业勾画的行动蓝图，因此，编写的创业计划书必须具有可行性和很强的可操作性，以便于实施。特别是其中的营销计划、组织与管理计划、财务计划、应对风险的方法和策略等。

6. 通俗易懂原则

创业计划书中应尽量避免使用技术性很强的专业术语，这些术语不是谁都可以看得明白的，过多的专业术语会影响读者阅读的兴趣，让他们觉得太深奥。即使不得已要使用专业术语，也应该在附录中加以解释和说明。

7. 客观实际原则

创业计划书要有理有据、循序渐进。创业计划书中的所有内容必须要实事求是，一切数字要尽量客观、实际，以具体、翔实的资料为证，切勿凭主观意愿高估市场潜力或报酬，低估经营成本。创业计划书的安排要有条不紊、可操作性强。

阅读材料 5-4

周鸿祎：用这 10 条打造你的商业计划书

第一，用几句话清楚说明你发现目前市场中存在一个什么空白点，或者存在一个什么问题，以及这个问题有多严重，几句话就够了。

解读：市场空白点，即痛点。乔布斯曾说过，人永远不知道他自己本身需要什么，需求本身是存在的，但是这个需要我们来挖掘。比如滴滴解决了人出行方便的需求。你有一个产品能解决这个问题，只需要一句话说清楚就可以。

第二，你有什么样的解决方案，或者什么样的产品服务，能够解决这个问题。你的方案或者产品是什么，提供了怎样的功能？

解读：这里的产品介绍不需要长篇大论，通过 1 页 PPT 呈现即可，不要过多地拘泥于产品外观或者技术细节，要明白 BP 的目的不是卖产品或者服务给投资人，更不是为了向他们打广告。

第三，你的产品将面对的用户群是哪些？一定要有一个用户群的划分。

解读：有明确的用户群，聚焦到某一特定的领域，在一个小而美的垂直细分行业做到第一，比说“要成为下一个阿里巴巴”更让人觉得靠谱。咱们是 2B 还是 2C，企业在产业链什么位置，客户画像是什么样子，获客成本是多少，具体的量（销量、客单价、月活用户）是多少。

第四，说明你的竞争力。为什么这件事情你能做，而别人不能做？

解读：企业的核心竞争力，无非就是三个——资源、技术、渠道。反过来说，也就是竞争者和新进入者的壁垒，这一部分也是投资人最关心的，需要详细说明。不要让投资者觉得你做的事情，换个团队也可以做。

第五，再论证一下这个市场有多大，你认为这个市场的未来是怎么样的。

解读：市场规模数据要来源于不同的渠道：从政府报告、研究报告、期刊等收集，从竞争对手或者行业协会报告收集。注意这些数据不是整个行业的数据，而是指你要做的垂直细分领域的市场规模数据。

第六，说明你将如何挣钱。

解读：商业模式以及盈利模式，模式要简单，能被证明它是切实可行的，有价值的。

第七，再用简单的几句话告诉投资人，这个市场里有没有其他人在干，具体情况是怎样。

解读：有哪些竞争对手，不要说自己没有竞争对手，市场发展到今天，不可能只有你一家在做而没有竞争对手。这里切忌对竞争对手有所隐瞒，实事求是地去讲。有其他人在做同样的事不可怕，重要的是你能不能对这个产业和行业有一个基本了解和客观认识。要说实话、干实事，可以进行一些简单的优劣分析。

第八，突出自己的亮点。

解读：这条可与第七条相结合来论述，重点突出差异化，比如产品或者服务的差异化或细分人群的差异化。

第九，倒数第二张纸做财务分析，可以简单一些。

解读：不要只写未来，投资者更关心的是当下的运营情况，有具体的数据更好，比如App的下载量，产品的成交量等。预测未来不要信口开河，动不动营收翻倍、利润翻倍甚至未来三年利润过亿。要说明这背后有什么业务以及数据做支撑。

第十，如果别人还愿意听下去，介绍一下自己的团队。

解读：团队成员的优秀之处，以及自己做过什么。有名校毕业背景或者在500强企业工作过更好。当然咱们大部分作为普通人，主要写以前工作时取得的成绩，比如独立完成某App的开发，把某产品的市场占有率做到市场翻倍等，重点在于团队的DNA。

（资料来源：http：//www.360doc.com/content/22/1130/15/2209670_ 1058245591.shtml）

（二）创业计划书的编写步骤

1. 经验学习

大学生创业者大多数都没有撰写创业计划书的经验，此时，可以先通过网络搜集国内外较为成功的创业计划书范文、模板及相关资料，研究这些资料所包含的内容和写作手法后，吸收其中的精华，为自己编写创业计划书打下基础。

2. 创业构思

一个优秀的创业构思对创业企业的成败起着至关重要的作用，如果构思不正确，企业后期将很难经营，甚至可能会破产倒闭。创业者在进行创业构思时，要冷静分析，谨慎决策，考虑多方面的问题，包括团队的组建、资源的获取、企业的运作、盈利的模式以及可能的问题及解决方案等。

团队之间可以就以下几个方面进行创业构思研讨。

（1）产品和服务

好的创业构思是建立在市场需求和产品的开发上，而好企业是建立在好的构思上的。在创业前，创业者要给自己的产品或服务一个明确的目标定位，分析市场的需求，清楚需求的客户、需求的类型、行业态势和市场特征，并根据实际，设计开发出新产品或服务，从而把握住市场的发展趋势。

（2）行业或目标市场

行业的分析可以从以下几个方面进行：行业现状，发展到什么程度，处于萌芽期还是成熟期，总销售额和总收益如何等；行业的发展趋势，比如未来的走向如何；行业的影响因素，包括国家的政策导向、社会文化环境、竞争者的现状、行业壁垒等；竞争者、消费者、供应商、销售渠道等。

目标市场的分析可以从以下几个方面入手：你的细分市场是什么？你所拥有的市场有多大？你的市场份额是多少？你的目标顾客群是哪些或哪类人？你的五年生产计划是什么？收入和利润是多少？你的营销策略是什么？

（3）创业团队和组织管理

从企业的创始人开始，简要介绍管理团队成员的履历，包括姓名、岗位头衔、岗位职务和责任、以前的工作和相关经历、过往业绩、教育背景等。还有介绍组织结构，包括企业的组织结构图、各部门的功能与责任、各部门的负责人及主要成员、企业的报酬体系、企业的股东名单、企业的董事会成员、各位董事的背景资料等。

（4）创业资源

具体而言，可以深度挖掘创业所需的资源，比如场地资源、资金资源、人才资源、管理资源、科技资源、政策资源、信息资源、文化资源和品牌资源等。这些资源里面哪些是自有资源，哪些是需要从外部获取的资源。

（5）财务

包括资源需求分析、融资计划、预计财务报表及投资回报等。还有未来财务整体规划，可以从以下问题着手：单件产品的生产成本是多少？利润是多少？产品定价是多少？销量预测如何？雇用哪些人生产、加工、销售产品？工资预算是多少？

3. 市场调研分析

市场调研是创业构思不可或缺的部分，是指运用科学的方法，收集、整理和分析创业的信息和资料。要了解适宜环境并满足顾客的要求的商机，就必须对市场进行透彻的调查，才能准确把握市场的脉搏。市场调研需要创业者站在消费者的角度思考和分析顾客的需求，并把所得信息与未来的企业相结合，对自己的产品或服务作出调整，尽可能满足社会和顾客的需求。创业者的调研方式可以是在线调查或问卷调查，最终的目标是了解企业的产品或服务是否能满足市场需求，是否能给创业者带来利润。

一般来说，创业者需要进行市场环境调查、供给调查、需求调查、营销调查、竞争调查等，然后，创业者需要根据自己的实际情况（如行业状况、资源的多少、产品或服务的生产阶段等）客观地分析创业过程中可能遇到的问题和困难，根据分析的结果提出解决方案和预案，方案和预案越多、越详细，创业者成功的概率就越大。

4. 起草大纲

经过环境分析和市场调研，创业者就可以开始起草创业计划的大纲。大纲框架搭建得越详细，投资者就越能清楚了解创业者意图，越能让创业者仔细思考创业的过程。一

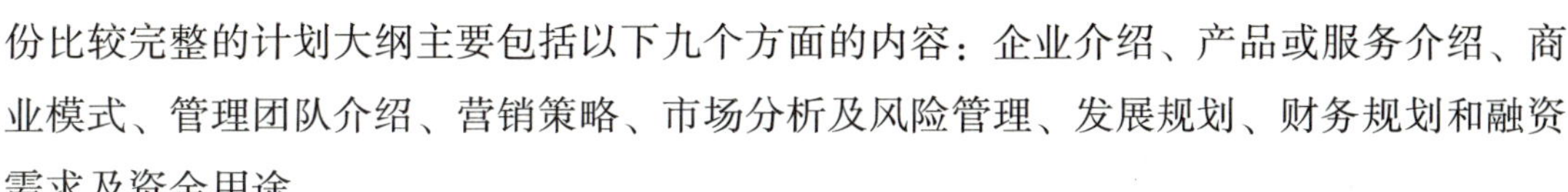

份比较完整的计划大纲主要包括以下九个方面的内容：企业介绍、产品或服务介绍、商业模式、管理团队介绍、营销策略、市场分析及风险管理、发展规划、财务规划和融资需求及资金用途。

5. 起草计划，把构想变成文字

前期工作做完、收集到足够的信息、大纲框架搭建之后，创业者应该把前期的思考转变成文字，即可开始起草创业计划书。创业计划书的内容一般包括以下内容：总体概述，产业背景和公司概述，市场调查和分析，公司战略，总体进度安排，关键的风险、问题和假定，管理团队，公司资金管理，财务预测，预计公司能够获得的利益等。创业计划书包含内容较多，创业者应该明确各个部分的作用，以做到有的放矢。让读者了解创业者创建的是什么样的企业，为社会和顾客提供的是什么样的产品和服务，创业者是一个什么样的团队，面对挑战和竞争，他们用什么策略取得创业成功等。同时，在撰写创业计划书的过程中，创业者还应该咨询律师或专业顾问的意见，以确保创业计划书中的文字和内容没有歧义，不会被他人误解或者招致法律风险。

创业计划书的另一种形式是 PPT 形式的演示文稿，在一个小时左右的时间内，把创业计划通过演讲的方式展示给潜在的投资者，吸引投资人投资。在演讲的过程中，创业者的演讲水平成为投资者进一步了解创业者的创新思维、灵活应变和表达能力的机会。

6. 修饰

在确定具体方案后，创业者还应该对创业计划书进行修饰，在撰写创业计划书的过程中，要注意控制篇幅，简要的创业计划书一般为 4~10 页，全面翔实的创业计划书一般控制在 40 页以内。

对于呈递给投资人的创业计划书，应该装帧精美，封面要简洁有新意，封面的纸质要坚硬耐磨；版本装订要精致，要按照资料的顺序进行排列，并提供目录和页码；最后还要附上创业计划书中支持材料的复印件。

7. 检查

（1）格式检查

创业计划书形式和格式各有不同，但要素和大纲却大同小异。不管是用于商业融资或是创业大赛的计划书，都有一定的商业价值，因此，从商业计划的封面开始，就要严格遵守规范和要求。检查时，主要考察计划内容整体表述是否条理清晰，重点突出，专业语言的运用是否准确和适度，相关数据是否科学、翔实，是否容易被投资者领会。

（2）文字检查

创业计划书是创业者对创业意图完整的表达，是对未来美好蓝图的勾画，因此，计划书中的字句、文法和标点要十分准确，逻辑层次要分明，段落要清晰，用简单准确的词语来表述每个商品，适量用图表帮助形象说明问题。

（3）内容检查

内容检查主要分为两个层次：一是整体检查，二是重点检查。创业者要在整体检查的基础上进行重点检查，完成重点检查并进行修改后，才能重新进行整体检查，最终定稿。

8. 审核

（1）计划书执行摘要

由于投资者一般会选择浏览计划书的执行摘要，以求获得他所需要的信息。因此，计划执行要突出重点且简明扼要，以阐明创业者的思路并具有吸引力和说服力为目的。审核时主要考察的是执行摘要是否简明、扼要、具有鲜明特色。重点包括对公司及产品或服务的介绍、市场调研、企业管理、创业团队的特殊性和优势、财务预测、企业发展目标等。

（2）经营管理

创业者在创业时，实践能力有所不足，企业要有好的发展，企业必须要有正规的经营管理，才能吸引并获得投资。正是因为缺乏管理公司的实践能力，因此，在计划书中要明确说明公司已经聘请经营大师来管理。审核时主要考察的是管理层成员教育和工作背景、经验、能力和专长，曾有的商业战绩，创业者管理公司的才能。经营团队是否有诚信，企业文化是否以诚信为基础，计划书中还要明确公司营销、财务、行政、生产、技术团队等管理分工和互补情况。公司的领导层成员、创业顾问、主要投资人的持股情况和公司的组织结构情况也要明确。

（3）市场分析

创业者要在计划书中展示出对市场已经认真地分析，目的是让投资者认识到市场需求是确实的，有发展的潜力。在审核时，主要考察的是市场调查和分析是否严谨科学，是否对市场容量与趋势、市场变化趋势及潜力、细分目标市场及客户进行了详细描述，估计市场份额和销售额。这就要摸清市场竞争状况，对现有和潜在的竞争者进行分析，也要对替代品竞争及行业内原有竞争进行分析，包括市场定位、全盘战略及各阶段的目标等，总结本企业的竞争优势并研究战胜对手的方案，并对主要的竞争对手和市场驱动力进行适当分析。

（4）产品或服务

投资者关注的是创业者提供的产品或服务，因为他们接受的是满足市场需求的产品或服务。审核时主要考察的是产品或服务技术含金量及创新程度，是否适应市场的需求，能否满足关键用户需要，能否实现产业化，专利权、著作权、政府批文和鉴定材料等是否完备。另外，产品或服务具有未来发展趋势，但不可过分超前市场而导致无法被接受。

（5）财务预测

财务预测是财务管理的主要环节，计划书应该显示企业有应对风险、偿还债务的能力，也给预期的投资者提供一份完整的财务分析。审核时主要考察的是前两年财务月报、后三年财务年报、固定和变动成本、营业收入和支出、现金流量、盈利能力和持久性等，数据要能反映出公司的财务绩效，要基于对经营状况和未来发展的正确估计。

（6）关于营销

市场营销是将产品及服务从创业者直接引向消费者或使用者以满足顾客需求并实现公司利润，是创造、沟通与传送价值给顾客，及经营顾客关系以便让组织与其利益关系人受益的一种组织功能与程序。在审核时主要考察的是能否保持并提高市场占有率，把握企业的总体进度，对收入、盈亏平衡点、现金流量、市场份额、产品开发、主要合作伙伴和融资等重要事件是否有所安排，是否有新颖而富于吸引力的促销方式以及通畅的营销渠道。

总体来看，检查重点放在以下几个方面：一是你的创业计划书是否显示出你具有管理公司的经验；二是你的创业计划书是否显示了你有能力偿还借款；三是你的创业计划书是否显示出你已进行过完整的市场分析；四是你的创业计划书是否容易被投资者所领会；五是你的创业计划书中是否有计划摘要并放在了最前面；六是你的创业计划书是否在文法上全部正确。

阅读材料 5-5

创业计划书的六个 C（六要素）

第一个 C 是英文 Concept，是概念的意思。这个概念指的是：在计划书上要写明白，这样别人就能很快知道要卖什么。

第二个 C 是英文 Customers，是客户的意思。有东西卖之后，下一步就是卖给谁。谁是顾客呢？客户的范围应该非常明确，比如，如果你认为所有女性都是客户，50 岁以上的女性也可以使用吗？客户也包括 5 岁以下的吗？应该明确界定适当的年龄段。

第三个 C 是英文 Competitors，是竞争者的意思。有人卖过什么东西吗？如果有人卖过，在哪里卖的呢？还有什么可以替代的吗？这些竞争对手与他们有直接或间接的关系吗？

第四个 C 是英文 Capabilities，是能力的意思。你知道和了解你想卖的东西吗？举个例子，开一家餐厅，如果厨师不做了或者找不到人，你自己会做饭吗？如果你没有这种能力，至少合作伙伴应该能够做到，最起码也应该有鉴赏的能力，否则最好不要做。

第五个 C 是英文 Capital，是资本的意思。资本可以是现金，也可以是资产，资本是可以兑换成现金的东西。所以资本在哪里，有多少，自己可以支配的有多少，能借到多少，这些都是要非常清楚的。

第六个 C 是英文 Continuation，是可持续经营的意思。当你的事业做得很好的时候，你对未来有什么计划？

（资料来源：https://www.fwsir.com/fanwen/html/fanwen_20081215205617_181028.html）

（三）编写创业计划书的注意事项

创业发起人能否找到合作伙伴、政策支持和获得资金往往取决于创业计划书的质量。为了确保创业计划书能够得到投资者的充分关注，计划书的编写要注意以下事项。

1. 执行摘要，突出重点

在创业计划书中要有执行项目摘要，因为摘要部分是投资者首先必看的内容，因此，要对创业计划进行高度的浓缩，让投资者对即将投资公司的基本情况、组织结构、管理队伍、产品或服务的竞争优势、营销和财务战略和竞争对手等细节有个清楚的了解。这就需要摘要做到简明生动、突出重点、逻辑思路清晰、证据确实充分，让读者能看到项目具备一定的优势，且能明白需要的帮助和支持的方向。

2. 知己知彼，战胜对手

“商场如战场。”在创业计划书中，创业者要对竞争对手做到知己知彼，这就需要创业者分析对手的情况，了解对手的服务、产品与自己的相比有哪些相同点和不同点，他们的营销策略是什么，他们的销售额、毛利润、销售量、市场占有率分别是多少，再清楚认识本企业相对于每个竞争对手的优势，并向投资者展示，顾客选择本企业产品或服务的原因是什么，企业进一步采取何种方法战胜竞争对手等。具有可行性和竞争实力的计划书，才能吸引投资者。

3. 分析市场，注重细节

创业计划书不仅要细致分析市场、经济、职业、地理和心理等因素对消费者选择购买本企业产品行为的影响，以及各个因素所起的作用，而且要给投资者提供企业对目标市场的深入分析和理解。计划书也要注重销售中的一些细节，如企业的销售战略；使用销售代表或内部职员，还是转卖商、分销商、特许商销售；主要的营销计划，开展广告、促销以及公共关系活动的地区，明确每个活动的预算和收益等。

4. 变换角度，明确重点

创业者要依照目标，变换不同读者的角度，确定计划书的重点。因为不同的读者，对于计划书的关注重点也就不相同。比如，站在潜在投资者的角度看，就要突出创业的美好未来、管理团队和创业行动的方针这三个重点方面。

（四）撰写创业计划书的陷阱与应对之策

在撰写创业计划书时，可能存在三类陷阱：创业计划书不够完整、角度不够准确、不切实际。

1. 创业计划书撰写不够完整

创业计划书撰写不够完整通常表现在以下几个方面。

（1）缺少行业背景分析和市场现状描述

可采取的克服方法是掌握 SWOT 等行业分析工具，深入分析行业和市场现状。

（2）缺少企业愿景描述

可采取的克服方法是学会用一句话来告诉别人，企业未来要发展成什么。

（3）缺少商业模式描述

可采取的克服方法是讲清楚有什么样的解决方案或者产品，能够在什么程度上解决痛点，明确用户群体，说明产品的核心竞争力，说明盈利方式。

（4）缺少项目团队介绍

可采取的克服方法是讲清楚团队的规模和组成，团队核心成员的分工、背景、岗位匹配度，团队的核心竞争优势。

（5）缺少财务预测以及融资计划

可采取的克服方法是进行未来一年的项目收支情况的财务预估、未来六个月或者一年的融资计划、目前的估值。

2. 创业计划书撰写角度不够准确

出现创业计划书撰写角度不够准确的情况，主要是因为创业者往往站在企业自身而不是投资人角度去撰写创业计划书。

可采取的克服方法是重点从投资人关注的角度去撰写，比如创业的想法是否关注到真的需求，目前这个市场是否有人在做，是否符合国家政策法律法规，产品究竟如何解决痛点，团队的执行力究竟怎样。

3. 创业计划书撰写不切实际

创业者撰写创业计划书时，经常出现项目脱离实际的情况。

可采取的克服方法是撰写创业计划书前，要充分进行可行性分析，避免出现伪需求、财务预期过高等问题。

四、如何有效推介创业计划书

（一）创业项目推介概述

1. 创业项目推介

创业项目推介是指创业者面向市场、面向投资者推广介绍拟实施（或已实施）创业项目，以获取创业资源的一系列行为，它是创业活动的一个重要环节。

（1）项目背景

项目背景包括项目的来龙去脉、行业发展情况、国家政策等。

（2）项目简介

项目简介包括创业企业的项目目标及发展前景、在做什么、有什么产品、目前的概况如何等。

（3）项目团队

项目团队包括公司创始人及主要成员每个人的能力、学历背景、拥有的资源等。

（4）商业模式

商业模式这是项目吸引投资、打开市场的关键。因此，商业模式是项目推介的重点。商业模式的建立需要考虑产品与市场定位、商业模式设计、财务分析和组织保障等方面。

（5）融资方案

融资方案包括财务状况、融资方式（债权还是股权融资）、融资规模、资金使用计划、资金退出方式、融资期限、项目融资对象、融资承诺等内容。

现在，有一些企业为了减少成本扩大影响而采用网络推介的形式，即采用视频播放、非互动或互动宣讲、ONLINE 游戏等方式，利用互联网的多媒体技术向全世界进行推介促销。该形式不受地域限制，图文并茂，可保存及无限复制传播；可以像看大片那样观看企业宣传片，获得对企业的直观印象；可以看到现场直播的推介活动，从多方面了解企业；可以足不出户，在场外互动中与企业高层对话；可以把所有这些打包下载，在任何需要的时候打开。

2. 创业项目推介会

创业项目推介会就是推广介绍招商引资项目、创业融资项目的大会或活动，旨在帮助企业、社会组织和团体、政府等宣扬自己的特点、产品和政策，促进交流活动，是促进项目与资金对接的一种方式。

项目推介会通常选择在大中城市的会展中心、星级酒店、礼堂、体育馆等场所，使企业和推介对象面对面地交流，以达到介绍自身产品、服务、理念等，通过现场提问作答的方式增进双方彼此的了解，易于营造气氛促成理想的双边考察效果。有些时候，主办方为了达到特殊的推介效果和与众不同的意愿，也会选择独具创意或个性突出的场所，如 LOFT 会所、风景名胜区等。同时，还可以配合节庆、纪念日等具有特殊意义的时间加深推介效果。但是鉴于高昂的宣传、差旅等各种费用，这种宣讲形式的成本也相对较高。

（二）路演

有效地推介创业计划书，可以使创业者少走弯路，节省时间和精力，进行创业计划书推介的最好方式就是路演。路演可以将创业者的想法推介出来，增强投资者的信心，使创业计划书有“用武之地”。

1. 路演的含义

路演是信息的传递过程，是在公共场所进行演说、演示产品、推介理念，并向他人推广自己的公司、团体、产品、想法的一种方式。

2. 路演的目的

路演有两种目的：产品销售和项目融资。

路演是吸引投资者投资的手段。在通常情况下，投资者每天看到的创业计划书和接触到的项目很多，有的投资者甚至一天就要阅读上百份创业计划书，因此，在筛选项目时，只能凭借一些市场份额、盈利水平等硬性指标，很难了解项目的独特之处，进而导致很多优秀的创业设想都与投资者擦肩而过。而路演可以同时让多个投资者认真倾听创业者的讲解和说明，同时，还可以让投资者们有一个思考和交流的过程。

可以说，路演是国内外很多企业实现融资的“高速公路”。通过路演，实现创业者与投资者的零距离对话、平等交流、专业切磋，加深创业者与投资者的相互了解，进而推动融资进程。

3. 路演的基本内容

（1）讲故事

以一个动人的故事开始路演，这会从一开始就勾起听众的兴趣。而且如果路演者可以把自己的故事和听众们联系起来的话就更加完美了。

（2）解决方案

分享创业项目的产品独一无二的地方，以及为什么它能解决前面所提到的问题。

（3）团队成就

路演者应该让投资人对创业者和创业团队有刮目相看的感觉。重点介绍几个关键的里程碑式专利申请、与合作方签署合同、入账收入、顾客数量、员工数量、核心创业人员。

（4）目标市场

把你的目标市场范围 TAM、SAM 和 SOM 讲解清楚。其中 TAM 是指潜在市场范围。SAM 是指可服务市场范围，SOM 是指可获得市场范围。

（5）获客方式

创业企业要怎么获取顾客？得到一个用户要花多少钱？什么样的推广才算是成功的？

（6）竞争对手

一个最能展示你对于竞争对手优势的格式就是表格：一个方面一个方面来比较，一个一个来说明你的优势。

（7）盈利模式

详细地介绍你的产品和定价、销售成本、佣金、分销商返点比例等，然后用事实来证明这个市场正在焦急等待着你的产品的进入。

（8）融资需求

清晰说明你的融资需求，出让多少股权，未来的财务计划如何。

（9）退出机制

大部分投资人都想知道你的退出机制是怎么样的。你是希望被收购还是上市，或者别的退出方式？

4. 路演的条件

（1）项目团队人数最好能两人以上。

（2）项目成功运作过一段时间。

（3）项目必须有内容可供演示。

（4）项目必须拥有独特商业模式和商业价值。

（5）项目必须有完整的商业计划及其历史财务资料。

（6）项目必须有明确的融资需求、融资标的范围。

5. 路演的时间控制

演讲需要反复练习才能达到效果，所以，在准备完路演幻灯片和创业计划书之后则可以安排演讲练习，或者叫预路演，对演讲过程提各种建议，不断改进。大规模路演在时间上的安排可以参照以下内容。

（1）讲故事（20~30 秒）；

（2）解决方案（20~30 秒）；

（3）团队成就（15~20 秒）；

（4）目标市场（10~15 秒）；

（5）获客方式（20~30 秒）；

（6）竞争对手（15~20 秒）；

（7）盈利模式（30~50 秒）；

（8）融资需求（10~15 秒）；

（9）退出机制（10~15 秒）。

中型规模路演时间安排在上述建议的基础上，每部分的时间可根据项目及投资人情况调整，控制在 7~10 分钟甚至更短。路演过程中要预留充足的时间和投资人交流。

阅读材料 5-6

电梯演讲

麦肯锡认为，一般情况下人们最多记得住一二三，记不住四五六，所以凡事要归纳在三条以内。这就是如今在商界流传甚广的“30 秒钟电梯理论”，或称“电梯演讲”。

完成一个电梯演讲，只需要三个步骤。

1. Hook 吸引

根据对方的特点，提出一个对方会感兴趣的话题，吸引对方的注意力。

2. Mutual Benefit 给利

介绍你能够给对方带来什么利益、好处，让对方意识到你的价值所在。

3. Call to Action 收网

约定一个具体的见面时间，互留联系方式。

至此，电梯演讲的三个步骤完成，相互之间互留联系方式，为下次沟通作好准备。

（资料来源：https：//www. bilibili. com/read/cv16761276）

（三）路演的准备

也许会有人觉得路演需要准备吗？不少创业者认为，自己对项目了如指掌，路演简直就是手到擒来。但事实上，在路演时演讲磕磕绊绊、手足无措、用光了路演时间却依然没讲到重点等情况并不少见。路演时的状态直接决定了你是否能够简单明了地表达项目的优势，能否打动投资人。因此，路演前的准备功课一定要做足。

1. 准备一份路演台本

一些创业者会说，我心里清楚要讲的是什么完全没必要写出来，其实不然。在实践过程中，创业者的路演内容从抽象思维到具象语言表达的转化过程往往存在着很大的差距，脑海中的金麦穗也许被你形容成了枯黄的狗尾草，毕竟不是人人都是大文豪。其次，路演都是有时间限制的，短的 1 分钟、3 分钟、10 分钟，长的可以一两个小时甚至更长。根据不同时长准备不同的台本，可以有效地利用路演时间，把握节奏，突出重点，扬长避短。根据路演结构把你要讲的内容写下来。

一般路演可以分为项目介绍和项目展示两大部分：

（1）项目介绍

在介绍部分，强调三句话阐述项目：第一句话说明项目是做什么的；第二句话阐明市场有多大；第三句话说明项目的增长潜力究竟有多大。

（2）项目展示

在展示部分，围绕自己的项目，阐明项目解决的痛点、竞争优势，介绍团队，提出融资需求。

①把写下来的内容进行概括梳理，标注重点。

②梳理台本的逻辑关系、核实数据，切忌表述前后矛盾、数据错误。

③优化语言表述，力求简洁明了，切忌废话连篇、表述不清。

④在台本上标注重点，概括核心内容，有详有略，切忌啥都想说，结果啥都说不

明白。

⑤对投资人的提问环节进行一些问答的准备。路演前角色互换下，问问自己，有哪些问题是投资人比较感兴趣的，提前准备这些问题回答的核心。

2. 准备一份路演 PPT

一份图文并茂、文字精练的 PPT，可以为演讲者提示思路，吸引投资人抓住演讲重点，强化项目的初步印象。

（1）篇幅（10~15 页）

根据路演台本标注的重点，把你想要强调的关键词内容如产品与服务、市场状况、竞争分析、商业模式、团队介绍、融资需求等醒目地展示给投资人。每一页 PPT 的内容都有存在的意义，无意义的东西不要放。

（2）制作

①PPT 的版式设计、色彩风格要统一。切忌色彩搭配超过四种、字体运用超过三种，除非你的项目跟艺术相关，本身就有高超的设计能力。

②多用图片少用字。切忌满屏都是文字，路演更多的是演讲，如果 PPT 上内容太多，会占据大部分投资人的注意力，让听众感到疲劳，影响演讲效果。

③在话题承接的地方，可以使用问句引入下一个话题，吸引听众的注意。

3. 一份完整的项目计划书

路演时间毕竟有限，一份内容详尽的项目计划书，可以全方位地介绍项目，让投资人详细地了解项目细节。

一份完整的项目计划书包括：计划概要、项目介绍、市场分析、行业分析、市场营销、管理团队、财务分析、资金需求、资金的退出、风险分析、结论以及相关附件等部分。几乎囊括了投资人感兴趣的所有内容。

在项目计划书中要体现关注产品、敢于竞争、充分的市场调研、有力的资料说明、表明行动的方针、展示优秀团队、良好的财务预计、出色的计划概要等要点。

（四）路演的常见问题

（1）段落太长。

（2）忽视投资人利益。

（3）提及名字太多。

（4）产品没有定义或者定义太泛。

（5）只谈技术。

(6) 总结不出诀窍。

(7) 意见不认真听。

(五) 路演的实施技巧

(1) 选择合适的路演平台。

(2) 通过网络为路演做好热身。

(3) 找到重点关注的投资人深入交流。

(4) 做足功课，内部演练。

(5) 创始人亲自上场。

(6) 调动路演现场气氛。

(7) 异议处理。

(8) 持续跟进投资人。

商业模式描述了企业创造价值、传递价值、捕捉价值的基本原理。现代企业之间的竞争已经不是产品和服务之间的竞争，而是商业模式之间的竞争。

在研究分析商业模式时，目前普遍采用的工具是魏朱六要素商业模式模型和商业模式画布模型 BMC。商业模式画布的九大模块更清晰，可操作性更强，而魏朱商业模式模型更强调六要素之间的内在关系，两个工具相互借鉴，会有更好的效果。

创业者可以采用客户洞察、创意构思、可视思考、原型制作、故事讲述、情景推测等方法，按照行业扫描、模式洞见、模式设计、评价决策、执行反馈五个步骤来打造自己独一无二的商业模式。

创业计划书是商业模式的书面体现，是呈现创业构想的载体，也是展现创业者如何实现创业过程的一份资料。一份好的创业计划书，是未来创业行动的指南，同时也为企业获得贷款、融资等带来方便。

创业计划书主要包括封面（标题）、目录、正文、附件。其中，正文是创业计划书的主要内容，包括摘要、主体和结论三大部分。

进行创业计划书推介的最好方式就是路演。

思考题

1. 商业模式创新对企业有什么样的价值？
2. 大学生创业者如何设计出独一无二的商业模式？
3. 创业计划书有什么作用？
4. 简述创业计划书的主要内容和撰写技巧。
5. 创业者为什么要进行路演？
6. 如何进行创业计划书的有效推介？需要作好哪些准备？

项目六 企业的开办与管理

学习目标

①了解企业设立的流程。

②了解初创企业的管理特点。

③能够按照流程完成企业的注册和申请。

④分析初创企业的管理特点。

⑤掌握办理工商登记注册手续的流程。

素质目标

①培养合作精神，注重提高思想道德修养，塑造遵纪守法的创业品格。

②全面了解创业相关的法律法规。

③培养对他人、集体、社会和国家所负的责任的认知、情感和信念。

引导案例

开办企业一窗通

“开办企业一窗通”是深圳2018年8月24日搭建的服务平台，实现市场监管、公安、税务、人民银行等部门的信息共享和互联互通，将开办企业时间压缩至4天内，压减环节80%；开办企业所有事项最长1天内办结，其中商事登记环节最长不超过0.5

天，企业开办效率提升300%。

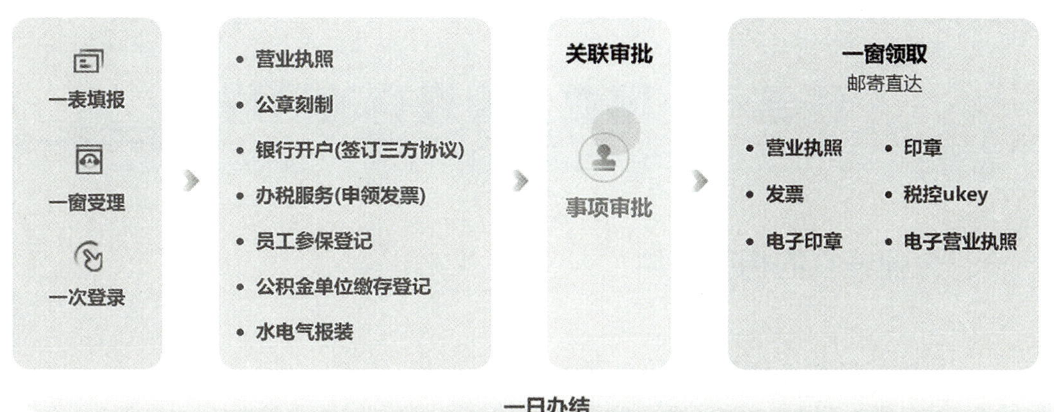

图6-1　开办企业一窗通办理流程

便捷的企业开办服务给市场主体提供了更多的成长空间，有力地提升了整体环境。根据《2020年万家民营企业评营商环境报告》，深圳等城市被评为“营商环境最佳口碑城市”。

良好的营商环境也吸引了越来越多的企业选择深圳。据统计，2018年“开办企业一窗通”系统上线以来，深圳市新增企业121.4万户，其中108.28万户通过“开办企业一窗通”平台设立，改革覆盖面超过89.19%；发放“创业大礼包”36.14万户，为企业节省开办成本24575.2万元。截至2021年10月底，深圳共有商事主体374.9万户，连续7年排名全国第一。

2021年9月8日，国务院常务会议审议通过了《关于开展营商环境创新试点工作的意见》，深圳作为六个创新试点城市之一，持续深化“放管服”改革，加快打造市场化、法治化、国际化营商环境。提升企业开办服务水平是优化营商环境的重要方面。为了破解企业开办的堵点难点问题，近年来，深圳市按照党中央、国务院、广东省委省政府的决策部署，围绕提升企业开办服务水平的工作目标，简环节、减时间、降成本，推动企业开办便利度持续提升。

（资料来源：https：//wxd. sznews. com/BaiDuBaiJia/20211130/content_665173. html）

请思考：

①注册一家公司需要哪些资料和条件?

②注册前需要思考哪些问题?

任务一　创业企业设立的流程

一、企业设立的相关条件

（一）个人独资企业设立的条件

《中华人民共和国个人独资企业法》第八条规定，设立个人独资企业应当具备下列条件。

（1）投资人为一个自然人，且只能是中国公民。

（2）有合法的企业名称。

（3）有投资人申报的出资。

（4）有固定的生产经营场所和必要的生产经营条件。

（5）有必要的从业人员。

（二）合伙企业设立的条件

（1）有两个以上的合伙人，并且都是依法承担无限责任者。

（2）有书面的合伙协议。

（3）有各合伙人实际缴付的出资。

（4）有合伙企业的名称。

（5）有经营场所和从事合伙经营的必要条件。

法律、行政法规规定禁止从事营利性活动的人，不得成为合伙企业的合伙人，如国家公务员等。此外，经全体合伙人协商一致，合伙人可以用劳务出资。所谓劳务出资，是指合伙人以自己未来付出的能够给合伙企业带来利益的劳务，或者自己已经付出的确实给合伙企业带来利益的劳务。

（三）有限责任公司设立的条件

（1）股东符合法定人数。

（2）股东出资达到法定资本最低限额。

（3）股东共同制定公司章程。

（4）有公司名称，建立符合有限责任公司要求的组织机构。

（5）有固定的生产经营场所和必要的生产经营条件。

根据《中华人民共和国公司法》的规定，有限责任公司的股东人数为 2 个以上、50 个以下。法定资本的最低限额对不同行业有不同的限额。

（1）以生产经营、商品批发为主的公司，人民币不少于 50 万元。

（2）以商业零售为主的公司，人民币不少于 30 万元。

（3）科技开发、咨询、服务性公司，人民币不少于 10 万元。同时，公司应设立符合有限责任公司要求的组织机构，即股东会、董事会或执行董事、监事会或监事以及经营管理机构等。

阅读材料 6-1

企业不同组织形式的优缺点研究

国际上通常分类为独资企业、合伙企业和公司制企业。

企业组织形式是指企业存在的形态和类型，主要有独资企业、合伙企业和公司制企业三种形式。无论企业采用何种组织形式，都应具有两种基本的经济权利，即所有权和经营权，它们是企业从事经济运作和财务运作的基础。企业采用何种组织形式，对企业理财工作有重大的影响。

一、独资企业

1. 独资企业的优点

独资企业是企业制度序列中最初始和最古典的形态，也是民营企业主要的企业组织形式。其主要优点如下：

（1）企业资产所有权、控制权、经营权、收益权高度统一。这有利于保守与企业经营和发展有关的秘密，有利于业主个人创业精神的发扬。

（2）企业业主自负盈亏和对企业的债务负无限责任成了强硬的预算约束。企业经营好坏同业主个人的经济利益乃至身家性命紧密相连，因而，业主会尽心竭力地把企业经营好。

（3）企业的外部法律法规等对企业的经营管理、决策、进入与退出、设立与破产的制约较小。

2. 独资企业的缺点

虽然独资企业有如上的优点，但它也有比较明显的缺点。

(1) 难以筹集大量资金。因为一个人的资金终归有限，以个人名义借贷款难度也较大。因此，独资企业限制了企业的扩展和大规模经营。

(2) 投资者风险巨大。企业业主对企业负无限责任，在硬化了企业预算约束的同时，也带来了业主承担风险过大的问题，从而限制了业主向风险较大的部门或领域进行投资的活动。这对新兴产业的形成和发展极为不利。

(3) 企业连续性差。企业所有权和经营权高度统一的产权结构，虽然使企业拥有充分的自主权，但这也意味着企业是自然人的企业，业主的病、死，他个人及家属知识和能力的缺乏，都可能导致企业破产。

(4) 企业内部的基本关系是雇佣劳动关系，劳资双方利益目标的差异，构成企业内部组织效率的潜在危险。

二、合伙企业

合伙企业是由几个人、几十人甚至几百人联合起来共同出资创办的企业。它不同于所有权和管理权分离的公司企业。它通常是依合同或协议组织起来的，结构较不稳定。合伙人对整个合伙企业所欠的债务负有无限的责任。

1. 合伙企业的优势

合伙企业不如独资企业自由，决策通常要合伙人集体作出，但它具有一定的企业规模优势：

(1) 与个人独资企业相比较，合伙企业可以从众多的合伙人处筹集资本，合伙人共同偿还债务，减少了银行贷款的风险，使企业的筹资能力有所提高。

(2) 与个人独资企业相比较，合伙企业能够让更多投资者发挥优势互补的作用，比如技术、知识产权、土地和资本的合作，并且投资者更多，事关自己切身利益，大家共同出力谋划，集思广益，提升企业综合竞争力。

(3) 与一般公司相比较，由于合伙企业中至少有一个负无限责任，使债权人的利益受到更大保护，从理论上来讲，在这种无限责任的压力下，更能提升企业信誉。

(4) 与一般公司相比较，从理论上来讲，合伙企业盈利更多，因为合伙企业缴的是个税而不是企业所得税，这也是其高风险成本的收益。

2. 合伙企业的劣势：

(1) 由于合伙企业的无限连带责任，对合伙人不是十分了解的人一般不敢入伙；

就算以有限责任人的身份入伙，由于有限责任人不能参与事务管理，这就产生有限责任人对无限责任人的担心。

怕他不全心全意地干，而无限责任人在分红时，觉得所有经营都是自己在做，有限责任人就凭一点资本投入就坐收盈利，又会感到委屈。因此，合伙企业是很难做大做强的。

（2）虽说连带责任在理论上来讲有利于保护债权人，但在现实生活中操作起来往往不然。如果一个合伙人有能力还清整个企业的债务，而其他合伙人连还清自己那份的能力都没有时，按连带责任来讲，这个有能力的合伙人应该还清企业所欠所有债务。但是，他如果这样做了，再去找其他合伙人要回自己垫付的债款就麻烦了，因此，他不会这样独立承担所有债款，还有可能连自己的那一份都等大家一起还。

三、公司制企业

公司制企业是按所有权和管理权分离，出资者按出资额对公司承担有限责任创办的企业。主要包括有限责任公司和股份有限公司。

有限责任公司指不通过发行股票，而由为数不多的股东集资组建的公司（一般由2人以上50人以下股东共同出资设立），其资本无须划分为等额股份，股东在出让股权时受到一定的限制。

在有限责任公司中，董事和高层经理人员往往具有股东身份，使所有权和管理权的分离程度不如股份有限公司那样高。有限责任公司的财务状况不必向社会披露，公司的设立和解散程序比较简单，管理机构也比较简单，比较适合中小型企业。

（资料来源：https：//zhidao. baidu. com/question/2057257054521581707. html）

创业案例 6-1

同心奔小康　新疆女孩在苏州创业：让每一袭婚纱传递甜蜜与幸福

2019届服装设计与工程专业毕业生迪丽胡玛尔，大学毕业后发挥专业与兴趣所长，致力于打造自己的婚纱品牌，通过量身定做、自主创意设计，将满心祝福融入一针一线。

公司从成立至今已粗具规模，在苏州拥有生产面积800平方米的工厂，展厅面积

1000 平方米，并在新疆伊宁市、阿图什市、哈密市、和田市以及莎车县等地先后开设加盟店。目前，迪丽胡玛尔在苏州相城区有一家公司、一家工厂、一个展厅，2020 年营业额达到近 1 千万元。创业征途中，迪丽胡玛尔还不忘反哺家乡，一直致力于家乡建设，在新疆伊犁、喀什、和田等地开办 5 家分店，不仅带动了当地婚纱产业，还为当地居民提供了就业机会。

（资料来源：https：//weibo. com/6536846182/KcyeLeT1q）

二、企业登记注册办理

（一）企业名称登记

开办企业，新设立企业需要经过国家市场监督管理总局登记企业名称。

1. 名称构成

企业名称一般由四部分构成：行政区划+字号+行业或经营特点+组织形式。

如“北京市××贸易有限公司”。申请企业名称时，应注意以下几点。

（1）企业只能登记一个企业名称，企业名称受法律保护。

（2）企业名称应当使用规范汉字。民族自治地方的企业名称可同时使用本民族自治地方通用的民族文字。

（3）企业名称由行政区划名称、字号、行业或者经营特点、组织形式组成。跨省、自治区、直辖市经营的企业，其名称可以不含行政区划名称；跨行业综合经营的企业，其名称可以不含行业或者经营特点。

（4）企业名称中的行政区划名称应当是企业所在地的县级以上地方行政区划名称。

（5）企业名称中的字号应当由两个以上汉字组成。县级以上地方行政区划名称、行业或者经营特点不得作为字号，另有含义的除外。

（6）企业名称中的行业或者经营特点应当根据企业的主营业务和国民经济行业分类标准标明。

（7）企业应依法在企业名称中标明组织形式。

在同一企业登记机关，申请人拟定的企业名称中的字号不得与下列同行业或者不使用行业、经营特点表述的企业名称中的字号相同。

①已经登记或者在保留期内的企业名称，有投资关系的除外；

②已经注销或者变更登记未满 1 年的原企业名称，有投资关系或者受让企业名称的除外；

③被撤销设立登记或者被撤销变更登记未满 1 年的原企业名称，有投资关系的除外。

2. 登记依据

（1）《企业名称登记管理规定》（1991 年 5 月 6 日中华人民共和国国家工商行政管理局令第 7 号发布）。

（2）《企业名称登记管理规定》（2020 年 12 月 14 日国务院第 118 次常务会议修订通过）。

（二）申请材料

创业者可以到企业登记机关现场或在线申报方式办理企业名称登记申请。需要准备以下材料。

（1）《企业名称登记申请书》（含指定代表或者共同委托代理人授权委托书及身份证件复印件）。

（2）存在投资关系或授权关系的，提交投资关系或授权关系证明文件。

（3）外商投资企业提交全体投资人的资格证明复印件（文件是外文的，需提交加盖翻译单位公章的中文翻译件）。

（三）网上申请

第一步：登录国家市场监督管理总局。

第二步：服务→网上办事→登记注册→企业名称申报服务→在线申报，注册账号并登录。

第三步：选择企业登记的选项，按要求填写，上传 PDF 材料，完成提交。

材料提交后，企业登记机关将在 3 个工作日内作出企业名称设立登记意见。申请人可登录企业登记申报系统，点击【我的业务申请】查看申请业务审查过程反馈信息。

申请状态为“退回修改”的，业务信息可查看、修改或者将申请的业务直接“删除”。申请状态为“已办理成功”的，业务信息可查看、文书可以打印。

注意事项：被退回修改名称在退回 15 天内，企业没有重新上报，系统会将该业务申请信息删除，同时允许其他人申请该企业名称。

（四）公司设立登记并刻制印章

企业名称登记办理成功之后，可以选择当地政务服务网线上办理或政务服务大厅线下申请办理。需要提交以下资料。

（1）《公司登记（备案）申请书》。

（2）公司章程（有限责任公司由全体股东签署，股份有限公司由全体发起人签署）。

（3）股东、发起人的主体资格文件或自然人身份证明。

（4）法定代表人、董事、监事和高级管理人员的任职文件。法定代表人、董事、监事和高级管理人员的身份证件复印件。

（5）住所使用相关文件。

材料提交后，法定机关将在 6 个工作日内作出企业设立登记意见。准予登记后，凭营业执照，到公安局指定的刻章社刻公章、合同章、财务章。

（五）税务报到

领取营业执照后，应当自领取工商营业执照之日起 30 日内申报，办理设立税务登记。需要准备的材料如下。

（1）营业执照正副本及复印件。

（2）公章、章程及股东身份证复印件。

（3）经办人身份证原件及复印件。

（4）银行基本存款账户信息。

（5）银行三方扣缴协议。

（6）如需申领发票需携带发票章。

（六）银行开户

现在我们到了公司三证合一后，公司注册登记的最后一个环节——银行开户。

带上营业执照和法人代表的身份证原件、房屋租赁合同一份并加盖公章。

注册公司全流程
市场监督局
注册账号
网上进行核名
市场监督局
下载 登记注册身份验证 App
进行注册和实名认证
市场监督局
网上填写资料
资料图片上传
投资者身份证
租赁合同及产权资料
股东会决议
其他相关文件
市场监督局
审核不通过 重新提交
审核通过 领取营业执照
公安局
找到制刻印章公司
刻公章 合同章 财务章
公安局进行防伪备案
税务局
税务登记备案
核定税种及重置密码
购买税控盘及申请发票
商业银行
选择开设公司基本户
开通网银及回单卡功能
其他部门
办理资质许可证
如食品经营许可证
进行部门备案报到
教育类企业

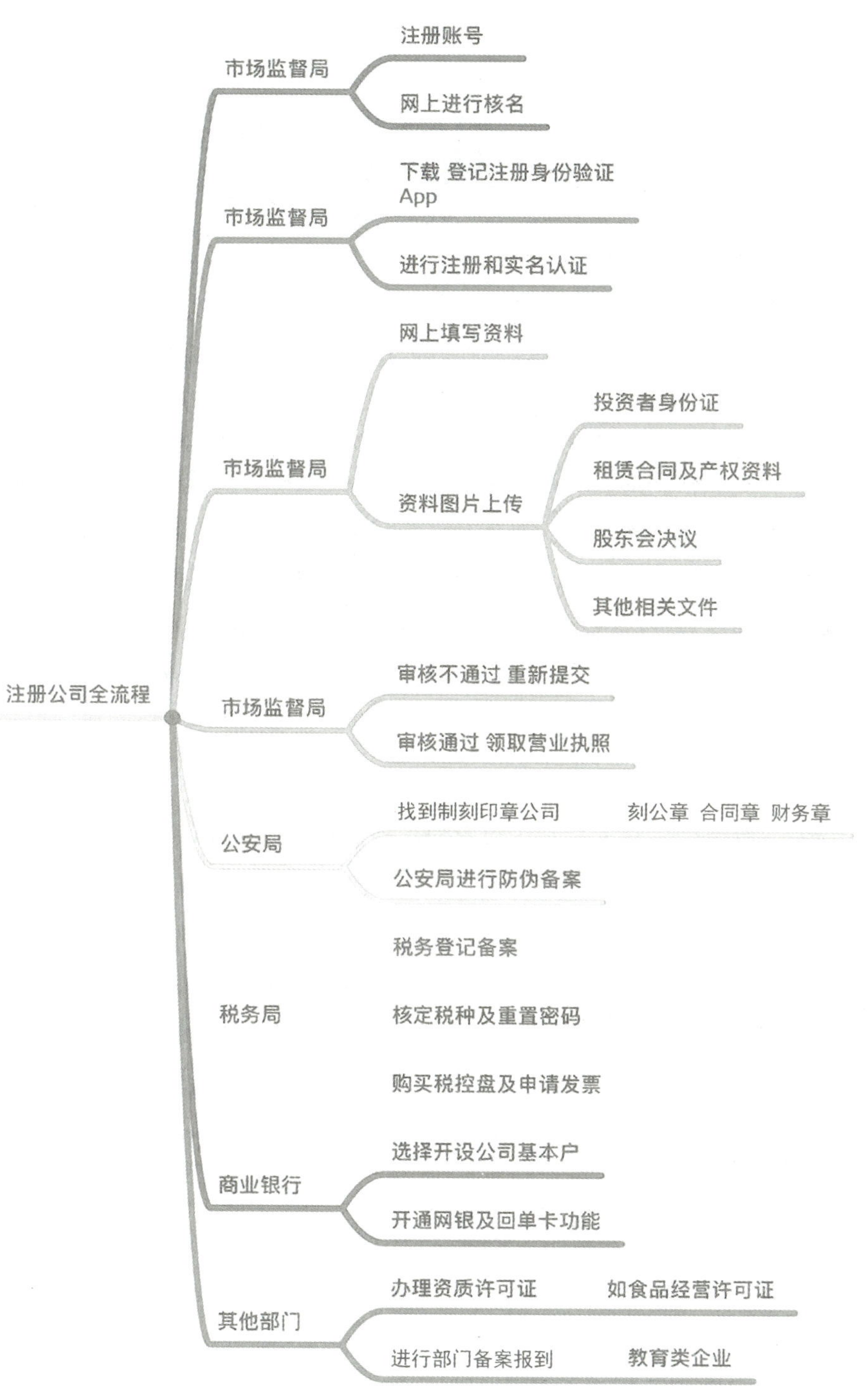

图 6-2　注册公司全流程

任务二　新创企业的管理

引入案例

创业6年，转向4次的旅行社

“智游啦”是一家将体验式玩法做标准化输出的目的地运营商。目前深耕厦门一地，为追求品质的自由行爱好者，提供独家策划的旅行玩法，涵盖了主题半日游、一日游和当地体验等类别。以“深入老厦门”半日游主题产品为例，向导将带游客到避风坞追寻消失的老渔港记忆，去第八市场像老厦门人一样挑海鲜，再在露天茶室喝一壶陈年老茶。“智游啦”创立后直到2016年9月，才开始确定如今的创业方向。据CEO汪博介绍，“智游啦”经历了几个阶段，从智能行程规划到PGC旅行视频再到目的地打包产品设计走了很多弯路。

2011年，“智游啦”成立。技术出身的汪博开始做的是智能行程规划工具，但最后发现它既不是流量入口，也不接近产品，处于一个很尴尬的位置；后来开始思索往流量端靠，做PGC旅行视频，但转化率太低，“几乎是万分之零点几”。于是又转向做目的地打包产品的设计，但发现品控又有问题，运营链条是散的：“因为我们自己不下沉做任何服务，真正的服务者是当地的供应商。”在前几次试错的过程中，“智游啦”逐渐看清了方向。2016年6月，当“智游啦”的第三次创业方向宣告失败的时候，汪博和他的团队花了三个月的时间思考一个问题：在旅游行业里，我们还能做什么？三个月之后，他想通了：自助体验旅行——这是“智游啦”最新的创业方向。“想通之后，就像是打通任督二脉似的，特别轻松。”汪博在3个月时间里，带领团队进行了充分的调研分析，对自我、对团队、对市场都进行了推翻和重新认识。

他们对旅游市场做了一个系统的分析，把旅游分成三个层次——观光、度假和体验。然后把旅行方式分为跟团、自助和定制，并画了一个九宫格的图，把其中每块对应的市场阶段、机遇和玩家都做了充分的调研。最后“智游啦”判断：自助体验旅行，会是未来最有潜力的市场方向。汪博分析：“虽然自助度假旅行将会稳定占据主流旅行市场，不过它正处在红蓝海的过渡阶段，一年内必成红海，另外这个市场消费决策入口

单一，巨头切入速度快，存在线下细分机会，但不存在大的流量入口机遇；而自助体验旅行，虽然目前存在资源端较为匮乏、用户消费习惯未成熟等问题，但其市场潜力巨大，存在大入口机遇。”汪博对自己的判断坚定不移，并在这条路上一路狂奔。月营业额也从10月刚上线时的1万多飙升到了如今的40多万，向导数量从开始时的9名增加到了当时的21名。而今年“智游啦”计划将厦门模式复制到杭州、成都、西安等国内其他6个热门目的地。如今，从“智游啦”现在的模式，确实可以看到一路调整的轨迹。为了避免C端高昂的获客成本，“智游啦”选择2B，成为马蜂窝、携程、飞猪等OTA和旅游电商的供应商。为了把握品控，它开始下沉到目的地做产品和服务，并建立了一套智能化的运营体系。“新一代的地接社”是汪博对“智游啦”的定位，但他更喜欢称“智游啦”为“智能化的玩法运营商”。因为无论从产品的设计、服务的落地，还是内部的运营管理，“智游啦”都有一套智能化、标准化的管理系统。“智游啦”的向导管理系统，也可以实现智能派单。比如，如果游客带了小孩，系统会优先将派单给有带亲子家庭经验的向导，而向导也可以根据自己的实际情况选择接受或拒绝。

另外，行程结束后，游客可以在向导发送的链接上，对“智游啦”的产品和服务进行打分、评价和打赏。后台除了可以看到游客的评价以外，还可以看到向导每天在系统上反馈的带团的问题。汪博认为，标准化的流程虽然不能做到满分，但至少可以把体验做到7分，并且可复制和规模化。“智游啦”做的是目的地体验式玩法，有点像城市微旅行的概念，更加符合当今时代旅行用户的特点。当这种玩法普及的时候，或许会淘汰传统的一日游产品。“智游啦”的新玩法刚刚上路，让我们一起拭目以待吧！

（资料来源：https：//www. sohu. com/a/130001745_ 130541）

一、新创企业管理的原理和方法

（一）企业管理的基本职能

管理是管理者通过计划、组织、领导、控制等职能来有效协调人力、物力和财力等资源，以便更好地完成组织目标的过程。在这一过程中，管理将会发挥以下职能。

1. 计划

计划是指管理者根据生产经营的需要，为企业的各个部门、环节和人员在时间与空间上规定其具体任务。计划先于其他管理工作，是决定生产经营系统能否有秩序、有效率地进行活动的首要条件，包括确定或指定目标、措施、工作程序和各种标准等工作。

企业的计划管理，除须保证按期、按量、按质地生产商品，还应突出经济效益和社会需要。因此，管理者要重视对市场的调查和预测，使计划建立在可靠的基础上。

2. 组织

组织是指管理者根据企业的总目标和管理的要求，将生产经营的各个要素，在劳动分工、协作和人员配备等方面，用各种结构形式，合理、紧密、高效地加以组合与协调，以形成一个有机的整体。有效的管理组织系统，应该明确各级管理机构和人员的职责范围，迅速准确地传递各种信息。组织是达到目标完成计划的保证。

3. 领导

领导是指管理者利用职权和诚信施展影响，指导和激励企业员工努力实现目标的过程。领导工作包括激励下属、指导下属行动、选择最有效的沟通途径或解决组织成员间的纷争等。领导工作的核心和难点是调动组织成员的积极性，它需要管理者运用科学的激励理论和合适的领导方式。

4. 控制

控制是指管理者对一切工作加以分析和检查，判断其是否背离原定的计划和目标，找出弱点和错误，及时分析原因，并予以纠正，使企业资源有效运用于企业的各方面。企业应尽可能做到预先控制，并建立标准，加强信息反馈。

（二）企业管理的基本原理

企业管理的基本原理是经营和管理企业必须遵循的一系列基本的管理理念和规则，也是实现企业有效管理的基础，是管理理论的核心，每个创业者都应该准确掌握。企业管理的基本原理主要包括以下几个方面。

1. 人本原理

人本原理是指一切管理活动应以调动人的积极性、挖掘人的潜能为根本。人既是管理的主体，又是管理的客体，是管理活动中最活跃、最核心的因素，因此，现代企业管理强调以人为中心。

2. 系统原理

系统原理是指在管理活动中必须运用系统理论、系统思路、系统工程、系统方法来进行系统管理。企业是一个由各子系统及要素构成的系统，而外部环境又是一个大系统。创业者要正确掌握整体、局部及内外彼此之间的关系和相互作用，使企业整体效益最优。

3. 整分合原理

整分合原理是指运用管理手段使企业在整体的规划下进行明确的分工，并在分工的基础上，又进行有效的结合。“整”是集权、统一，“分”是分权、分工，二者要妥善结合、互相协调，才能实现管理的高效率和高效益。

4. 反馈原理

反馈原理是指管理者为了确保及时、准确、高效地完成既定计划，达成组织目标，必须快速准确掌握组织内部和环境的变化情况，及时将系统的运行状态和输出结果与原计划和目标进行比较，以便在出现偏差时立即采取行动加以纠正或修改，保证组织目标的实现。

5. 能级原理

能级是指组织成员在一定条件下，能对实现组织目标起作用的各种能力之和的差别。能级原理就是指管理的组织结构与组织成员的能级结构必须相互适应和协调，这样才能做到人尽其用，提高管理效率，实现组织目标。

6. 弹性原理

弹性原理是指管理必须保持充分的弹性，并留有余地，以适应客观事物可能发生的变化，有效地实行动态管理。企业应随时保持应变能力，以信息方式运用弹性原理，并适当地掌握物质动力和精神动力，作为一切工作的推进力。

阅读材料 6-2

几个朋友合伙创业，如何分配股权

Facebook 的股权分配：扎克伯格 65%，萨维林 30%，莫斯科维茨 5%。

Facebook 是扎克伯格开发的，他是个意志坚定的领导者，因此占据 65%；萨维林懂得怎样把产品变成钱，莫斯科维茨则在增加用户上贡献卓著。不过，Facebook 起始阶段的股权安排埋下了日后隐患。由于萨维林不愿意和其他两人一样中止学业全情投入新公司，而他又占有 1/3 的股份。因此，当莫斯科维茨和新加入但创业经验丰富的帕克贡献与日俱增时，就只能稀释萨维林的股份来增加后两者的持股，而萨维林则以冻结公司账号作为回应。

A 轮融资完成后，萨维林的股份降至不到 10%，怒火中烧的他干脆将昔日伙伴们告上了法庭。萨维林之所以拿那么高股份是因为他能为公司赚到钱，而公司每天都得花钱。但扎克伯格的理念是“让网站有趣比让它赚钱更重要”，萨维林想的则是如何满足广告商要求从而多赚钱。

短期看萨维林是对的，但这么做不可能成就一家伟大的公司，扎克伯格对此心知肚明。Facebook 正确的办法应当是早一点寻找天使投资，就像苹果和谷歌曾经做过的那样。在新公司确定产品方向之后，就需要天使投资来帮助自己把产品和商业模式稳定下来，避免立即赚钱的压力将公司引入歧途。Facebook 的天使投资人是帕克的朋友介绍的彼得·泰尔，他注资 50 万美元，获得 10%股份。

之后，Facebook 的发展可谓一帆风顺，不到一年就拿到了 A 轮融资——阿克塞尔公司投资 1270 万美元，公司估值 1 亿美元。7 年后的 2012 年，Facebook 上市，此时公司 8 岁。

创业团队在组建过程中需要制订股权分配方案。随着公司逐渐变大，资本需求会越来越旺，后续融资不可避免，引进经验丰富的运营人才也必须授予其股权或期权，这些都会稀释创始人的股权。

（三）企业管理的基本方法

企业的管理方法是管理者在管理活动中为实现管理目标、保证管理活动顺利进行所采取的工作方法，在人们长期的管理实践中，总结出来无数可行的管理方法，而基本方法是从各种具体方法中概括出的，具有普适性的方法，主要有以下四种。

1. PDCA 循环

PDCA 循环由美国统计学家戴明提出，该理论认为管理的过程就是计划（Plan，P）、执行（Do，D）、检查（Check，C）、处理（Act，A）的循环过程。问题随着 PDCA 的循环不断得到解决，企业的经营管理水平也不断提高。

2. 目标管理

目标管理是指管理者以企业总目标为依据，从最高领导开始，各级主管与下属协同制订本部门和每个人的目标以及达到目标的计划和实施进度。通过事先制定目标并适时根据目标完成情况进行评定与奖惩来激发员工潜力，以求达到在规定时间内完成目标。

3. 满负荷工作法

满负荷工作法是指管理者先对企业的各项工作提出较为先进的目标，后把目标分成

几个阶段逐步实现，而后层层落实，形成保证体系，并与个人报酬挂钩。满负荷工作法的主要内容有九项，即质量指标、经营指标、设备运转、物资使用、资金周转、能源利用、费用降低、人员工作量、8 小时利用率，以求通过对高标准的追求取得最大的效益。

4. 例外管理

例外管理是指管理者将自己的工作分为常规工作和例外工作，常规工作可以授权给经过训练或有经验的下属，使其在规定范围内按章执行，定期汇报；例外工作必须自己亲自处理。例外管理的优点是主管可以集中精力处理重要事务，能充分发挥下属的能力。但是如果工作分配不当就可能导致重要工作分配到下属手里，造成工作失误。

创业案例 6-2

小米的扁平化架构

小米是近几年一个成功的与用户保持零距离的互联网+组织的典型案例。

小米公司于 2010 年 3 月 3 日成立，不足五年时间，从 MIUI 开始到小米手机的推出，再到今天的智能家电的布局。小米公司已经成为中国互联网创新企业标杆。

小米的三三法则当中，提出了明确的三个战略，“做爆品”“做粉丝”“做自媒体”。围绕着这三个战略，又构建了三个战术，“开放参与结点”“设计交互方式”“扩散口碑事件”。

基于此，小米围绕着怎么与用户做朋友，怎么样充分让用户参与到企业经营决策中，构建了它与用户保持零距离的一个扁平化的组织架构。以小米核心的合伙人团队，作为最高的一级管理层次。中间就是各个主管，而最底下就是员工，由员工直接面对用户。

小米的合伙人在吸收了雨果 · 巴拉、陈彤等加入之后，正式构建了围绕小米生态体系的一个合伙人核心管理团队。由黎万强引导的电子商务的运营、营销、推广的团队；由周光平领导的硬件和 BSP 的团队；由黄江吉领导的路由器和云服务的团队，以及由洪锋领导的 MIUI 团队。王川则是领导小米盒子和小米电视的团队；刘德领导的小米手机的工业设计和生态链，包括雨果 · 巴拉领导的国际业务和安卓战略合作团队，以及陈彤领导的小米内容和投资运营的团队。这样一个团队，下面直接面对的，就是一些核心的中层部门经理。那么，再由中层带着几个直接员工，构成了这样的一个由合伙人、中

层到员工的三层扁平化的组织结构。

（资料来源：https：//zhuanlan. zhihu. com/p/572895576）

二、新创企业的基础管理策略

基础管理是企业开展专业和综合管理活动的最基础的工具和方法，是维持企业日常运转的必要工作，是管理工作的主要组成部分。企业要搞好经营管理，必须先做好基础管理工作，主要包括以下六个方面：

（一）规章制度

规章制度是维持企业日常运转的规则。企业必须贯彻执行国家的法令、条例和政策，根据实际需要制定必要的企业规章、守则，还要建立严格的制度，使考勤、交接班、工艺操作、质量检验、财务出纳等环节都有章可循。且在制度建立时要民主，在制度执行时要严格，保证规章制度合理、可行、有威信。

（二）原始记录

原始记录是指对企业各项活动结果的记录，包括生产、销售、劳动、原材料（燃料、工具）、设备动力、财务成本、技术等内容，常以产品设计任务书、设计图纸、各类工艺卡片、工艺操作规程、图纸及工艺更改通知单、产品品质鉴定报告以及各种计划大纲和定额资料等来表现。原始记录是健全企业经营管理工作的重要内容，其信息必须准确，绝对不能主观估计，更不能凭空捏造。

（三）计量监测工作

计量监测工作是指通过各种手段收集所需数据的工作。企业应根据生产规模和实际工作的需要，设置专门的计量监测机构，配备必要的人员，购置必要的计量监测器具，建立标准，加强对器具的检验和维修，以保证其准确性。计量监测工作有利于保证产品质量、提高劳动效率、加强经济核算以及统计材料、物资的收发和消耗。

（四）统计工作

统计工作是指应用统计方法及时对原始记录加以统计分析，而后才能开展决策、计划和定额等工作，并将其作为检查考核的依据。做好统计工作有利于各级管理人员处理

问题，作出决策，进行检查、控制和指挥，因此，统计工作必须及时、全面、准确。

（五）定额工作

定额工作是指企业规定人、财、物消耗应当达到的定额标准，通常涉及生产、人工、物资消耗、机器设备、成本费用、财务资金等。良好的定额管理制度对企业的组织劳动、推动经济责任制度、贯彻按劳分配、提高劳动生产率、加强经济核算、降低产品成本都有重大作用。

（六）员工培训

企业应将员工培训作为一项基本建设来进行，而进行员工培训的第一步就是确定培训目标，确定培训目标必须结合企业的实际条件和决策目标。新企业根据一定标准招收员工后，员工要有一个熟悉业务、认同企业形象的过程，企业可以为员工讲授企业文化、企业历史、经营思想、管理技巧、行为科学、公共关系等内容。

创业案例 6-3

阿里巴巴的权责利的分配

从 2010 年阿里集团开端在管理团队内部试行合伙人制度；到 2013 年马云在阿里 14 周年庆时“高调”宣布合伙人制度树立；再到今天美国上市时，阿里以法律文件对外发布，阿里的合伙人制度逐步揭开了神秘的面纱。

“阿里合伙人”是一种特殊身份，并非传统法律意义上的“普通合伙人”。阿里的合伙人身份不同等于股东，固然阿里请求合伙人必须持有公司一定的股份，但是合伙人要在 60 岁时退休或在离开阿里巴巴时同时退出合伙人（永世合伙人除外），这与只需持有公司股份就能坚持股东身份不同。

阿里的合伙人身份不同等于公司董事，招股阐明书显现，阿里集团内部，董事会具有极高的权力。阿里合伙人会议并没有取代董事会来管理公司，合伙人会议的主要权力是董事会成员候选人的提名权。也就是说，合伙人具有人事控制权，而非公司运营的直接受理权。

阿里的合伙人不要求承担无限连带义务。阿里合伙人的职责是表现和推行阿里巴巴的任务、愿景和价值观。至于财富经济义务，合伙人不是 GP，也就是说，阿里合伙人履职的义务主要是肉体和身份层面的，没有详细财富赔偿义务。

玄妙的“董事提名权”：

阿里巴巴的合伙人到底有什么权力？其实说起来很简单，阿里巴巴合伙人具有提名简单多数（50%以上）董事会成员候选人的专有权。

从外表上看，阿里巴巴的合伙人具有的仅仅是董事的提名权，而非决议权。但是认真研讨阿里巴巴的章程，不难发现其中隐藏玄机。依据阿里的官方材料，固然合伙人提名的董事，需求得到年度股东大会半数以上的赞同票，才可选中为董事会成员；但是假如阿里巴巴合伙人提名的候选人没有被股东选中，或选中后因任何缘由分开董事会，则阿里巴巴合伙人有权指定暂时过渡董事来填补空缺，直到下届年度股东大会召开。

不止如此，阿里的最新招股阐明书还说明：在任何时间，不管任何缘由，当董事会成员人数少于阿里巴巴合伙人所提名的简单多数，阿里巴巴合伙人有权指定缺乏的董事会成员，以保证董事会成员中简单多数是由合伙人提名。

也就是说，无论合伙人提名的董事股东会能否同意，合伙人总能让本人行使董事的权益。本质上，阿里巴巴的合伙人曾经经过上述程序实践控制了公司半数以上的董事。

目前阿里巴巴的董事会成员为 9 人，其中有 4 人由合伙人提名；招股完毕后，合伙人能够再提名两人，届时董事会将有共 11 名董事；同时，阿里巴巴曾经和软银及雅虎达成投票协议，软银和雅虎将在股东大会上为阿里巴巴提名的董事投同意票（前提是软银至少持有 15%的已发行的普通股）。

为了保证合伙人这一权力的持续有效，阿里巴巴还规定，假如要修正章程中关于合伙人提名权和相关条款，必须在股东大会上得到 95%的到场股东或拜托投票股东的同意。依据官方披露，马云、蔡崇信在 IPO 后依然分别持有阿里 7.8%、3.2%的股份，而二人目前正是阿里巴巴合伙人团队中的永世合伙人，由此来看，合伙人的“董事提名权”安如磐石，难以突破。

合伙人的产生与“合伙人委员会”：

依据阿里巴巴发布的材料，阿里巴巴合伙人的任职资历中的“客观”条件很简单：为阿里巴巴或亲密关联公司工作 5 年以上。其他条件，诸如“必须具有十分耿直的人品、对公司开展有积极奉献，以及能传承公司文化或者愿为公司价值观竭尽全力”，都非常“客观”。

契合上述条件的候选人，由现有合伙人向合伙人委员会提名，新合伙人的选举一年一次。现有合伙人一人一票，需求 75%以上的合伙人通过，候选人才被选为新合伙人。但是，阿里巴巴又请求每位合伙人必须具有一定的阿里股份，由此可见，可以成为阿里合伙人根本都是经过公司的股权鼓励制度取得了阿里股权的高管。

依据最新材料，阿里合伙人曾经增加为 30 人。但是，笔者以为，阿里合伙人制度的中心是“合伙人委员会”。阿里的合伙人委员会由五位合伙人（将来可能人数增加）组成，每一届任期3年，能够连选连任。阿里的合伙人委员会有两项中心职能：

①担任管理合伙人选举。也就是说任何被提名的候选合伙人必须经过合伙人委员会确认才可成为正式的候选人。

②提议和执行阿里高管年度奖金池分配。阿里合伙人委员会能够向董事会的薪酬委员会提议高管的年度奖金池，并在董事会表决后，在董事会的薪酬委员会同意下给公司管理人员和合伙人分配奖金。

目前阿里巴巴的合伙人委员会由5人组成，包括马云、蔡崇信、陆兆禧、彭蕾和曾鸣。

“永世合伙人”与“荣誉合伙人”：

阿里巴巴最新一期发布的招股阐明书中，对合伙人的退休和除名作出了规则。笔者以为，这是马云等关于较为封闭的合伙人制度的一次调整，也可能是美国证券监管部门的请求或者顺应IPO的需求。

合伙人的退出机制：

依据阿里发布的材料，阿里的合伙人契合以下某一情形的，就丧失了合伙人的资历：

①60岁时自动退休。

②本人随时选择退休。

③离开阿里巴巴工作。

④死亡或者丧失行为才能。

⑤被合伙人会议50%以上投票除名。

同时，阿里又规定了永世合伙人和荣誉合伙人两种特殊的合伙人身份。

阿里规定，永世合伙人将作为合伙人直到其本人选择退休、死亡或丧失行为才能或被选举除名。目前阿里的永世合伙人只有马云、蔡崇信。永世合伙人的产生，能够由选举产生；也能够由退休的永世合伙人或在职的永世合伙人指定。

此外，退休的合伙人还能够被选为荣誉合伙人，荣誉合伙人无法行使合伙人权益，但是可以得到奖金池的分配。假如永世合伙人不再是阿里巴巴的职员，则无法得到奖金池的奖金分配，除非他依然是荣誉合伙人。

（资料来源：https：//zhuanlan. zhihu. com/p/19850113）

三、新创企业的人力资源管理策略

创业企业通常规模较小，因而在人力资源管理上不必像大企业那样面面俱到，而是应该根据自身特点，充分发挥自身的优势。创业企业的人力资源管理工作包括以下五个方面。

（一）突破任人唯亲的怪圈

许多企业领导人把企业财产视同私有财产，在企业中担任要职的往往是家族成员或朋友，而对企业中没有关系的员工信任度低，在升迁、权力方面也偏向有关系的员工。这样无疑会制造员工对立，削弱企业的凝聚力，不利于企业的长期发展。

（二）制定科学的管理标准

管理标准是履行管理职能时必须遵循的权责标准、程序标准、法律标准、制度标准以及实施标准，起到约束和引导员工行为的作用。创业企业要站在管理法制化、科学化的高度来认识管理标准的重要性，建立并贯彻执行明确而具体的管理标准。

（三）制定严密的管理制度

企业的管理制度一经制定，就是企业至高无上的“法”，每个人必须依“法”办事，不得凌驾其上。管理制度在执行时必须具有时效性、可操作性、明晰性。

（四）采用多样性、综合性的管理方法与手段

管理方法与手段是随着社会和科技发展而不断丰富和发展的，管理方法与手段的应用直接影响管理效果。作为企业的管理者，应当善于管理，而善于管理就要善于综合运用各种管理方法和手段，不能只强调或偏重哪一种或哪几种手段的应用。

（五）提升企业文化

企业创业初期，对员工的吸引主要是靠人性化的管理和机会牵引，维系员工除了合理的薪酬激励和公平分配，还有企业文化的牵引，即企业必须提供共同奋斗的愿望、价值观念和文化氛围，激发员工目标与企业目标的趋同。

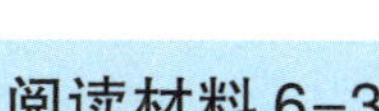

阅读材料 6-3

创业企业的人力资源管理

杭州 YT 科技有限公司成立于 2017 年 6 月，是一家致力于移动互联网教育的科技公司。在短短几年里就取得了非常优异的成绩，成功拿到了两亿元的 A 轮投资，成了新生代互联网公司的翘楚。

YT 公司的成功离不开其先进的管理体系。在人员招聘上，YT 公司奉行“简化流程，关注核心要素”的战略，将招聘流程简化为简历筛选、多维面试两大过程。首先，由部门负责人负责专业知识领域的面试；其次，由公司首席执行官负责应聘人员价值观面试，考核应聘者的抗压能力、团队协作能力以及对自己的未来是否有规划，是否能为公司提供长远的价值等方面；最后，由人力资源部门与应聘者确认薪酬福利等内容。

YT 公司用绩效考核作为基础的激励手段，将绩效考核指标分为五大部分，分别是任务达成 60%、执行力 15%、职业素养及团队协作 15%、员工行为规范 10%，以此综合判断员工的工作情况。同时 YT 公司在创业初就建立了完善的薪酬福利制度，根据考核结果，实行动态工资调整。此外，公司岗位薪酬工资实行“一岗一薪”“一岗多薪”，给予有能力者更多的发展空间，能者多劳、多劳多得的薪资制度，使员工的薪酬与个人贡献、个人能力提升速度以及个人所承担的责任挂钩。

就这样，YT 公司通过创新的、符合公司需要的人力资源管理手段，营造了良好的工作环境与氛围，取得了成功。

启示：YT 公司打破了传统企业的人力资源管理模式，根据自身发展需求在人才招聘方面做适度的精简，减少了一切不必要的中间环节，提高了人才招聘的效率。同时通过多维的绩效考核和完善的薪酬福利制度，充分激发了员工的工作动力，取得了成功。

（资料来源：《赋能，互联网创业公司管理模式》，《经营管理者·上旬刊》2016 年第 12 期 https：//wenku. baidu. com/view/5570cd62bb1aa8114431b90d6c85ec3a86c28b45. html）

四、新创企业的营销管理策略

对于新创企业来说，要想迅速地获得客户、开辟市场，就需要采取各种营销手段。但是新创企业在资金、知名度和营销手段上都较为薄弱，因此尤其需要施行科学的营销管理。加强营销管理工作的措施如下。

（一）提高认识，完善营销管理过程

新创企业要加强对员工营销管理知识的宣传和培训。只有全体员工了解营销管理对企业和自身发展的重要性，才能保证营销管理的顺利实施。同时要完善市场分析、市场定位、营销计划和营销行动的整个营销管理过程。

（二）建立完整的销售管理体系

完整的销售管理体系包括结果管理、销售管理和客户管理 3 个方面，结果管理是指注重营销过程中的业绩评价，关注产品的销售量和销售所得的收入，以便对营销管理工作进行优化；销售管理是指合理地分解销售过程，对每一个销售的环节分别进行严格的把控；客户管理是指通过各种手段留住客户，建立稳定的客户群。

（三）善用营销管理工具

使用营销报表、述职报告、营销看板和营销沙盘等，创业者可以实现对营销工作的全方位分析、管理、控制、协调、监督、指导和提升，有利于达成销售目标，有利于提高营销人员的工作技能，有利于获得对营销工作的更大掌控力。

（四）构建核心品牌

在营销管理中，品牌的管理是重中之重，新创企业在品牌培养方面没有基础，所以不能被动地等待品牌积累和演化，而应该通过包装和营销来尽快构建和推广核心品牌。

阅读材料 6-4

新茶饮遇上《中国奇谭》，奈雪的茶打造“国潮营销”范本

新茶饮传承中国茶的特色，并在国潮化方面做出表率。继《葫芦兄弟》后，奈雪的茶近日再度牵手上海美术电影制片厂，联名现象级国漫《中国奇谭》。

这并非奈雪的茶首次在国潮方面有所动作，此前与《葫芦兄弟》《东阿阿胶》《苍兰诀》等作品的一系列合作，让奈雪的茶成为新茶饮行业颇受关注的国潮营销案例。

玩转国潮

2023 年以来，奈雪的茶已联名国漫经典作品《葫芦兄弟》《中国奇谭》以及国民老

字号东阿阿胶，以出色的产品研发、有趣的内容生产、年轻时尚的视觉表现，让这些充满东方气韵的产品更加生动可感。

本次奈雪的茶联名《中国奇谭》以“小猪妖的春天，翻过浪浪山”为主题，为消费者带来从产品、设计到门店的全方位中式美学体验。联名产品“猪猪老白茶”“雪顶猪猪老白茶”使用业内少见的福建茗茶、国家地理标识产品“五年福鼎老白茶”。经五年窖藏，茶性越温越陈越香，毫香鲜嫩茶汤鲜甜，沿袭了奈雪一以贯之的高品质好茶标准。据悉，联名产品上线当天单日销量突破10万杯，成为门店销冠。

奈雪的茶在“国潮”与“茶文化”融合表达的探索上从未停歇。2023年2月，奈雪联名东方滋补品老字号东阿阿胶，推出阿胶奶茶传承养生文化，掀起国潮养生热潮。视觉设计也是本次联名的一大亮点，手提袋、杯套等周边均以中国红为底色，放大处理毛笔书法体“阿胶奶茶”，加入印章、棋盘、茶碗等中国元素，朴拙的设计颇有一种大道至简重剑无锋的归真意趣，庄重大气，备受年轻人追捧。奈雪还在全国设置了百余家主题门店，举行“猜灯谜，胶好运”元宵庆贺活动，吸引众多消费者前来品茶猜灯谜。

事实上，早在2019年，奈雪的茶国潮化优势已经显现，当时奈雪的茶与人民日报新媒体打造“有为青年 看报喝茶”联名，将70年国人生活环境变迁与茶饮习惯的更迭贯穿其中，让新茶饮与旧情怀交相融合；同年发起的CUP美术馆项目，连续4年联合非遗传承人、国画艺术家等优质伙伴推新春贺岁杯。

2022年，奈雪的茶还联合热播剧《苍兰诀》，以“苍兰榴念”为主题推出联名新品“霸气东方石榴”，开售8分钟销量达上万杯。

文化传承

从奈雪的茶在国风营销中的动作可以看到，新式茶饮正逐渐成为年轻人接触茶文化的窗口。茉莉初雪、栀白染夏、蜡梅凝香、伏夏葡萄等，透过奈雪的茶这扇窗，消费者领略到越来越多的茶风景。在品牌动作上，从奈雪过往的营销案例中，不难发现其对传统文化一以贯之的传承。

“国潮”渐成主流消费热潮和风尚。《百度2021国潮骄傲搜索大数据》指出，国潮在过去十年关注度上涨528%，2021年国货品牌关注度达到洋货品牌的3倍。而根植于中国传统茶文化的奈雪早在2021年就成为中国食品饮料行业关注度最高的国货品牌。

从联名《人民日报》到《中国奇谭》，奈雪的茶凭借内容优质、形式多元的国潮产品及活动，形成风雅与时尚兼具的国潮品牌记忆点，全面开启国潮2.0时代。在1.0时代，奈雪带领行业开创好茶鲜果的中国茶饮新纪元，挖掘出鸭屎香、油柑等众多中国茗茶及本土特色水果，开创新式茶饮赛道；在2.0时代，奈雪蓄力多年的国潮影响力爆发，成为新茶饮国潮文化的引领者，从产品到文化全面继承东方美学，传承中式茶饮风雅修身的人文情怀，创新东方茶饮时尚，让新茶饮真正成为年轻人了解中国茶饮文化的窗口。

（资料来源：https：//baijiahao. baidu. com/s？ id=1759065263178933392&wfr=spider&for=pc）

本项目小结

大学生创办企业的规模通常不大，在创立初期，一定要规范经营、诚信经营、守法经营，创办人要制定完善的规章制度，并严格按规章制度行事，这样才能谋求更大发展，就是发展战略决策系统、规范化管理系统、人力资源管理系统、市场营销管理系统和资本运营财务系统这五大系统互相关联，缺一不可。

思考题

1. 设立企业需要具备哪些条件？
2. 注册企业的基本流程是怎样的？
3. 假设你正在经营一家零售领域的企业，请编制一套员工守则。

参考文献

[1] 蔡中华. 创新教育与创业基础［M］. 北京：人民邮电出版社，2020.

[2] 姚波，吉家文. 大学生创新创业基础：项目式［M］. 北京：人民邮电出版社，2020.

[3] 黄彦辉. 智能时代下的创新创业实践［M］. 北京：人民邮电出版社，2020.

[4] 蒲济林，邓辉. 创业基础与实务［M］. 北京：航空工业出版社，2019.

[5] 赵金来，董明冉. 大学生创新创业教育［M］. 北京：首都师范大学出版社，2019.

[6] 刘志阳. 创业画布［M］. 北京：机械工业出版社，2018.

[7] 李俊. 创业实践——做中学创业［M］. 北京：北京师范大学出版社，2018.

[8] 吕爽. 大学生创新创业实务指导［M］. 北京：中国铁道出版社，2017.

[9] 吴霁虹. 众创时代：互联网+、物联网时代企业创新完整解决方案［M］. 北京：中信出版社，2015.

[10] 郑懿，熊晓曦. 大学生创新创业基础（微课版）［M］. 北京：人民邮电出版社，2020.

[11] 邓文达，罗旭，刘寒春. 大学生创新创业（微课版）［M］2版. 北京：人民邮电出版社，2019.

[12] 唐明生，裴晓敏. 大学生创新创业基础［M］. 武汉：武汉大学出版社，2019.

[13] 李士，甘华鸣. 创新能力训练和测试［M］. 合肥：中国科学技术大学出版社，2008.

[14] 谢祖墀. 创业家精神［M］. 北京：中信出版社，2015.

[15] 顾庆良. 企业家和创新创业精神［M］. 北京：北京大学出版社，2016.

[16] 谢志远，邹良影，李上献. 区域创业精神与大学生创业教育［M］. 北京：科学出版社，2017.

[17] 曹磊，杨丽娟. 从13人到9000多万人：史上最牛创业团队［M］. 北京：人民日报出版社，2020.

[18] 张玉利，薛红志，陈寒松，李华晶．创业管理［M］．5版．北京：机械工业出版社，2020.

[19] 陈劲，高建．创新与创业管理（第19辑）［M］．北京：科学出版社，2018.

[20] 任荣伟，梁西章，余雷．创新创业案例教程［M］．北京：清华大学出版社，2014.

[21] 蒋建武，贾建锋，潘燕萍．创业企业人力资源管理［M］．南京：南京大学出版社，2021.

[22] 王艳茹，刘玉峰，吕爽．创业财务［M］．北京：清华大学出版社，2017.

[23] 创业融资：运作方式及财务管理［M］．北京：机械工业出版社，2018.

[24] 卜庆娟，李朝辉．创业营销［M］．成都：西南财经大学出版社，2014.

[25] 桂曙光，陈昊阳．股权融资：创业与风险投资［M］．北京：机械工业出版社，2019.

[26] 杜晓荣，张颖，陆庆春．成本控制与管理［M］．2版．北京：清华大学出版社，2018.

[27] 廖连中．企业融资：从天使投资到IPO［M］．北京：清华大学出版社，2017.

[28] 胡华成．企业融资：策略·流程·案例一本通［M］．北京：电子工业出版社，2020.

[29] 胡华成．商业计划书：从0开始高效融资［M］．北京：化学工业出版社，2020.

[30] 高良谋．管理学［M］．大连：东北财经大学出版社，2014.

[31] 董汉彬，韩祥国．税法（微课版）［M］．北京：人民邮电出版社，2019.